新世纪高等学校教材 · 学前教育专业系列教材
卓越幼儿园教师培养课程丛书 · 主编：孙杰远 侯莉敏

# 幼儿保育与教育学

You'er Baoyu
Yu Jiaoyuxue

侯莉敏 /主编

北京师范大学出版集团
BEIJING NORMAL UNIVERSITY PUBLISHING GROUP
北京师范大学出版社

YOU'ER BAOYU YU JIAOYUXUE

**图书在版编目(CIP)数据**

幼儿保育与教育学 / 侯莉敏主编. —北京：北京师范大学出版社，2018.6(2023.1 重印)
ISBN 978-7-303-23214-7

Ⅰ.①幼… Ⅱ.①侯… Ⅲ.①幼儿教育—师资培养—教材 Ⅳ.①G61

中国版本图书馆 CIP 数据核字(2017)第 309478 号

图书意见反馈：gaozhifk@bnupg.com 010-58805079
营销中心电话：010-58806880 58801876

出版发行：北京师范大学出版社 www.bnup.com
北京市西城区新街口外大街 12-3 号
邮政编码：100088
印　　刷：北京溢漾印刷有限公司
经　　销：全国新华书店
开　　本：787 mm×1092 mm 1/16
印　　张：16.75
字　　数：330 千字
版　　次：2018 年 6 月第 1 版
印　　次：2023 年 1 月第 3 次印刷
定　　价：42.00 元

策划编辑：罗佩珍　　责任编辑：薛　萌
美术编辑：高　霞　　装帧设计：高　霞
责任校对：段立超　王志远　　责任印制：马　洁

# 丛书编委会

**主　编**

孙杰远　侯莉敏

**编　委**

（按姓氏汉语拼音排序）

冯季林　何　媛　侯莉敏　赖程程
莫秀峰　孙杰远　王军利　王　彦
韦义平　吴慧源　闫若婻　周晓霞
朱　敬

# 总　　序

# PREFACE

“卓越教师培养计划”(下文简称“卓越计划”)是教育部贯彻落实《国家中长期教育改革和发展规划纲要(2010—2020年)》和《国家中长期人才发展规划纲要(2010—2020年)》的重大改革项目，是国家寻求新的教师发展模式、教师教育模式、教师专家团队构建模式的创新型探索，是推动举办教师教育院校深化教师培养机制、课程、教学、师资、质量评价等方面的综合改革，旨在培养一大批有理想信念、有道德情操、有扎实学识、有仁爱之心的“四有”好教师。2014年，广西师范大学学前教育专业教学改革成果《民族地区卓越幼儿园教师培养创新实践》获教育部卓越教师培养计划改革项目立项，开启了学科发展与人才培养的新起点。

广西壮族自治区作为中国5个少数民族自治区之一，是我国少数民族人口最多的自治区，居住着汉、壮、瑶、苗、侗等12个世居民族，在漫长的社会发展进程中，创造了具有鲜明地域特色、浓郁民族风情、独特形式和风格的民族文化，是西部、民族地区学前教育发展的重要区域。然而，幼儿园教师整体素质不高、专业水平较为欠缺的现状，严重制约着学前教育发展的步伐。民族地区幼儿园教师专业化发展不仅需要教师认识专业性并积极进取，重新定位自己的角色，承担起适应未来、创造未来的职责，更需要适宜的外部环境支持，实施“卓越计划”，将有利于为民族地区幼儿园教师的发展构建支持性的生态环境，从源头推进其队伍的整体水平和专业化进程，助推学前教育步入良性循环和可持续发展的轨道。“卓越计划”倡导教师教育课程从“知识取向”“技术取向”向“反思取向”的转化，将自身作为发展的主体，在把握自我、调节自我和反思自我的过程中感受专业发展带来的思想变化，实现专业能力的自主发展。

何为“卓越”?“卓越幼儿园教师”的典型特征又是什么?这是制约“卓越计划”实施效果的重要因素，也是项目实施的出发点与归宿。2012年国家颁布了《幼儿园教师专业标准(试行)》(以下简称《标准》),《标准》的颁布对于幼儿园教师培养起到了积极的规范与引领作用，但《标准》只是作为一名合格幼儿园教师所应达到的基本素质要求。实施“卓越计划”不仅能够有效促进培育幼儿园教师师范院校的改革，更能描绘出一名幼儿园教师学识、人格、理念、能力“卓越”的全景图谱。广西师范大学“卓越计划”团队，通过反复地论证与梳理认为，一名卓越的幼儿园教师应该是热爱学前教育事业、综合素质全面、保教能力突出的，不仅具有卓越的学识素养，还具备卓越的人格品质、专业理念与实践能力，这样的教师是指向未来教育的。秉承这样的培养目标，广西师范大学卓越幼儿园教师培养改革项目将建设目标定位于“专业为准、学养为基、研究为核、内化提升”的基本理念，围绕着培养目标、课程体系、课程资源、教学团队、专业实践教学、教学研究及培养质量评价诸方面的改革与发展进行。

《民族地区卓越幼儿园教师培养创新实践》系列教材建设计划，正是依据广西师范大学卓越人才培养目标及课程体系改革的需要而设计的。卓越幼儿园教师培养课程体系构建的聚焦点为儿童的发展，即通过课程体系构建促使每一位卓越幼儿园教师能通过课程学习掌握儿童是在怎样的环境下、通过怎样的方式进行学习与发展的知识，掌握如何辨别不同背景和能力水平的儿童的需要，并在此基础上调整并实践自身的教学行为。也正是基于这样一种课程，培育出的幼儿园教师才能认识与了解儿童，促进儿童在认知及非认知领域的成长。改革后的广西师范大学卓越幼儿园教师培养课程框架由六大模块“民族文化与一般文化素养”“现代信息素养”“师德与专业认同”“儿童研究与支持”“儿童保育与教育”“幼儿教师技能”组成，涵盖了未来教师发展的不同素养要求。

指向不同模块的系列教材编写，与传统意义上的课程教材有所区别，它不是服务于一门课程，而是对整个课程模块的综合性凝练与概括，也是课程学习的延伸与补充。教材的编写强调理论与实践的同步，帮助学生在大学课堂学习理论内容的同时，把学到的知识运用到对实践的指导与反思当中，更好地消化、吸收所接触到的有关儿童学习和发展的理论或概念，使其从不同视角去看待和反思理论与实践，进而更好地了解儿童，推进儿童学习结果的提升，同时，部分教材注重民族特色课程及资源的融入，体现广西师范大学独有的民族地区场域特点。

《民族地区卓越幼儿园教师培养创新实践》系列教材的出版，是广西师范大学“卓越计划”项目的阶段性成果，也是学前教育专业总结教育教学经验、探索高质量的卓越幼儿园教师培养的教研成果，希望能借此系列教材与国内各高校探索学前教师教育的道路，共同促动学前教育事业的健康发展！

广西师范大学　孙杰远

# 前　言
# FORWORD

“保教结合”的幼儿教育原则在我国由来已久。1904年1月13日，我国第一部幼儿教育法规《奏定蒙养院章程及家庭教育法章程》颁布，其中提出了蒙养院德、智、体、美等方面的教育目标及主要内容，即“保育教导儿童，专在发育其身体，渐启其心智，使之远于浇薄之恶风、习于善良之规范；保育教导儿童，当体察幼儿身体气力之所能为，心力知觉之所能及，断不可强授予难记难解之事，或使之疲乏过度之业；保育教导儿童，务留意儿童之性情及行止仪容，使趋端正；儿童性情好模仿，务专意示以善良之事物，使则效之，孟母三迁即此意也”。从保育方法上，要求“与初等小学之授予学科者迥然有别”①。从法规的教育目标内容及教育方法上，都把保育和教导放在一起论述；1932年颁布的《幼稚园课程标准》所规定的课程里包括了静息和餐点活动。老解放区的保育院则创造性地形成了保教合一的思想，提出既要重保，又要重教。中华人民共和国成立之初，我国的幼儿园继承了老解放区的宝贵经验，坚持保教结合原则，较好地完成了教育幼儿和为家长服务的双重任务。1951年的《幼儿园暂行教学纲要(草案)》明确提出，幼儿园教育必须包括整个幼儿生活的保育和教养，而非仅指作业；1981年的《三岁前小儿教养大纲(草案)》和《幼儿园教育纲要(试行草案)》、2001年的《幼儿园教育指导纲要(试行)》更是明确提出了保教结合的原则，并贯彻于整个文件之中。

在幼儿园的教育实践中，保教分离或偏重其中一方面的现象是存在的，特别是20世纪50年代至80年代初，幼儿教师管教不管保，而保育员管保不管教，幼儿园各科教学与幼儿的生活相脱离；有的幼儿园过分偏重对幼儿的养护，也有的幼儿园则忙于教学。20世纪80年代中期以后，这种情况得到明显改善，幼儿园开始注意幼儿的学习活动与其生活环节的结合，挖掘幼儿一日生活的教育价值，增强幼儿园教育的生活气息和意义。2012年颁布的《幼儿园教师专业标准(试行)》特别要求“把学前教育理论与保教实践相结合，突出保教实践能力；研究幼儿，遵循幼儿成长规律，提升保教工作专业化水平”。可见，幼儿园保教结合工作及其管理，对幼儿全面发展的积极促进作用正得到社会越来越多的认可。

---

① 唐淑：《中国学前教育史》，108页，北京，人民教育出版社，2013。

理解幼儿园“保教结合”的重要性，并能在实际工作中践行“保教结合”的理念，也是新时代对幼教工作者的基本要求。

近年来，世界各国充分认识到学前儿童经历的重要性。重视幼儿一日生活的教育价值，强调保教结合，成为世界学前教育发展的潮流和趋向。经济合作与发展组织(以下简称“经合组织”)曾在关于保教制度的调查报告中倡导重视幼儿当下生活的早期教育观，报告指出：“幼儿时代，作为人生的一个阶段，是一个其本身就拥有极高价值的时代。对幼儿来说，自由的时间、独自的文化和游戏都是有决定性意义的重要东西。……幼儿能够基于自己的思考、自己的兴趣而生活，让幼儿始终保持那种意味的生活，是保育者必须牢记在心的追求，保教机构的管理运营必须秉此进行。”对儿童的生活、学习、发展的投资，不是指望未来他们会给我们什么回报，而是认为今天生活在这里的儿童本身是非常宝贵的。一个儿童的早期保教经历就是他的人生经历，也同时是面向未来人生的准备。保障每一个生活在当下的儿童过有意义的生活，将让他们未来的人生充实而精彩。报告的这些内容是在总结经合组织各成员国的幼儿教育经验的基础上提出来的，充分彰显了对当代幼儿生活的特点和意义的高度尊重。从当前世界各国幼儿教育的状况来看，追求幼儿当下生活质量，为幼儿未来的生活打下良好基础，已经成为世界幼儿教育的共同价值取向。要在幼儿园的一日生活中关注幼儿学习与发展的整体性，使幼儿在幼儿园健康成长，就必须尊重幼儿的生活特点、学习特点，让幼儿以自己的方式展开这些领域的学习，实现其全面的、协调的发展。这些观念也是近年来《幼儿园教育指导纲要(试行)》《3～6岁儿童学习与发展指南》《幼儿园保育教育质量评估指南》等国家文件所倡导的。

基于这些理念和认识，我们编写了本书。本书共分九章，分别是：幼儿保育与教育学概述；幼儿保育与教育的基础；我国幼儿园保育与教育的目标、任务和原则；教师、保育员与幼儿；幼儿园生活活动中的保育与教育；幼儿园游戏活动中的保育与教育；幼儿园教学活动中的保育与教育；幼儿园保教工作与家庭、社区的合作；幼儿园保教质量与幼儿发展的评价。本书每一章都设有学习目标、本章导读、引导案例、本章小结、本章检测等，便于教师和学生学习。

本书由侯莉敏负责提出框架和统稿。各章具体编写分工为：前言由侯莉敏负责编写，第一章由侯莉敏、梁秋立编写，第二章由梁秋立编写，第三章由赵莉玉编写，第四章由张丽编写，第五章由赵艳编写，第六章由王翌编写，第七章由郑艳华编写，第八章由鹿赛飞编写，第九章由宋静编写。在编写过程中参阅了大量文献资料，借鉴了很多学者的观点，在此表示深深的谢意。本书还得到了北京师范大学出版社的大力支持，在此一并表示感谢。

编　者

# 目　录

CONTENTS

# 第一章　幼儿保育与教育学概述

**学习目标**

- 了解幼儿保育与教育的基本概念。
- 理解幼儿保育与教育的关系。

**本章导读**

幼儿的保育与教育工作是幼儿园工作的最重要内容。它对幼儿的健康成长起着不可低估的作用，是维护和增进幼儿身心健康与发展的重要保证。学习幼儿保育与教育先要了解幼儿保育与教育的概念，了解幼儿保育与教育的历史沿革。本章主要内容共分为两节。第一节主要阐明幼儿保育与教育的基本概念，解释幼儿保育与教育的关系。第二节主要从幼儿保育与教育的孕育、萌芽、初创、发展四个阶段对幼儿保育与教育事业的产生与发展进行阐述。

## 第一节　幼儿保育与教育的概念

**引导案例**

**场景1：** 午餐之后，孩子们哼唱着进行曲的旋律来到室外。在花园里，他们忙着挖土、除草、种植、浇水、呼朋引伴。花园旁边就是充满吸引力和趣味的操场，孩子们冲进操场欢快蹦跳，打打闹闹，聚在一起玩游戏。先是模仿小蜜蜂的游戏，刚才孩子们在花园里注意到在花丛中穿梭的小蜜蜂，现在就变成他们的游戏内容。一群鸽子飞过他们的头顶，孩子们又玩起了小鸟游戏。

**场景2：** 教师提供的游戏材料使孩子们有机会充分表达他们在现实生活中的感受和情绪。一顶上校的军帽给了一个小男孩做个勇敢而独立的领袖的机会；而洋娃娃则让一个温顺的小女孩有机会成为充满母性的一家之主；在扮演狮子的同伴面前，孩子可以毫无顾忌地表现出自己的害怕。纸上大胆的涂画、色块的堆积，都表达着孩子们用其他形式无法恣意宣泄的情感。

**场景 3：** 露易丝陪着她最小的孩子到户外漫步，阳光明媚的大院子里满是乐趣。被自行车小径包围着的长满青草的小丘，正是孩子们的最爱，他们喜欢在小丘上跑上跑下。院子里还有果树及爬满藤蔓的篱笆。在院子的一角是两个大型木质攀登架，一个架上有秋千，一个架上有滑梯；另一个角落里有个沙箱。在一个遮阳棚下有个画架，上面有刚画好的画。伊薇特和布赖恩径直奔向水池玩水。他们准备玩“宝宝洗澡”的游戏，池里有充满泡泡的温水，还有玩具娃娃和浴巾。

这三个场景体现了过去一个多世纪以来幼儿教育中高质量实践的精髓。在幼儿教育领域中有诸多理念，这些理念主要集中在对幼年、环境及保育教育内容的特定看法方面。幼儿教育的理念可以追溯到福禄贝尔的教育理念，1840 年福禄贝尔在德国建立了第一所幼儿园，其基本理念是在教师准备的友好和充满激发力的环境中，让儿童自由选择活动、发挥想象力、鼓励儿童的社会性参与和动作表现。随着世界各国都开始认识到学前儿童经历的重要性，人们对幼儿教育的兴趣越来越高。近年来，脑科学研究发现，人类 80％的脑部发育在 5 岁以前完成，在最初 3 年增长最快，脑科学的新近研究帮助幼儿教育者更深刻地了解保育与教育。

## 一、什么是幼儿保育与教育

幼儿保育与教育学是以 3～6 岁的儿童为主要研究对象，以卫生学、营养学、心理学、教育学为基础，研究如何保护和促进幼儿身心健康发展的一门学科。

幼儿的保育与教育工作是幼儿园工作的最重要内容。它对幼儿的健康成长起着不可忽视的作用，是维护和增进幼儿身心健康与发展的重要保证。

### (一)幼儿保育的概念

“保育”从字面上释义：“保”即保护、保健，对幼儿尚未成熟的身心所给予的保护、保健，让其能自由发展；“育”即生育、养育、教育。根据《人口科学大词典》的解释，保育是指成人(家长和保育员)精心照管儿童，使儿童身心与环境相适应地健康成长，包括抚养。其目的在于帮助儿童获得良好发育，逐渐提高儿童独立生活的能力。

传统的幼儿保育，主要是指对幼儿的身体方面进行的保护和照顾，比如体检、生活作息、膳食营养、锻炼与安全、疾病防治等。随着健康的概念日趋完善，人们对幼儿生理、心理和教育进行了深入研究与探讨，有关幼儿保育的概念涵盖了学前儿童的身体健康和心理健康，幼儿保育的观念从传统的“保护身体发育”扩展到“促进幼儿个性发展和社会适应能力的提高”，从“安全保护与卫生”扩展到“教育过程中生理、心理和社会保健”。在这种新的幼儿保育观的基础上，幼儿保育不仅要体现全面发展的教育观，更要反映未来社会与人才发展的实际需求；不仅要做好传统的保育工作，更要体现保教结合的理念。

现代幼儿保育的首要任务是保障幼儿的身体健康。一方面，幼儿正处于生命的初始阶段，他们的身体稚嫩但发育非常迅速，身体的各个器官、系统尚未发育成熟，机体组织机能还不完善，对外界环境影响的调节和适应能力较差，容易感染各种疾病。幼儿的肌肉力量薄弱，动作还不够灵活、准确和协调，需要反复的练习得到提高。幼儿缺乏应有的安全意识和自我保护能力，容易发生意外事故。所有这一切，使得幼儿对成人具有极大的依赖性。另一方面，幼儿的生命力极其旺盛，生长发育十分迅速，这是他们一生中成长最快的一个阶段，这就需要成人通过各种保育手段，维护和增进幼儿的身体健康，为他们的成长创造条件。

现代幼儿保育还必须关注幼儿的心理健康。心理学研究表明，人的意识、情感、认知和行为方面的良好发展及社会适应方面的积极状态，构成了心理健康的主要内容。学前时期是幼儿心理发展的重要阶段。这一时期，他们的情绪、情感、行为、动机的发展还很不成熟，他们对外界环境及其变化的影响十分敏感，心理发展水平比较低下，自我调节能力较差；与此同时，幼儿的社会化发展还处于较低的水平，他们对这个复杂的世界的认识是不清晰的，这就需要我们关心他们，爱护他们，保护他们幼小的心灵不受伤害，需要我们采取适当的保育措施，培养他们积极的情绪、开朗乐观的心态及对社会环境的良好适应能力，有效促进他们心理的健康发展。

**案 例**

浩浩吃完午饭，提着椅子走到教室门口，问正在里面给小朋友盛汤的王老师："老师，椅子放在哪里?"王老师回答："放里面。"浩浩跟着重复了一次："放里面。"他提着椅子往前走了几步，突然又回头，对王老师说："老师，我想出去玩。"王老师摇着头说："刚吃了饭不能跑，坐着看书吧。"于是浩浩提着椅子往教室里面去了。

**案 例**

早餐后，乐乐趴在窗前发呆，聊天中得知乐乐不想玩桌面玩具，他想到户外走走，李老师同意了。乐乐"飞奔"着去了，接着班上很多声音冒了出来："我也想去。"于是在老师同意下，几乎全班孩子都转移到户外活动了。回到教室后，他们还不停地追问："明天还能去吗?"李老师灵机一动，展开了谈话活动：早餐后你想做什么？可以做什么？以此激发幼儿的思考。在讨论后师生共同达成了共识，在进行安静活动后可以到户外活动，并由此生成了"晨间活动我做主"的系列活动。

两位教师的态度和处理方法是有区别的。王老师注重了幼儿的生理发展特点，忽略了幼儿的心理需求；而李老师的做法显然在保护幼儿身体健康的基础上，考虑了心理发展的需求。确实，幼儿保育包括了身体健康和心理健康两个方面，在具体的保育实践中，二者是密切相关，不可分割的。身体健康是心理发展的物质基础，幼儿的身体的各个器官、系统发育正常，功能良好，有利于保证他们的情绪、行为、个性和社会适应能力的良好发展；反之亦然。教育部2012年发布的《3～6岁儿童学习与发展指南》明确指出："健康是指人在身体、心理和社会适应方面的良好状态。""发育良好的身体、愉快的情绪、强健的体质、协调的动作、良好的生活习惯和基本生活能力是幼儿身心健康的重要标志，也是其他领域学习与发展的基础。"这是对幼儿健康内涵的科学阐释，也是对幼儿保育范畴的基本界定。

### (二)幼儿教育的概念

在中国，教育一词最早见于《孟子・尽心上》："得天下英才而教育之，三乐也。"在西方，教育一词源于拉丁文educare，本义为"引出或发挥"，指教育活动即引导儿童固有能力得到完满发展。在现代，教育有两种含义：(1)教诲培育，教导；(2)教育是培养新生一代准备从事社会生活的整个过程，主要指学校对儿童、少年、青年进行培养的过程。我们认为，教育是培养人的一种社会活动，是承接社会文化、传递生产经验和社会生活经验的基本途径。从广义上说，凡是增进人们的知识和技能、影响人的思想观念和身心健康的活动，都具有教育作用；狭义的教育主要指学校教育，是教育者根据一定的社会要求，有目的、有计划、有组织地对受教育者的身心施加影响，期望他们发生某种变化的活动。其特点是：有固定的场所、专门的教师和一定数量的学生，有一定的培养目标、管理制度和规定的教育内容。

相应地，幼儿教育只是整个教育范畴中的一个独特时期，它以3～6岁幼儿为对象，是基础教育的重要组成部分。幼儿教育有广义和狭义之分，广义的幼儿教育是指一切对幼儿的身心发展有影响的活动，包括家庭教育、社会教育和专门教育机构的教育等；狭义的幼儿教育指的是幼儿园等专门机构中的教育，包括幼儿园、托儿所、学前班等机构中的教育。幼儿园教育在我国是归属于学校教育系统的，和学校教育一样，幼儿园教育也具有家庭、社会教育所没有的特点，如专业性、目的性、系统性等。但幼儿园教育与学校教育不同的是，3～6岁这一特定年龄阶段的幼儿与学校教育的对象青少年是不一样的群体。因此，幼儿园教育又具有区别于学校教育的很多特点，其中与家庭和社会的紧密联系可以说是最突出的。正因如此，从广义和狭义两个方面全面地把握幼儿教育的涵义显得尤其重要。

从人的身心发展来看，6岁以前的发展是最为快速和奠基性的，这几年的发展状况所产生的影响可延续人的一生，所以良好的学前教育对幼儿的未来发展具有重要意义。2001年《幼儿园教育指导纲要(试行)》明确指出了幼儿园教育应尊重幼儿身心发展的规律和学习特点，充分关注幼儿的经验，引导幼儿在生活和活动中生动、活泼、主动地学习。幼儿园教育应重视幼儿的个别差异，为每一个幼儿提供发挥潜能，并在已有水平上得到进一步发展的机会和条件。同时，幼儿园是对幼儿实施德、智、体、美诸方面全面发展的教育，并促进其身心和谐发展的重要场所。为了适应幼儿的多方面发展，《幼儿园教育指导纲要(试行)》指出："幼儿园教育的内容是广泛的、启蒙性的，可按照幼儿学习活动的范畴相对划分为健康、社会、科学、语言、艺术五个方面，还可按其他方式作不同的划分。各方面的内容都应发展幼儿的知识、技能、能力、情感态度等。”这些精神对制定我国学前教育的目标和任务具有一定的指导意义。

拓展阅读

### 一项关于学前教育价值和意义的研究

由于与贫穷作斗争及教育的要求，1965 年美国开展的“开端计划”(Head Start)，在国家投资等有利条件下，进行了学前教育的多项研究，学前教育效果便是其中一项研究。1969 年，威斯汀·豪斯(Westing House)发表关于“开端计划”效果的研究，提出：学前教育有助于儿童认知能力的提高，但到小学三年级时即随之消失。研究结果带来负面影响，其后引起对学前教育效果的多项跟踪研究，对所得数据进行深层分析。其中有一项著名的研究是由施瓦因哈特(Schaveinhat)、韦卡特(Weikart)和拉纳(Larner)于 1986 年共同发表的对“开端计划”中佩里学前教育项目效果的评估。该研究指出：在 19 岁的青年中参加过“开端计划”的实验组与没有参加的控制组相比，实验组升学率高，有更多人进入高等学校；在青少年犯罪率、早孕率及完全依靠救济生活的比例方面，都比控制组低；而将“开端计划”项目和一个控制组所花的费用进行比较时发现，“开端计划”这项高质量的学前教育项目不仅给社会带来了长期的效益，而且每 1 美元的投资省去了在矫正教育等方面所花费的 7 美元的费用(Schweinhat and Weikatk，1997)。[①]

## 二、幼儿保育与教育的关系

保教合一是我国幼儿教育的一大特色，是幼儿园一贯坚持的原则。《幼儿园工作规程》明确指出：幼儿园是对 3 周岁以上学龄前幼儿实施保育和教育的机构，是基础教育的有机组成部分，是学校教育制度的基础阶段。在此基础上，幼儿园的任务是：实行保育与教育相结合的原则，对幼儿实施德、智、体、美诸方面全面发展的教育，促进其身心和谐发展。

保教工作是幼儿园的基本任务，但在幼儿园里，保育和教育工作往往由于工作主管人员的不同，容易互相脱节，传统的保育工作是幼儿体检、生活作息、膳食营养、锻炼与安全、环境卫生、疾病防治等。《幼儿园工作规程》虽提出保教结合的原则，但在实际工作中教师“重教轻保”，只关注课程教学和教材教法，忽略了幼儿身体、心理和社会方面的保健。随着社会的发展，保育的观念也在不断发生变化，这就要求保育与教育真正地结合在一起，大力贯彻保教结合的精神，同时保教结合也

---

① [美]贾珀尔·L. 鲁普纳林：《学前教育课程》，黄瑾等译，34 页，上海，华东师范大学出版社，2005。

是幼儿园区别于其他类型教育机构的特征。因此，根据当今社会与人才发展的实际需求，幼儿园不仅要做好传统的保育工作，而且要重视保育与教育的相互作用，将保育和教育真正有机结合起来。基于这样的认识，可以从两个方面来理解保育与教育的关系。

首先，保育是教育的基础，保育工作是为托幼机构的教育教学服务的。一般来说保育工作包括幼儿体检、生活作息安排、膳食营养、疾病防治、安全防范、环境卫生等，涉及孩子的“吃、喝、拉、撒、睡”的方方面面，贯穿于幼儿园一日生活的每个环节，上述的这些工作始终是保育工作的基本内容。这些看似简单的事情，却是托幼机构教育工作的基础部分，它为学前儿童的生活和学习提供了重要的保障，是保证教育教学活动正常进行的必要前提。其次，保育本身具有教育的职能，它是托幼机构教育工作的有机组成部分。当保育的范畴从保障幼儿的身体健康和生长发育扩展到促进幼儿心理健康、个性发展及社会适应能力的增强等方面时，保育工作的内涵和职能也发生了很大的变化。“一日生活皆教育”，幼儿通过对自己身体结构的了解懂得了如何保护它们；通过摄入食物，知道食物是保证身体正常发育的物质基础；通过睡眠使机体恢复体力和精力，了解睡眠对人体健康的特殊价值；吃饭、穿衣、盥洗、学习、生活自理……保育的每一个环节都有利于对幼儿进行生活能力的培养，幼儿良好的生活习惯的形成、健康的个性品质的养成和社会适应能力的加强，都需要通过高水平的保育工作来实现。因此，保育本身蕴含着重要的教育价值，它是在幼儿的生活实践中实施的教育。

保育和教育相结合，是幼儿健康成长不可缺少又不可分割的条件。保教结合意味着在幼儿园中要注意以下三点。

### （一）在幼儿园工作目标中要体现保教结合

在幼儿园教育目标中，要重视幼儿身体正常发育和技能的协调发展，增强幼儿的体质，培养良好的生活习惯、卫生习惯和参加体育活动的兴趣；也要重视发展幼儿的智力，培养正确运用感官和运用语言交往的基本能力，增进对环境的认识，培养有益的兴趣和求知欲望，培养初步的动手能力；还要培养幼儿诚实、自信、好问、友爱、勇敢、爱护公物、克服困难、讲礼貌、守纪律等良好的品行和活泼开朗的性格，以及初步感受美和表现美的情趣和能力。

### （二）在幼儿园工作内容里要体现保教结合

幼儿园的教育内容贯穿幼儿的一日生活。幼儿一日生活应动静交替，注重幼儿的实践活动，具体地讲，就是有组织的集体活动应与幼儿自己选择的活动内容相结合，生活护理、生活习惯培养应与教学活动相结合，充分发挥保育和教育两个方面的作用。如“天气变冷，教师为幼儿增添衣服”这一行为是教师主动护理的保育行为。如果教师在此基础上，引导幼儿关注“天冷了，身体的感觉怎么样”，关注天气预报并了解气温变化与穿衣的关系、与健康的关系等。这就在“保”中结合了“教”，增强了幼儿的自我保护意识，并促进幼儿将自我保护意识转化为自我保护的主动行为。

### (三)在人员配置上要体现保教结合

虽然幼儿园的专任教师和保育员各有工作上的明确分工，但保护幼儿的健康是教师的首要任务，是教师的工作职责。作为教师，必须树立保育幼儿的意识，具备保育幼儿的能力。教师在工作中应科学合理地设计和组织一日活动，促进幼儿身心健康。同时，教师不仅应率先做好保育工作，还要给保育员做出正确示范，指导保育员细致做好保育工作。如保育员没有接受过正规培训，需要带班教师的具体指导；另外，保育员除了做好照料幼儿生活护理工作外，也要在教师的指导下配合教师做好幼儿的教育工作。这就是我们常说的，教师的教育工作要包含保育的内容，保育员在侧重“保”的工作同时，也要注重“教”。可以说，教师和保育员的合作沟通是保教结合的保障。

# 第二节 幼儿保育与教育事业的产生与发展

**引导案例 ▶**

目前各地公办幼儿园很“吃香”。为给孩子争取一个宝贵的入园名额，某公办园附近的近百位家长搬来帐篷、躺椅、板凳，在幼儿园门口排成长龙日夜坚守。即使拿到了入园名额，家长还要通过一关，那就是需要接受众多老师查验户口及询问基本问题，最后还要“面试”孩子。通过重重考核以后，孩子才能顺利入园。

从案例中我们可以看到，当前优质幼儿园资源还远远不能满足社会需求。一方面，社会、家庭逐渐认识到学前教育对于孩子一生发展的重要性，对于优质幼儿保教资源的需求逐渐增长，才会出现了“入园难”的社会问题；另一方面，这也反映出发展幼儿园保教事业是社会发展的迫切需求，也是社会文明进步的重要体现。

随着人类社会的逐渐形成与发展，幼儿教育也得以孕育、萌芽、形成与发展。幼儿教育可以说是人类社会发展的产物，与社会生产力发展水平紧密相连，受到社会政治、经济的制约。

## 一、幼儿保教事业的孕育阶段

人们对于幼儿保育与教育的需求，并不是一开始就有的，而是在漫长的人类社会发展中逐渐形成的。原始社会时期，由于生产力低下，所有青壮年都要为猎取食物而奔波，以维持部落人的生存。社会没有多余的人力、财力花费在幼儿的保育与教育中，基本上由妇女和年老体弱的成人在驻地周围的劳动和生活过程中哺育幼儿。在共同的生活中，人类祖先逐渐积累了一些劳动技能和生活经验，为了维系种族的生存，年长者将自己在劳动和生活中积累的经验传授给年幼者。这个时期的幼儿保育与教育是完全融合在生产和生活中的，其主要的任务是保证幼儿的生存，属于氏族内部的公共教育。由于社会生产力低下，社会还没有划分阶级，所以这个时候的幼儿受到的教育也是平等的，没有阶级划分。到了原始社会末期，幼儿归家庭所有，幼儿公共教育逐渐变成了家庭的事务，家庭教育也就产生了。

## 二、幼儿保教事业的萌芽阶段

随着生产力的发展，私有制开始出现，人类社会进入了有阶级的社会——奴隶社会与封建社会。这一时期，幼儿教育开始有了阶级性和等级性。

为了适应社会生产力发展的需要，培育一批具有初步读、写、算能力的为统治阶级服务的人，社会中开始出现了专门的学校。幼儿教育与学校教育出现分离，入学前的幼儿教育仍然在家庭中分散地进行，这与封建社会一家一户的小农经济形态是相适应的，当时有人提出幼儿公共教育和保育的思想，如古希腊的哲学家柏拉图就主张3～6岁幼儿应该集中管教，但是这些主张在当时是不可能实现的，因为社会还没有能力为创办幼儿教育机构提供物质基础，社会的统治阶级也没有这样的需求。

**案 例**

《礼记·内侧》中有从儿童能食能言时便进行教育的记载，如："子能食食，教以右手。能言，男唯女俞，男鞶革，女鞶丝。六年教之数与方名。七年男女不同席，不共食。"大意为：幼儿会自己吃饭了，就要教他使用右手。幼儿会说话了，就要教他们学习答话，男孩用"唯"，女孩用"俞"。身上需要带荷包，男孩的以皮革制成，表示长大将从事勇武之事；女孩的以丝帛制成，表示长大将从事女红之事。到了六岁，要教他识数和辨认东南西北。到了七岁，开始教以男女有别，男孩和女孩，坐不同席，吃饭也不同席。由此可见，古代社会在幼儿保教方面比较重视社会礼仪的教育。

## 三、幼儿保教事业的初创阶段

17世纪中叶，资本主义制度首先在欧洲建立起来。到了19世纪初，近代工业革命到来，大工业机器生产在欧洲得到迅速发展，大量农民和手工业者进入工厂做工，妇女也走出家庭走进工厂，没有人在家养育子女，由此造成了严重的社会问题。这个时候收容、教养工人孩子的需求被提了出来，由于大工业生产创造了一定的资本积累，使社会具备了创办幼儿教育机构所必需的物质基础，生产的社会化带来了幼儿教育的社会化，幼儿教育机构首先在欧洲诞生，打开了现代幼儿保教事业的大门。例如英国的空想社会主义者——罗伯特·欧文(Robert Owen，1771—1858)创办了"幼儿学校"，把1～6岁的婴幼儿组织起来进行集体保育，在当时社会上引起巨大反响。当然，最初的幼儿教育机构多由一些慈善家、工业家举办，实质上是具有慈善性质的社会福利机构。可以说没有大工业生产就没有幼儿教育机构的产生，也就没有幼儿保育与教育的发展。

**案 例**

1845 年，恩格斯在《英国工人阶级状况》中提到："在工厂区，小孩子因为缺少照顾而酿成的不幸事件惊人地增加。根据曼彻斯特验尸官的记录，在 9 个月内有 69 个孩子被烧死烫死，56 个孩子被淹死，77 个因其他不幸事件致死，就是说，一共发生了 202 起不幸事件。"残酷的现实造成严重的社会问题，反映出必须在家庭以外建立学前教育机构的社会需要。

幼儿保育与教育事业经过孕育、萌芽、初创阶段，人们逐渐认识到幼儿保教工作不仅仅是为幼儿提供一个安全的庇护所，也不仅仅是为家长分担养护之忧，如何更好地养护与教育幼儿成为保教工作的重点。同时，对幼儿认知发展理论的探索及幼儿心理学研究的突破，更促使幼儿保教事业往科学化、系统化、现代化的道路上发展。

## 四、幼儿保教事业的发展阶段

### (一) 西方幼儿保教事业的发展

#### 1. 世界第一个幼儿园的诞生

1837 年德国幼儿教育家福禄贝尔(1782—1852)在德国勃兰根堡开办了一所幼儿教育机构，专收 3～7 岁的儿童。1840 年，改名为"儿童花园(Kindergarten)"。此后"Kindergarten"便成为表示幼儿园的专用词汇而传遍全球。在他的幼儿园里，游戏是幼儿的主要活动，幼儿可以通过特制的玩具"恩物"来学习，获得体力、语言、认知、想象力、创造力等多方面的发展。幼儿教育机构的产生，标志着幼儿教育不再仅仅存在于家庭之中，而且还可以存在于家庭之外，它意味着社会组织化的学前教育的产生。

#### 2. 幼儿保教机构的发展

在资本主义大工业生产下，幼儿教育机构产生了。资本主义发展较早的欧洲各国先后出现了简易的学前儿童的教养机构。随着社会生产的发展，幼儿园数量也在逐渐增加，法国、日本、美国、苏联等的幼儿园普及较快。为适应普及幼儿教育及现代社会家长的各种需要，幼儿教育机构也越来越多样化。由私人、国家、团体、企业、教会等开办了各种托幼机构，在结构、规模、教育目的、教育方法、教育内容等方面各不相同，各有特色，相互竞争，促进了幼儿保教机构向着形式、功能、组织、教育多样化的方向发展。如除了全日制、半日制机构外，还有季节性、临时性的入托时间灵活的幼教设施，以及假日儿童中心、英国的游戏小组等适应性很强的机构；办园目的也多元化，有实验性的、师范性的、家教性的、治疗性的、训练某种技能的等，各有千秋；各派幼儿教育理论也百花齐放，主张不同理论的幼儿园，如福禄贝尔式、蒙台梭利式、皮亚杰式幼儿园纷纷出现。随着西方各国对幼儿保教工作的重视，对幼儿教师的要求也在提高。教师水平的提高是幼儿保教质量提高的重要条件，因此，师资质量成为衡量幼儿保教机构教育质量的重要标志。世界各国都将幼儿教育师资提高到大专以上水平，并实行专门的教师资格制度。这为幼儿保教机构的教育质量提高提供了保证。

### 3. 对幼儿保教事业产生重要影响的西方教育家

对儿童早期教育价值的发现，可以追溯至柏拉图、亚里士多德、昆体良、奥古斯汀、普鲁塔克等人关于儿童教育的言论。而西方第一个专门对学前教育提出深刻认识并系统阐述的是夸美纽斯。夸美纽斯(1592—1670)，捷克著名的教育家，著有《母育学校》，这是历史上第一部论述学前教育的专著，集中体现了夸美纽斯的幼儿教育思想。其提出的包括学前教育的统一学制基本上被后世采用。另一位对学前教育有重要影响的人物是卢梭。卢梭(1712—1778)，法国启蒙思想家、教育家，其教育思想主要集中于他的教育著作《爱弥儿》一书中。卢梭对儿童教育的贡献首先是“儿童的发现”。他认为儿童不是小大人，儿童有他自己独特的生活；儿童期的存在是自然规律，并非单纯地为成人生活作准备，它具有独立存在的价值。卢梭的另一贡献是强调教育应当尊重自然，反对揠苗助长。他认为教育的首要目的就是保护儿童善良的本性。德国的幼儿教育家福禄贝尔(1782—1852)被称为“幼儿园之父”，认为幼儿园的任务是发展儿童的体格，锻炼儿童的外部感觉器官，使儿童认识人与自然，并在游戏、娱乐和天真活泼的活动中成长。美国教育家杜威(1859—1952)是20世纪影响比较大的教育家。杜威认为，传统教育的最大弊病是把学科作为教育的中心，教育应把儿童当作教育中心，教育措施应围绕着他们而组织起来。杜威还提出关于教育本质的论说，认为“教育即生长，教育即生活，教育即经验的改造”。他的主要教育著作有《我的教育信条》《儿童与课程》《学校与社会》等。蒙台梭利(1870—1952)，意大利幼儿教育家，认为儿童的成长存在“敏感期”，儿童具有“有吸收力的精神”与“精神胚胎”。儿童不自觉地与周围环境中的人与物交互作用，从而获得各种经验与文化印象。蒙台梭利为儿童的感官教育设计了著名的蒙台梭利教具。她的著作主要有《适用于儿童之家的幼儿教育的科学方法》《童年的秘密》《有吸收力的心智》等。以上介绍的几位教育家不仅对西方学前教育做出了直接的贡献，也对我国的学前教育的理论发展与实践探索产生了重要影响。

## （二）我国现代幼儿保教事业的发展

### 1. 我国幼儿保教机构的建立

清朝末年，随着民族矛盾和阶级矛盾的日趋尖锐，激起了“维新变法”运动，维新派极力主张改革教育和兴办西学。就在这样“效法西洋、倡办西学”的热潮中，1903年9月在湖北武昌创办了我国第一所由官方开办的幼儿保教机构——湖北幼稚园(后改为“武昌蒙养院”)。湖北幼稚园主要招收5～6岁的儿童，学制为1年，每天在园时间为3小时，主要学习行仪、训话、语言、手技和唱歌等，聘请三名日本保姆负责日常工作。1904 年，清政府公布了《奏定学堂章程》(以下简称《章程》)，其中有《奏定蒙养院章程及家庭教育法章程》，这不仅是第一次将学前教育列入学制系统，也是我国第一部幼儿教育法规。《章程》颁布之后又相继在湖南、江苏、上海等地建立了蒙养院，据统计，1947 年全国仅有 1301 所幼稚园。幼稚园的教育内容和方法从仿效日本到学习欧美，收费昂贵，幼儿在园时间短。当时的幼儿教育机构显示出半殖民地半封建的教育特点。

### 2. 幼儿保教制度的确立与发展

中华人民共和国成立后，我国的学前教育事业也发生了革命性变化，从根本上改变了旧中国为帝国主义和少数统治阶级服务的半殖民地半封建的性质，确立了面向工农，为社会主义革命和建设服务的方针，明确了幼儿教育的任务，逐步建设和发展了适合我国国情的学前教育。1950 年，中央提出“教育为工农服务，教育为生产劳动服务”的教育建设方针。1951 年 10 月，中央人民政府政务院颁布《关于改革学制的决定》，在教育思想上要求学习苏联先进幼儿教育理论和经验；教育目标上，对幼儿进行初步的德、智、体、美全面发展教育的教育目标。1952 年中央人民政府教育部颁发《幼儿园暂行规程(草案)》《幼儿园暂行教学纲要(草案)》，明确了各年龄班幼儿的身心特点和相应的教育内容，以及教养员的责任等，使全国幼儿教育工作者在新旧交替的历史性转折时期方向明确，保教工作有章可循，有力地推动了中国幼儿教育事业的发展。总体来说，中华人民共和国成立初期，我国的学前教育主要向苏联学习。这一时期的中国学前教育政策的制定，基本上以苏联的相关教育理论和思想为指导。如倡导分科教学，强调幼儿是具有个别差异的个体，关注幼儿个体的全面发展，提出了年龄阶段特点，并且明确了按年龄分班教养的要求，并且在不同年龄阶段有了与之相应的教养要求等。“文化大革命”期间，我国的幼儿教育事业基本处于停滞状态。

改革开放至今，我国的政府部门相继制定了大量的学前教育政策，将政策的关注点由 3～6 岁延伸到了 3 岁前及入小学后，由关注教师的职前培养扩展到关注教师的职后培训；由关注幼儿园的教育教学行为延展到关注幼儿家长的成长；由总体关注幼儿园的开办及教育拓展到关注不同地区的学前教育的发展；幼儿保教事业走向法制化；学前教育政策对于学前教育事业的发展规划性明显加强。

### 3. 幼儿保教观念的转变与发展

随着社会的发展，我国的幼儿保教观念也在发生着改变。中华人民共和国成立后对幼儿教育进行了根本改造。在学习苏联分科教学的幼教理论与经验的同时，教育部门开展了对杜威儿童中心论、陶行知“生活教育”理论、陈鹤琴“活教育”理论的批判，忽视了教育过程中儿童的主体地位。[①] 十一届三中全会以后，随着党和国家的政治生活的正常化，人的个性得到了一次大解放，幼儿教育思想也得到了解放。西方心理学流派及教育学说在一浪高过一浪的“文化热”中逐步进入我国，20 世纪 80 年代以后大

---

① 刘晓东、卢乐珍：《学前教育学》，26 页，南京，江苏教育出版社，2004。

量国外学前教育理论著作被国内学者参考研究，学前教育的理论发展进入了前所未有的繁荣时期。同时，也对幼儿教育观念和幼儿教育实践进行了反思与改革。南京、北京等地学者率先对“幼儿园综合教育”问题进行了探讨，认为幼儿心智发展及他们对世界的把握基本上都处于混沌的、整体的、未分化的状态，因此分科教学与教育对象的发展是不相适应的，强调幼儿教育课程应该体现“综合性”。“综合性”主要表现为主题活动的综合、一日活动的综合、个别活动的综合。幼儿园综合教育的理念强调教育过程中幼儿的主体地位，尊重幼儿的学习兴趣和成长需要，这从某种程度上改变了幼儿园分科教学的理念。20 世纪 80 年代中叶，为反对“应试教育”，“素质教育”观念被提了出来。“素质教育”是对传统教育的一种否定与革新，它要求教育应当与社会、文化的迅速变革相适应，要求教育应当主动顺应现代社会的人才观念。从幼儿园综合教育研究到素质教育研究，我国的学前教育正在从传统教育向现代化教育迈步。

进入 21 世纪，随着全球化、信息化的发展，我国的学前教育与世界学前教育紧密联系。幼儿教育更加强调以儿童的发展为本，对儿童实施全面发展的教育，促进儿童的和谐发展。幼儿园应为幼儿提供健康、丰富的生活和活动环境，满足幼儿多方面发展的需要，幼儿园教育应尊重幼儿的人格、权利，尊重幼儿的身心发展规律与学习特点，保教并重，关注个别差异，促进每个幼儿富有个性地发展。幼儿园的教育活动是教师以多种形式有目的、有计划地引导幼儿生动、活泼、主动活动的教育过程。教育活动内容的选择应既适合幼儿的现有水平，又具有一定的挑战性；既符合幼儿的现实需要，又有利于其长远发展；既贴近幼儿的生活和兴趣，又有助于拓展幼儿的经验和视野。教育活动内容的组织应充分考虑幼儿的学习特点和认识规律，各领域要有机联系，相互渗透，注重综合性、趣味性、活动性，寓教育于生活、游戏之中，强调幼儿教师的培训和专业发展，等等。这些教育理念和要求与当前世界学前教育的儿童发展整体观、儿童主体观、整合教育观、儿童生态观、可持续发展观及终身教育观等先进观念是相吻合的，也与当今时代发展的民主性、生产性、终身性、个性性、多样性、开放性、国际性和创新性等特点相契合。

#### 4. 我国著名幼儿教育家的理论与实践

五四运动以后，教育救国论曾盛行一时，国内一批具有爱国思想和民主思想的教育人士，在批判封建主义幼儿教育、反对幼儿教育奴化和贵族化的过程中，积极变革并躬行实践，创办了为平民子女服务的幼儿园。这其中以陶行知、陈鹤琴、张雪门三位教育家为代表，他们的教育理论与实践对我国的幼儿教育发展产生了深远影响。

(1)陶行知。

陶行知(1891—1946)是我国伟大的人民教育家和民主革命家。在教育救国思想的影响下，他毕生从事改革教育，推行生活教育，为建立人民大众的教育事业不断努力、积极实践。陶行知先生在幼儿教育方面提出了很多进步的教育主张。他猛烈地批判旧中国幼儿教育的弊端，指出当时幼稚园教育所犯的通病——外国病、花钱病、富贵病，坚决主张教育改革，积极倡导建立适合中国国情的、省钱的、平民的幼稚园。在高度评价幼儿教育的社会价值的同时，他还向社会宣传幼儿教育的重要性，认为“幼儿教育实为人生之基础”，是“根本之根本”，为唤起国人对幼儿教育的重视，他身体力行投入幼教实践。1927 年，他带领学生在南京郊区创设了我国第一所乡村幼稚园——南京燕子矶幼稚园，随后又创办了四所中心园及上海沪西劳工幼儿园，受托工农子女。1929 年在他的引导下，成立了我国最早的，也是唯一的一所专门研究农村幼儿教育的群众性组织——晓庄幼教研究会，用于探索中国幼儿教育的规律，指导幼稚园工作。通过实践总结，陶行知先生提出了“生活即教育”，即要使幼儿的生活成为幼儿的教育，寓教育于幼儿的一日生活之中；“社会即学校”，即要求以幼稚园周围的社会生活、自然现象和风土人情为教育内容，以幼儿足力所能及的地方为教室，冲破束缚幼儿的“高墙”，把学校延伸到自然里去；主张“教、学、做合一”，以反对教、学、做分家的教育现象。另外他还认为教育要启发、解放儿童的创造力，提出了要解放儿童的头脑、双手、嘴巴、空间、时间的教育思想。

(2)陈鹤琴。

陈鹤琴(1892—1982)是我国著名的儿童教育家，他一生致力于探索中国化、平民化、科学化的幼儿教育道路，为建立中国的幼儿教育理论体系和幼儿教育师资培训事业做出了重要的贡献。他是我国最好的以观察实验法研究儿童心理发展的学者之一。陈鹤琴先生于 1923 年创办了我国最早的幼儿教育实验中心——南京鼓楼幼儿园，对幼稚园的课程、教材、玩具、设备等方面进行实验研究，积极探索中国化的幼儿教育道路。他发起了幼稚教育研究会，创办了我国最早的幼稚教育研究刊物《幼稚教育》(1928 年更名为《儿童教育》)。经过大量的教育实践和研究，陈鹤琴先生创建了“活教育”理论体系，提出了“做人、做中国人、做现代中国人”的教育目的，“把大自然、大社会作为出发点，让学生直接去学习”的课程理论，以及“做中教、做中学、做中求进步”的教学方法。他提出了幼儿教育 17 条原则，如凡幼儿能做的，让他自己做；凡幼儿能想的，让他自己想，体现了尊重幼儿主体性，重视幼儿动手动脑获取直接经验的教育思想。他还强调要以幼儿的经验、身心发展特点和社会发展需要作为选择教材的标准，提倡综合的单元教学和以社会、自然为中心的“整个教学法”，主张采用游戏的方式教学，将儿童应该学习的东西组织成一个个单元系统地教给儿童。值得一提的是，陈鹤琴先生还十分重视家庭教育，指出要把科学地了解儿童作为实施家庭教育的依据，主张幼稚园要与家庭合作，教育儿童是幼稚园和家庭共同承担的责任。陈鹤琴先生丰富的幼儿教育理论和实践是我国幼儿教育的宝贵财富。我国的幼儿教育深入发展的今天，学习和研究他的思想和理论，继承和发扬他为幼儿教育事业奋斗的精神，对我们建设具有中国特色的幼儿教育事业仍有很强的启示作用。

(3)张雪门。

张雪门(1891—1974)是我国著名的幼儿园教育家，他对幼儿教育理论及幼稚园课程进行了研究，对我国的幼儿教育理论做出了重要贡献。在他青年时代，就对当时幼稚园教育不是抄袭日本就是模仿欧美、生搬外国教材教法，全然不顾中国国情的幼儿教育现状深感不满。于是，张雪门先生于1918年在浙江鄞县创建了当地第一所由中国人自己创办的幼稚园——星荫幼稚园，后又在北平主办香山慈幼院的幼稚师范学校。他专心研究幼稚园的行为课程，强调儿童通过自己的行为去获得直接经验，主张打破学科界限，采取单元设计的教学法等。另外，他还研究幼儿师范教育，对幼儿师范教育的见习与实习环节的场所、实践安排、内容、过程等都提出了自己独特的见解。通过幼儿教育实践与研究，他完成了《幼稚园教育概论》《幼稚园课程》等幼儿教育论著，对我国部分地区的幼儿教育产生了较大影响，其教育思想与实践至今对我们的幼儿教育工作具有借鉴作用。

**拓展阅读**

## 过去与现在西方有关儿童的观点①

**古代**

儿童实际上不被当作人来看待，杀婴行为非常普遍；发展不成熟的婴儿可能被看成不完全的人。

**中世纪欧洲**

较高的婴儿与儿童死亡率；没有一个清晰的儿童观，儿童被看成是个小成人，而不是一个需要养育与引导的个体。必要时会让他们去参加工作或承担成人的职责。

**18世纪的欧洲**

贫困及情感上的漠不关心导致广泛地出现弃婴；依然有较高的婴儿死亡率；严厉惩罚违反法律的儿童。

**19世纪的欧洲与北美洲**

工业化将儿童作为手工劳工者广泛使用；对儿童具有矛盾的态度。

**今天的发展中国家**

5岁以下的儿童的死亡率较高，通常死于可预防的疾病；对儿童权益有了更多的认识；越来越多地使用疫苗接种来防止不必要的死亡。

**今天的工业化国家**

加速提高的社会与技术的变化呈现出崭新的冒险与挑战；儿童能接触到大量的信息与娱乐；离婚率显著增长，家庭更小，家庭出生率低，出现更多不要孩子的夫妻、更多比例的老人级“年轻人”；电视与色情、游戏机与暴力、网络与网瘾泛滥，儿童新的恐慌；怕父母离婚、怕孤独。

---

① [加]Guy R. Lefraneois：《孩子们：儿童心理发展》(第九版)，王全志、孟祥芝译，22页，北京，北京大学出版社，2004。

备注：这些倾向与态度还在讨论中，部分描述不具备较高的普遍性。即使在18世纪到前童工的高峰期，仍然有很多儿童得到了良好的养育。

拓展阅读

## 陈鹤琴先生“活教育”的十七条原则①

(1)凡是儿童自己能够做的，应当让他自己做；

(2)凡是儿童自己能够想的，应当让他自己想；

(3)你要儿童怎样做，就应当教儿童怎样学；

(4)鼓励儿童去发现他自己的世界；

(5)积极的鼓励胜于消极的制裁；

(6)大自然、大社会都是我们的活教材；

(7)比较教学法；

(8)用比赛的方式来增进学习的效率；

(9)积极地暗示胜于消极的命令；

(10)替代教学法；

(11)注意环境，利用环境；

(12)分组学习，共同研究；

(13)教学游戏化；

(14)教学故事化；

(15)教师教教师；

(16)儿童教儿童；

(17)精密观察。

拓展阅读

**表 1-1 我国学前教育事业发展进程中的重要事件列表**

| 时间 | 重大事件及意义 |
|---|---|
| 1903 年 9 月 | 湖北武昌，我国第一所官方开办的学前教育机构——湖北幼稚园建立，主要招收 5～6 岁儿童，学制为 1 年 |
| 1904 年年初 | 清政府颁布《奏定蒙养院章程及家庭教育法章程》，是我国第一部幼儿教育法规，代表我国幼儿教育事业进入了起步阶段 |
| 1912 年 | 中华民国临时政府公布《壬子癸丑学制》，将蒙养院改称为蒙养园，附设于学校内部或独立设置 |

① 孙培青：《中国教育史》，466 页，上海，华东师范大学出版社，2000。

续表

| 时间 | 重大事件及意义 |
| --- | --- |
| 1922 年 9 月 | 中华民国政府颁布“新学制”(或称“壬戌学制”)，将蒙养园改为幼稚园，正式列入学制系统，由此确立了幼儿教育机构作为国民教育第一环节的地位 |
| 1932 年 10 月 | 中华民国政府教育部颁布《幼稚园课程标准》，其中规定了幼稚教育的总目标，是我国第一份由教育部颁布的国家统一的幼稚园课程标准 |
| 1934 年 2 月 | 中华苏维埃共和国临时中央政府内务人民委员部颁布有关学前儿童教育的文件《托儿所组织条例》，建立一批适应当时革命形势需要的托幼机构 |
| 1951 年 10 月 | 中央人民政府政务院颁布《关于改革学制的决定》，规定幼教机构定名为幼儿园，主要招收 3～7 岁的幼儿 |
| 1952 年 | 中央人民政府教育部颁布《幼儿园暂行规程(草案)》《幼儿园暂行教学纲要(草案)》，明确规定幼儿园的教育任务 |
| 1979 年 10 月 | 召开全国托幼工作会议，研讨新时期的幼儿教育工作 |
| 1989 年 8 月 | 国家教委制定发布《幼儿园管理条例》，明确规定了办园条件、审批程序、保育和教育工作、幼儿园行政事务、奖励和惩罚等，是中华人民共和国成立以来经国务院批准颁发的第一部幼儿教育法规 |
| 1996 年 6 月 | 国家教委制定发布《幼儿园工作规程》。它是为建设有中国特色的社会主义幼儿教育而制定的，推动了我国幼儿教育事业向规范化、法制化的方向发展 |
| 2001 年 5 月 | 国务院颁布《中国儿童发展纲要(2001—2010 年)》，是我国儿童生存、保护和发展的历史性进步标志之一 |
| 2001 年 7 月 | 教育部印发《幼儿园教育指导纲要(试行)》，这是一份推进幼儿园实施素质教育、全面提高幼儿园质量的指导性文件 |
| 2010 年 7 月 | 中共中央、国务院印发《国家中长期教育改革和发展规划纲要(2010—2020 年)》，这是 21 世纪第二个十年教育全面改革发展的蓝图和指南针 |
| 2010 年 11 月 | 国务院颁布《关于当前发展学前教育的若干意见》，是历史上第一次由国务院颁布的专项学前教育文件，说明国家已把发展学前教育提升到教育和社会事业发展的战略高度 |
| 2018 年 11 月 | 《中共中央 国务院关于学前教育深化改革规范发展的若干意见》颁布，为进一步完善学前教育公共服务体系、切实办好新时代学前教育、更好实现幼有所育指明方向 |

## 本章小结

1. 幼儿保育的概念

传统的幼儿保育，主要是指对幼儿的身体方面进行的保护和照顾，比如体检、生活作息、膳食营养、锻炼与安全、疾病防治等。现代幼儿保育既要保障幼儿的身体健康还必须关注幼儿的心理健康。

2. 幼儿教育的概念

幼儿教育是整个教育范畴中的一个独特时期的教育，它以3～6岁幼儿为对象，是基础教育的重要组成部分。广义的幼儿教育是指一切对幼儿的身心发展有影响的活动，包括家庭教育、社会教育和专门教育机构的教育等。狭义的幼儿教育指的是幼儿园等专门机构中的教育，包括幼儿园、托儿所、学前班等机构中的教育。

3. 幼儿保育与教育的关系

幼儿园不仅要做好传统的保育工作，更要重视保育与教育的相互作用，将保育和教育真正有机结合起来。保育与教育的关系：保育是教育的基础，保育工作是为托幼机构的教育教学服务的；保育本身具有教育的职能，它是托幼机构教育工作的有机组成部分。

4. 幼儿园保教结合需要注意的问题

保教结合意味着在幼儿园中要注意以下三点：

(1)在幼儿园工作目标上要体现保教结合；

(2)在幼儿园工作内容上要体现保教结合；

(3)在人员配置上要体现保教结合。

5. 幼儿保育与教育事业产生与发展的四个阶段

幼儿保教事业的孕育阶段、萌芽阶段、初创阶段、发展阶段。

6. 西方幼儿保教事业的发展

世界第一所幼儿园的诞生；幼儿保教机构的发展；对幼儿保教事业产生重要影响的西方教育家。

7. 我国现代幼儿保教事业的发展

我国幼儿保教机构的建立；幼儿保教制度的确立与发展；幼儿保教观念的转变与发展；我国著名幼儿教育家的理论与实践。

## 本章检测

1. 思考题

(1)简述现代幼儿保育的概念；

(2)简述狭义的幼儿教育的概念；

(3)简述幼儿保育与教育的关系；

(4)谈一谈西方幼儿保教事业发展的趋势及对我国幼儿保教事业发展的启示。

2. 分析讨论题

结合实际分析，陈鹤琴先生的幼儿教育思想对当今幼儿保育与教育的影响。

# 第二章　幼儿保育与教育的基础

## 学习目标

- 了解幼儿保育与教育的政策法规。
- 理解幼儿保教的理论基础及工作重点。
- 掌握幼儿身体与心理的特点及规律。
- 能够根据幼儿身心发展特点开展保教工作。

## 本章导读

幼儿时期是人生发展的关键时期。为幼儿提供必要的生存、发展、受保护与参与的机会和条件，最大限度地满足儿童发展需要，发挥儿童潜能，将为儿童一生的发展奠定基础。为了更好地帮助幼儿打好人生的基础，作为保教工作者必须具备一定的理论知识与专业技能。打好“基础”才能更好地指导“实践”，了解幼儿保育与教育的理论基础、政策内容、身心发展过程，对于系统学习幼儿保教工作有着重要的引领作用。本章简介了有关幼儿保教的理论知识，简单勾勒了我国幼儿教育发展的历史进程，并在此基础上对幼儿心理与生理的保教工作进行了概述。本章共分为四节内容：第一节为幼儿保育与教育的理论基础；第二节为我国幼儿保育与教育政策；第三节为幼儿身体发育与保教工作；第四节为幼儿心理发展与保教工作。本章主要通过梳理与幼儿保育与教育密切相关的思想理论及我国保育与教育相关的政策文件，帮助保教工作者明了保教工作理论基础，理清保教工作思路；通过对幼儿身体与心理的特点、规律及影响因素的分析，为保教工作者提出保教建议。

# 第一节　幼儿保育与教育的理论基础

## 引导案例▶

尼克手提一个空水壶站在那里。随后，他走到一个玩具箱旁边，拿出一个塑料碗、一个鸡蛋塑料包装盒和一个花生酱的瓶盖。他把这些物品在矮桌上排成一排，并假装用水壶向它们倒东西。他行动谨慎，有条不紊地“注满”每一个容器，甚至包括鸡蛋盒中的每一个区隔。他对于完成这项任务似乎很满意，欢呼着将水壶扔到一边。当他穿过房间来到另一边时，发现桌子上放着一盆植物。他立即跑回放水壶的地方，翻箱倒柜地乱翻着那些阻挡他视线的玩具和毯子。他找到了水壶，拿着它走向那盆植物，小心翼翼地假装给植物浇水。他又一次扔下水壶，拿起一个玩具娃娃。他责备这个娃娃，生气地将它摔到地上，连续几次，接着又用毯子把它包裹起来，温柔地把它放在玩具箱里，哄它睡觉。当蹲在玩具箱旁时，他看到一本封面上画着消防车的图画书。他看了一会儿那些图画，然后把那本书顶在头上，在房间中快速行走，并模仿汽笛声发出尖叫。当经过一个玩具架时，他看到一辆木制的救火车。他把它拿出来并推着它在地板上前行。突然，他停下来，看着救火车中消防员的小座椅，但是消防员却不见了。他愣了片刻，环顾四周，然后再次走到了那个水壶旁把它拿起来。他小心翼翼地往救火车的小座椅上倒着自己假想的液体。①

**思考：**通过阅读这一观察片段，你看到尼克是如何学习的？

我们对这个世界的认识与理解源于我们与人和物的积极互动。幼儿天生就具有主动且乐于互动的本性，尼克就是一个很好的例子。他主动地投入自己的世界中，能将已知的事物用新的方式表达，这一能力体现了他以往的经验。他寻求自己感兴趣的体验，能为解决问题做出相应的改变和适应。从尼克身上我们还可以发现，幼儿有表达自己情绪、情感的需要；幼儿的学习与发展跟认知与心智有关也与幼儿的生活经验有关；游戏是幼儿学习的主要方式；幼儿教师要为幼儿创设适宜的环境，提供适宜指导，帮助幼儿更好地发展。教师同时要思考：我们每天在教什么？提出什么问题？提供什么经验和材料对孩子有帮助？教师越是清楚自己的选择，就越可能对儿童产生积极的影响。所以，在知道如何进行保育与教育之前，教师需要了解影响幼儿保育与教育的重要理论有哪些。通过学习这些理论和从理论生发出的“最优实践”，教师才可以提供优质的幼儿教育。

纵观诸多国内外幼儿保育与教育的经典理论与思想流派，都从不同的认知角度

① ［美］珍妮特·冈萨雷斯-米纳、戴安娜·温德尔·埃尔：《婴幼儿及其照料者》(第8版)，张和硕等译，208页，北京，商务印书馆，2016。

和学科视角，对如何能够更好地促进幼儿保教工作进行了解读。本章将分别从理论的价值取向上对幼儿保教理论基础进行梳理。

## 一、幼儿发展取向

很多的幼儿教育理论都立足于一个前提——注重儿童的发展。儿童会经历不同的发展阶段，他们的兴趣和学习与这个生长和发展过程直接相关。而如今的世界各国早期教育项目中无不投射出幼儿发展取向。这一取向将幼儿视为一个“整体”，但同时又有不断发展的自我，包括身体的自我、情感的自我、社会的自我、认知自我和创造自我。作为教师理解各领域中幼儿是如何学习与发展的，以及各领域间是如何相互影响的是很重要的。

### (一)心理分析理论

心理分析理论主要分析了影响和塑造儿童发展的早期经验。

精神分析理论对学龄前儿童教育的一个重要影响是在幼儿园教育机构中开展表现和表达的活动得到了认可，儿童早期心理冲突的解决以及情感和思想的表达对于维护其心理健康具有重要的意义。

弗洛伊德(Sigmund Freud，1856—1939)认为人类的心理发展是一段充满趣味冲突的过程，他将人格分为三个层次：本我(id)、自我(ego)及超我(super ego)。

**案 例**

豆豆看到小朋友在吃糖果，豆豆也想吃。依据豆豆的表现，运用弗洛伊德人格的三个层次进行分析。

| 阶段 | 本我阶段 | 自我阶段 | 超我阶段 |
|---|---|---|---|
| 表现 | 豆豆把糖果直接表现抢来吃 | 豆豆询问小朋友可以给她糖果吗 | 豆豆心里想回家让妈妈买糖果给她吃 |
| 分析 | 最本能的直接反应 | 运用曾经看过的方式，寻求能达到目的的解决办法 | 知道不能随便跟别人要东西吃，所以思考符合社会期许的解决方式 |

#### 1. 本我

本我，就是反映身体本能的我。本我是人类的基本欲望，如累了就要睡觉、渴了就要喝水、饿了要吃东西等。当婴幼儿的欲望需求不被满足时，他们会用哭的方式表达，直到需求被满足。

#### 2. 自我

自我，是一种本我妥协外在现实，依然满足本我需求的原则，即根据现实状况，学习如何在现实中让本我满足。此阶段肚子饿的孩子不会立即哭闹，而是想起他要如何才能得到食物。当自我成熟时，幼儿变得较能控制自我，并找出实际的方法来满足自己的需求。这一阶段也是开始进入幼儿园的时候，老师正可以教导幼儿各种表达需求和解决问题的方法，来帮助幼儿适宜地满足本我的需求。

**3. 超我**

超我，是道德良心的所在，它在幼儿期间开始发展，通常在5～6岁时习得，最初是受我们的父母和老师所设下的行为规范所影响。经由奖励、惩罚、示范等方式，孩子习得做什么行为时父母和老师会认为是好的或坏的。当超我逐渐成熟，幼儿就不再需要别人告诉他们表现出来的行为是好或坏，他们明白什么是不当行为，并对自己有不道德的行为而感到羞愧。因此超我是一个内在的检查者，或者可说是自我心中的老师或父母，坚持以社会道德标准来压抑各种本我的需求。

埃里克森(Erikson. E. H)作为弗洛伊德的学生及精神分析学派的重要代表人，提出了社会心理发展理论，这一理论对当今的许多幼儿项目起到了重要的影响。埃里克森把人生分为8个阶段，他认为发展是依照阶段原则顺次进行的，每一阶段都有一个由生物学成熟与社会文化环境、社会期望间的冲突和矛盾所决定的危机，人格发展的过程就是处理危机及各阶段不断转化的过程。某一阶段的危机顺利解决有助于发展健康人格，否则，就会形成不健全的人格。每一发展阶段都有其特定的、带有普遍性的心理社会任务有待解决。例如：0～1.5岁这一阶段的发展任务是培养信任感，1.5～3岁这一阶段的发展任务是培养自主性，3～5岁这一阶段的发展任务是培养主动性，在学习对自己长大的行为及情况的控制时，也会发展出有目的的思考。如果没有完成发展任务，他们就会感到有罪恶感及缺乏目标，这时教师应该给予幼儿做决定的机会。

**案 例**

上大班的云云有个可爱的3岁弟弟叫瑞瑞。某日，瑞瑞跟姐姐说他想玩姐姐的玩具，虽然妈妈告诉过云云："你是姐姐，要照顾弟弟。"但这时，云云有点不舍得自己的玩具，正处在是否要尽照顾弟弟之责的矛盾中，瑞瑞随即动手抢云云的玩具，云云在拉扯中推倒了瑞瑞，瑞瑞的头撞在了墙上肿了起来，瑞瑞放声大哭，云云赶紧去找妈妈。看到弟弟受伤云云因产生罪恶感而难过地哭了。

如遇以上类似情况，教师或父母应该体谅孩子，安抚孩子的情绪后，给予孩子自己做决定是否拿出玩具的机会，而不是一味指责。

### (二)行为主义与社会学习理论

虽然发展理论是构成这个主题的基础，但有一种理论一直吸引人们的目光。一听到"行为转变"，很多教师就会皱眉，因为该理论包含了"控制"幼儿行为的可能性，这是教师所反对的。然而，行为转变学习理论开展了大量的实证研究，这些研究证实了他们所采取的策略，即奖励符合期望的行为及制止不适宜的行为是教学的一项有力工具。特别是在各类特殊儿童教育中。行为主义者认为，儿童的学习是奖励(比如教师的关注和表扬)或惩罚(比如责备或是一些教师使用或误用的"独处时间")的结果。如果一个项目只是立足于深思熟虑地操纵儿童的行为，那是令人反感的，但是所有的教师都经常且广泛地使用操纵技术。幼儿接收到的每一个微笑、每一个皱眉，每一个正面或负面的注意，都会鼓励或阻碍其未来行为的发展。

行为主义在20世纪初由心理学家约翰·华生(John Watson，1878—1958)开创。华生的理论受到苏联心理学家伊万·巴甫洛夫(Ivan Pavlov，1849—1936)对动物学习研究的启发。巴甫洛夫成功地通过训练让狗学会在听到送食铃响时开始流涎，他发现了经典条件反射。华生在其基础上，探讨经典条件反射是否适用于儿童的行为。华生最后归纳出：环境是儿童发展中的主导力量。他认为，只要严格控制刺激—反应的联系，成年人就可以根据自己的意愿任意塑造儿童的行为。华生之后，一个行为主义理论是斯金纳(B. F. Skinner，1904—1990)的操作性条件反射理论。其观点认为：儿童的行为可以通过大量的强化物得以加强，如表扬、友善的微笑或新玩具。同时，儿童的行为也可以通过惩罚得到削弱，如权利的回收、父母的反对或隔离等。

心理学家们对于行为主义能否为儿童社会行为提供比精神分析理论中的模糊概念更加直接和有效的解释产生了浓厚的兴趣。这种关注引发了社会学习理论的出现。其中最有影响力的是阿尔伯特·班图拉(Albert Bandura)及其同事提出的理论。班图拉认为，模仿或观察学习，是儿童习得各种行为的基础。他认为儿童做出的许多良性或不良的反应只是对他周围其他人观察的结果。此后班图拉修正了其理论，更多地强调儿童对自己和他人的想法，即社会认知。从观察他人自我表扬和自我谴责的行为到对他人行为的价值做出反馈，儿童对行为和自我效能形成了个人的标准，即对他们自己的能力和性格的看法。

行为主义与社会学习理论都试图在探讨儿童是如何习得行为的发展问题上做出了重要贡献。但是，模仿和强化并不能对儿童发展作出一个完整的解释。环境对丰富儿童生理和社会世界的作用超过了即时强化和模仿行为。

### (三)主动性学习和建构理论

皮亚杰(Jean Piaget，1896—1980)的认知心理学对幼儿教育产生着重要的影响，其中对幼儿保育与教育影响最大的是他对幼儿认知发展的理解，强调主客体的相互作用。维果斯基也认为儿童能够构建他们对世界的理解，还提出教师应为幼儿提供适宜的支持。

皮亚杰对于幼儿认知发展的观点包括四种重要的假设。首先，人和环境的互动非常重要。其次，皮亚杰将幼儿的成长视为渐进的、连续的过程。在幼儿出生后头几天，客体永久性的概念就开始缓慢地发展。再次，儿童每一阶段发展质量都非常重要。日后的技能或能力取决于早期成就的成熟与提高。最后，婴幼儿有构建计划的能力。儿童选择物品并摆弄它们，和它们玩，重复同样的动作，并创造计划。他认为智慧的本质从生物学来说是一种适应，是同化和顺应之间的一种特殊的冲突/平衡。幼儿学习一项事物时，从一些基本的认知开始就是“图式”，透过不断地拓展“图式”后逐渐产生复杂的概念。

皮亚杰建立了知识建构理论：认为任何知识都发源于动作，动作是联系主客体的桥梁，动作发展了，主客体各自的体系就得到了发展，它们分别演化成为关于客体的物理知识结构和关于主体的逻辑数理结构。儿童接受的教学应该同他们能够达到的智慧机能的类型相适应；教学采取的一般方法应当能够促进自我调解或建构的过程。

**表 2-1　皮亚杰的认知发展阶段**

| 阶段 | 概述 |
| --- | --- |
| 感知运动阶段(0～2 岁) | 儿童从反射行为向符号性活动发展；能够区分自己和其他客体；开始有初步的因果意识 |
| 前运算阶段(2～7 岁) | 儿童能够使用符号，如语言；他们拥有更好的推理能力，但仍感知性地局限于此时此地 |
| 具体运算阶段(7～11 岁) | 儿童具有逻辑思维能力，但仅只限于具体事物；能将事物按照数量、大小或类别排序；也能将时间和空间联系起来 |
| 形式运算阶段(11 岁以上) | 儿童具有抽象的逻辑思维；他们在解决问题时能够同时考虑多种选项 |

维果茨基(Lev Vygotsky，1896—1934)将幼儿的学习能力分为两种水平：一种水平为现有发展水平，即幼儿目前已具备的能力阶段；另一种水平为幼儿经由成人或能力较高的同伴的协助，所达到的能力水平，两者间的差距称为最近发展区(Zone of Proximal Development，ZPD)，是幼儿在发展阶段中的潜在发展区域，如图 2-1 所示。

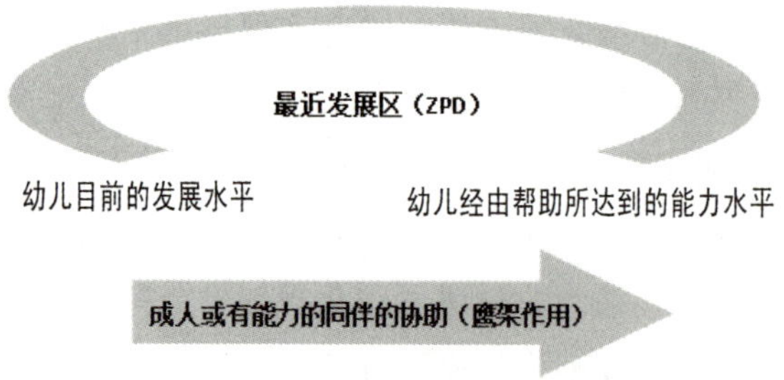


**图 2-1　维果茨基最近发展区理论**

当幼儿在最近发展区受到成人或有能力的同伴所给予的协助与支持，让其进行如搭鹰架一般的学习历程，我们称为鹰架作用(scaffolding)，教学中的鹰架可能是教学中使用的工具或教师的教学策略，如绘本、游戏、各类教具、教学相关影片……并且透过鹰架作用营造出教师与幼儿间互动学习的环境。

### (四)信息加工理论

20 世纪 70 年代，儿童发展研究者不再以行为主义作为解释儿童学习过程的全部依据。他们转向认知心理学领域需求新的研究儿童思维发展的方法。一个主导的观点就是信息加工，这是随着使用数学专业方法解决问题的复杂的计算机的出现而发展起来的一种综合的方法。在从感官接受输入到行为反应的输出过程中，信息被主动地编码、转化和组织。信息加工通常被看作是研究字符、结构和流程的领域。图表被用于图解个体解决问题和完成任务的精确步骤，很像程序员设计程序以使计算机完成一系列的“智能操作”。信息加工把儿童看作信息的感受主体，在环境的作用下形成自己的思维模式。但与皮亚杰不同的是，儿童的发展不存在阶段性。相反，信息加工理论研究的是：感知、注意、记忆、思维策略、信息分类和阅读理解能力——这些能力在年龄上没有多大的个体差异，而只在儿童时期表现的程度低一些。因此，发展是一个连续的过程，而不是突然发生的阶段性的变化。①

### (五)生态系统理论

布朗芬布伦纳(Bronfenbrenner，U.，1979)等人从人类发展生态学的立场出发，研究人的发展问题，将对人的行为和发展放置在一个相互联系、相互影响和相互作用的、稳定的生态系统中。布朗芬布伦纳所谓的生态系统(ecological environment)包括微系统(microsystem)、中层系统(mesosystem)、外层系统(exosystem)和宏系统(macrosystem)，这些不同层次、不同性质的环境相互交织在一起，构成了一个具有中心又向四周扩散的网络，前者逐个被包含在后者之中。从布朗芬布伦纳提出的人类发展生态学立场看，不存在一种最好的能适应不同社会文化背景中的所有儿童的教育方案，而各种不同教育方案能很好地适应不同的社会文化背景中的儿童，幼儿的发展在很大程度上受到社会文化的影响，这是因为“各级生态系统所包含的情

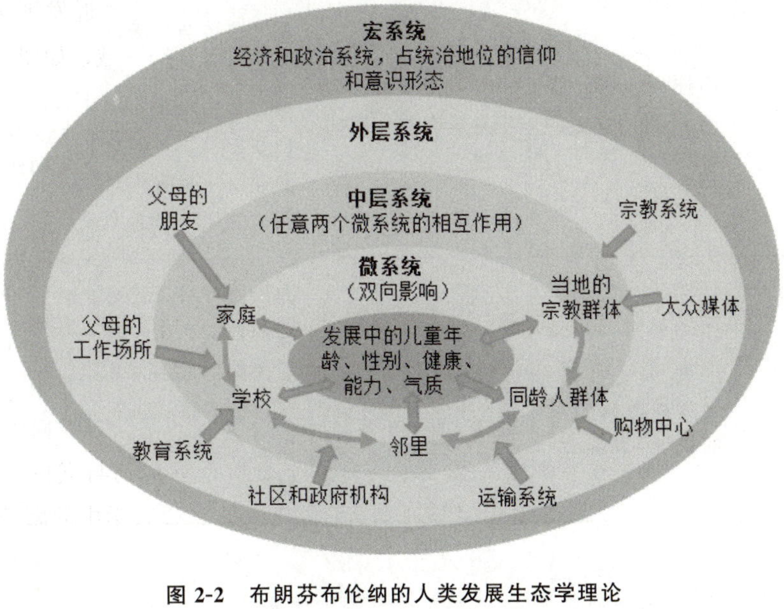


**图 2-2　布朗芬布伦纳的人类发展生态学理论**

① [美]劳拉·E. 贝克：《儿童发展》，吴颖等译，29页，南京，江苏教育出版社，2002。

景类型、各情景内部所存在的活动、角色和人际关系，各情景之间联系的性质和范围，以及靠价值观念维系和支持的人的行为和组织等都与大系统是同源的，是受其制约的。”①因此不能脱离社会文化探讨幼儿发展。

从现代儿童发展研究主要理论的梳理可以发现，关于幼儿如何学习与发展的研究存在差异。首先它们聚焦于发展的不同方面。一些理论，如精神分析理论和生态系统理论，强调儿童的社会和情感发展。另一些理论，如皮亚杰的认知发展理论、信息加工理论等，强调儿童思维的重要变化。其次，每一个理论都包括了关于儿童的天性及其发展的观点。我们将从幼儿发展的四个基本命题的立场上对这些理论进行归纳总结，如表 2-2 所示。

**表 2-2　主要发展理论在儿童发展四个基本命题上的立场②**

| 理论 | 连续发展还是不连续发展 | 一种发展模式还是多种发展模式 | 先天遗传与后天环境哪个更重要 | 个体发展是稳定的还是开放式变化的 |
|---|---|---|---|---|
| 精神分析观 | 不连续发展：强调性心理的阶段和心理社会的发展 | 一种发展模式：假定发展有着相同的阶段 | 先天遗传与后天环境的双重作用：内在冲突为育儿经历所引导和控制 | 稳定的：早年经历为以后的发展设定了一定的模式 |
| 行为主义和社会学习理论 | 连续发展：发展是习得行为的不断增加 | 多种可能的发展模式：每一个孩子的行为强化和模仿都不相同 | 强调后天环境：条件反射和模仿的学习原则决定着发展 | 开放式变化的：早年与以后的经历同样重要 |
| 皮亚杰认知发展理论 | 不连续发展：强调认知发展的阶段 | 一种发展模式：假定发展有着相同的阶段 | 先天遗传与后天环境的双重作用：强调儿童发现现实的内在驱动力，但它必须由一个有丰富刺激的环境支持 | 开放式变化的：早年与以后的经历同样重要 |
| 信息加工学说 | 连续发展：儿童的感知、注意、记忆和解决问题的技能不断提高 | 一种发展模式：大多数甚至所有儿童的变化都差不多 | 先天遗传与后天环境的双重作用：随着大脑的成熟，儿童积极调整其思想以适应新环境的要求 | 开放式变化的：早年与以后的经历同样重要 |

① 朱家雄：《幼儿园环境与幼儿行为和发展的研究》，138 页，北京，世界图书出版公司，1996。
② [美]劳拉·E. 贝克：《儿童发展》，吴颖等译，41 页，南京，江苏教育出版社，2002。

续表

| 理论 | 连续发展还是不连续发展 | 一种发展模式还是多种发展模式 | 先天遗传与后天环境哪个更重要 | 个体发展是稳定的还是开放式变化的 |
|---|---|---|---|---|
| 生态学理论 | 兼而有之：儿童逐渐发展起一系列的适应性行为。强调在能力上出现质的飞跃的敏感期 | 一种发展模式：物种适应行为的敏感期决定着行为 | 先天遗传与后天环境的双重作用：在生物基础上强调行为的模式，但适度的刺激环境的激发必不可少 | 稳定的：建立在生物基础上的行为模式与早年经历一起为以后的发展设定了某种模式 |

从表 2-2 可见，不同的理论从发展的角度讨论了儿童发展连续性、发展模式、发展的影响机制及发展稳定性等方面的问题。虽然众多学者给出不同的观点，但目前还没有哪一种学说能够对儿童学习与发展的机制做出最完整的解释。因此，以幼儿发展为基础的心理学、教育学的讨论还在继续。

## 二、生活教育取向

幼儿保育与教育应该回归儿童的生活，已经成为被普遍接受的幼儿教育观。“儿童的教育是以儿童生活为起点的，儿童生活的过程就是儿童发展的过程。发展是一个永恒的主题，发展关联着儿童的肉体与精神。儿童‘身’系自然，即发展顺应着人的天性；‘心’向自由，即发展也需要适应社会的文化，从自然走向社会，儿童带着天性走向文化，教育也就成了儿童生活的一个重要组成部分。”①持生活教育取向的学者们提出，幼儿的教育不能脱离其生活的环境。儿童是自己依照自身发展规律成长的，是主动学习者。而成人是儿童成长的支持者，教师则是儿童学习环境的准备者。这些观点从众多的幼儿教育理论中都可以窥见。从回归幼儿的实际生活这一理念出发，引申出对于幼儿教育的目的、原则、课程等诸多的讨论，其中以杜威的教育理论为主要代表，其后我国人民教育教家陶行知也对教育与儿童的生活进行了探讨。

约翰·杜威(John Dewey，1859—1952)是美国实用主义教育学家，提出的“教育即生活”“教育即生长”和“教育即经验的不断改造和重组”，对幼儿保育与教育有重要影响。杜威认为，教育本身就是借助儿童自身的能力作为其成长的素材，然后予以指导，以促进儿童自主自由生长。杜威认为，“惟一的真正教育是通过对儿童能力的刺激而来的”，“儿童自己的本能和能力为一切教育提供了素材，并指出了起点”。杜威认为不能将未成熟的人和成熟的人做比较，那样就把“未成熟状态”看作了一种缺乏，就不会从理智的角度去看待儿童的成长。杜威还提到，“生活就是发展，而不断发展、不断生长，就是生活。”“总有一种危险，正规教学的材料仅仅是学校中的教

① 侯莉敏：《儿童的生活与教育》，223 页，北京，教育科学出版社，2009。

材，和生活经验的教材脱节。”①他认为，儿童的生长本来就是依托于生活，就是在生活中展开的。那么，教育就是在生活中发生的。儿童现有的生活应当成为教育最好的教材，不仅有了实际的学习内容，而且为生活提供指导，以教会儿童如何适应自己的生活。在此基础上，杜威提出了“学校即社会”的思想，为的是把接受教育的儿童培养成为能够完全适应生活环境和社会的人。杜威在《民主主义与教育》中提到，“一盎司经验所以胜过一吨理论，只是因为只有在经验中，任何理论才具有充满活力和可以证实的意义。”“一种经验，一种非常微薄的经验，能够产生和包含任何分量的理论或理智的内容，但是，离开经验的理论，甚至不能肯定不被理解为理论。”②因此，杜威主张儿童自己去直接体验世界、体验生活获取第一手经验，所以他尤其强调活动的意义。对于儿童来说，教育存在的主要意义并不是要给儿童现成的知识，而是鼓励儿童自己亲自体会，并在教育者的指导下对经验进行改造，使其成为知识。杜威的教育应该顺应幼儿的身心发展，将幼儿看作一个有能力发展的人；将教育寓于生活中，并强调经验的学习对于幼儿教育的重要性。这些观点对当今的幼儿保育与教育产生重要作用。

受杜威教育思想的影响，我国教育家陶行知提出了“生活教育”理论。他曾概括表述何谓生活教育：“从定义上说，生活教育是给生活以教育，用生活来教育，为生活向前向上的需要而教育。从生活与教育的关系上说，是生活决定教育。从效力上说，教育要通过生活才能发出力量而成为真正的教育。”③从这一思想出发，他又提出了生活教育的三大原理，即“生活即教育”“社会即学校”“教学做合一”。陶行知的生活教育理论的思想，蕴含了对生活和教育之间关系的认识，对当前幼儿教育实践中提倡的“课程回归生活”具有指导作用。

课程回归生活的儿童教育，必须关注儿童的生活内容、生存状态及可能的生活，即关照儿童的生活和生活中的儿童。因此，儿童教育首先要放手让儿童自己去构建自然、内在的生活，在此基础上成人才可能引导和帮助儿童去构建社会、外在的生活。儿童的生活建构要求发挥教育的生活意义，通过教育来完善儿童的生活，使儿童在体验生活和领悟生活真谛的基础上，达到人格的自我建构。④ 持生活教育取向的学者认为，幼教机构作为儿童生活的重要组成部分，需要构建适合儿童生长的自由、独立的环境系统，教师、儿童、家长等其他环境因素在这个系统里形成一种互动的人际关系，这些关系相辅相成且相互支持。教师是这个有机整体的协调者，教师应强调每一名儿童的发展，并且在广泛联系家庭、儿童群体、学校环境、学校其他工作者、社区及更加广大的社会环境的情况下来开展教育活动，以此来给儿童的身体和心理发展提供有力的支持。

---

① 林情情：《杜威〈民主主义与教育〉对我国幼儿教育的启示》，载《当代教育理论与实践》，2014(12)。

② 约翰·杜威：《民主主义与教育》，王承绪译，137页，北京，人民教育出版社，2005。

③ 胡晓风、金成林、张行可等：《陶行知教育文集》，469页，成都，四川教育出版社，2007。

④ 侯莉敏：《儿童的生活与教育》，224页，北京，教育科学出版社，2009。

## 三、基于理论的实践取向

幼儿的保育与教育工作最终的目的是提高幼儿保教质量。长期以来，致力于提高保教质量的幼教工作从未停止。幼教质量的提高依赖科学的理论支撑，而基于理论的幼儿实践教学工作又为理论的发展输送着新鲜的“血液”，进而形成了一批具有一定影响力的幼儿园课程模式。

福禄贝尔(1782—1852)将游戏看作儿童内在本质向外的自我表现，是人在这一阶段上最纯洁的精神产物。游戏给儿童以欢乐、自由和满足，又能培养儿童的意志力和自我牺牲的精神。游戏是创造性的自我活动和本能的自我教育。他指出，幼儿园工作的任务是通过各种游戏活动，培养儿童的社会态度和民族美德，使他们认识自然与人类，发展他们的智力与体力，以及做事或生产的技能和技巧，尤其是运用知识与实践的能力，从而为下一阶段的发展做好准备。此外，幼儿园还应担负起培训幼儿园教师，推广幼儿教育经验的任务。福禄贝尔认为，教师需要重视儿童的观察。他说：“要是一开始就向学生提供在事物中收集自己经验的机会，让他们用自己的眼睛观察，使其学会从自己的经验，从食物和事物之间的关系，从人类社会的真正生活中去认识。”①他认为个性自我实现必须经由社会化的历程才能达到，只有通过与他人交往，才能认识自己与他人的关系，进而认识人性。在其教育理念基础上，福禄贝尔形成了一个以游戏和活动为主要特征的幼儿园课程体系，包括游戏与歌谣、手工作业、运动游戏、自然研究，以及唱歌、表演和讲故事等。福禄贝尔对幼儿保育与教育影响主要体现在他对儿童积极主动活动的重视，对游戏的教育意义的强调，对手工教育的推崇，以及对家庭、社会和儿童集体在儿童教育过程中的重要作用的评价。

意大利教育家玛利亚·蒙台梭利(Maria Montessori，1870—1952)是 20 世纪世界公认的进步主义幼儿教育思想家。蒙台梭利的教育思想深受卢梭、裴斯泰洛齐、福禄贝尔等人的自然教育和自由教育观点的影响，根据自己的实际观察和实验研究，结合生物学、遗传学、生理学、心理学和生命哲学的理论，形成了其独特的幼儿教育理论。蒙台梭利强调对于幼儿开展保育过程中的“自由选择”和“环境设计”两大原则，这两大原则共同构成了其所主张的“儿童之家”保育方法，即“蒙台梭利方法”。就该方法的“自由选择”原则而言，蒙台梭利认为旧式的幼儿保育过于压制和阻碍了儿童生理和心理的发展，而“自由选择”则强调重视幼儿的内在冲动，鼓励幼儿通过自己的心理需要和爱好倾向自由地选择各类物体，选择各种学习活动。就“环境设计”原则而言，蒙台梭利认为外部的一个适宜幼儿发展的环境是幼儿保育的核心，这一适宜的环境的构成要素包括了“爱和温暖”“丰富的营养”“不会有幼儿有害的环境物体”三个方面。可以说对于“环境”的强调及为幼儿的发展提供了一个适宜的保育环

---

① [德]福禄贝尔：《人的教育》，孙祖复译，144－145 页，北京，人民教育出版社，2001。

境，是蒙台梭利整个保育体系的中心，也是“蒙台梭利方法”的核心。[①]

美国的银行街早期教育方案与高瞻课程(HIGH/SCOPE)、意大利的瑞吉欧教育体系课程等都是教育理论与幼儿园课程实践紧密联系的典范。银行街早期教育方案的理论框架的主要依据有以下几方面：一是弗洛伊德(Freud, A.)、埃里克森(Erik Erikson)等心理动力学理论，强调情绪与动机，以及自主性自我发展；二是皮亚杰的幼儿认知发展理论及其他发展心理学理论；三是教育理论家的教育理论，如杜威的进步主义教育思想及教育实践工作者在实践中建构起的理论框架。20 世纪 70 年代以后，维果茨基的理论也影响了银行街早期教育方案，其设计者们关注了儿童发展和学习的社会背景，并将之整合到“发展—互动”的概念。[②] 银行街早期教育方案并没有提出具体的教育内容，教师根据其教育目标自主地选择组织教学内容。银行街早期教育方案重视幼儿发展的各个阶段与过程，课程内容的选择倾向于依据儿童的发展水平，关注不同发展阶段儿童的个性化、个别化发展，其教育方案常以“社会学习”为主题。高瞻课程是由维卡特和他的同事在 1962 年创建的方案。1963 年，科研人员开始接触皮亚杰的理论，并根据皮亚杰的认知发展理论来设计课程，即后来的高瞻认知发展课程。20 世纪 70 年代后，高瞻课程被广泛运用于所有经济背景和所有能力水平的儿童，取得了巨大的成功。高瞻课程的一日活动是由“计划——工作——回忆”的自主活动，以及小组活动、大组活动、户外活动、衔接活动、餐点与休息时间所共同构成的。高瞻课程的内容来于两种资源：儿童的兴趣和关键经验。对于儿童来说，主动学习是他们发展的中心，而对于高瞻课程的教师来说，关键经验就是他们进行课程设计及组织的核心。20 世纪 60 年代以来，洛瑞斯·马拉古奇(Malaguzzi Loris)的倡导和领导下，在意大利北部的瑞吉欧·艾米利建立了一个公共的儿童保教系统，形成了一个富有开创性、颇具特色的学前教育体系——瑞吉欧·艾米里亚教育体系。瑞吉欧教育体系课程的价值取向就是其对儿童与教育的基础看法。瑞吉欧幼儿教育者们不断吸取先进的教育思想，如杜威进步主义教育思想、皮亚杰与维果茨基的建构主义理论，同时结合了意大利当地文化，在实践中摸索形成了一套属于自己的教育观念与教育经验，为瑞吉欧教育体系提供了鲜活而丰富的支持。

发展适宜性实践(Developmentally Appropriate Practice, DAP)理论是全美儿童早期教育协会所有活动的基础。发展适宜性实践理论兴起之后开始指导美国儿童早期教育实践，成为美国儿童早期教育教学模式的主导理论之一。发展适宜性实践是指设计与幼儿发展水平吻合，符合儿童趣味、能力和文化的学习活动。教师参考幼儿发展各阶段的一般标准不是为了加速儿童的发展，而是更好地理解每一位儿童并为其设计教育。发展适宜性实践的三个核心考量分别为：

---

① [意]蒙台梭利：《蒙台梭利幼儿教育科学方法》，任代文译，78 页，北京，人民教育出版社，2001。

② 侯莉敏：《幼儿园课程与教学理论》，299—300 页，北京，高等教育出版社，2016。

◆ 了解儿童发展及学习方面的知识。了解每个年龄和发展阶段的特质能帮助教师判断什么才是儿童最佳的成长经历。

◆ 了解个体适宜性。幼儿教师需要持续地观察每个儿童和他人或环境的互动。了解每个儿童的兴趣、能力和发展过程尤为重要。

◆ 了解文化的重要性。儿童的家庭塑造者他们的生活。幼儿教师尊重儿童的家庭并且努力了解家庭成员，包括他们的价值观、文化背景、与子女的互动方式、对子女和学校的期待。通过接纳，教师为儿童提供恰当的、有意义的经验。

基于理论的实践取向已成为当今幼儿保育与教育持续发展的推动力。幼儿保教理论不再被束之高阁，理论成为了指导保教工作的重要支撑，使幼儿保教工作成为“有本之木”“有源之水”。

**拓展阅读**

**表 2-3　埃里克森心理社会发展八个阶段和一个新阶段**

| 阶段 | 危机 | 解决 | 未解决 | 品质 |
|---|---|---|---|---|
| 婴儿期 | 基本信任对基本不信任 | 需求得到满足的信心 | 不确定的满足导致的愤怒 | 希望 |
| 儿童早期 | 自主对羞怯和疑虑 | 来源与自我控制的独立 | 被控制导致的疏远 | 意志力 |
| 学前期 | 自主对内疚 | 作用与欲望、冲动和潜能 | 良心一直追求 | 目的 |
| 学龄期 | 勤奋对自卑 | 集中注意力与“工具世界” | 缺乏技能和地位 | 能力 |
| 青春期 | 同一性对同一性混乱 | 确信一致性可由他人看出 | 先前同一性发展失败 | 忠诚 |
| 成年早期 | 亲密对孤独 | 与他人的同一性相融合 | 没有亲密关系 | 爱 |
| 成年中期 | 生产感对无用感 | 对社会和社区做贡献 | 疏远感 | 满足感 |
| 成年晚期 | 繁殖对停滞 | 指导下一代成长 | 成熟过程的延滞 | 关心 |
| 老年期 | 整合对失望 | 情感的整合 | 时光是短暂的 | 智慧 |

注：成年中期并不是埃里克森划分的阶段，将其添加在内是因为从埃里克森第一次构建阶段理论以来，人的寿命也在不断增长。

# 第二节　我国幼儿保育与教育政策

**引导案例▶**

2015 年教育部组织学前教育专题评估组，对全国及 7 个样本省份 5 年来执行和实施教育规划纲要、促进学前教育改革与发展的效果进行了评估。评估报告显示，5 年来，全国学前教育普及率大幅提高。2014 年，学前教育三年毛入园率为 70.5%，比 2009 年提高 19.6 个百分点，提前 6 年实现教育规划纲要目标。贵州省的毛入园率达到 80%，较 2010 年提高了 25 个百分点，高于全国平均水平。

来自贵州省教育厅的数据显示，截至 2015 年，贵州省建成山村幼儿园 1358 所，新增幼儿专任教师 5050 人，新增在园幼儿 10.6 万人，在园幼儿数达 130.5 万人，学前三年毛入园率达 80%。2015 年全省学前三年毛入园率达 80%，较 2014 年提高 6 个百分点。除此之外，贵州省还补充了大量幼儿教师。新增 3000 余名人员到村级幼儿园服务，使村级幼儿园建成后投入使用。在此基础上，贵州通过推动各地出台幼儿园生均公用经费标准，保障了农村幼儿园的正常运转。①

从以上的一则新闻报道中，我们了解到，我国及地方颁布了一系列切实可行的学前教育政策，执行和实施了教育规划纲要、积极促进学前教育改革与发展，学前教育成效突出。

儿童是人类的未来，是社会可持续发展的重要资源。儿童发展是国家经济社会发展与文明进步的重要组成部分，促进儿童发展，对于全面提高民族素质、建设人力资源强国有重要战略意义。从我国的保教政策颁布的时间线及内容变化中，可以看出我国幼儿保教工作的发展轨迹，帮助我们明确我国幼儿保教工作立场，秉持科学的“育儿观”，更好地指导保教实践。纵观中华人民共和国成立以来幼儿保育与教育政策发展的历史，从引进苏联教育到形成中国特色的幼教理念，从重视幼儿园教育规范化到关注幼教师资力量培养，从加强幼儿保教管理到保教工作的法制化，从扶持公办园为主到多种类型、不同规格的幼教机构蓬勃发展，从关注幼儿保教形式到全面注重保教质量的提升等，都可以看出国家通过幼儿保育与教育政策的颁布与实施，逐步体现着保教工作的规范化、科学化与制度化。

## 一、我国保育与教育政策发展

我国的保育与教育政策发展的历史最早可以追溯到 1904 年清政府颁布的《奏定学堂章程》，但是真正对当今中国保教工作产生影响的还是中华人民共和国成立后政

① 沈诗洁：《大山里“冒出”1000 多所幼儿园》，载《贵州都市报》，2016-09-21。

府颁布的一系列关于学前教育的重要法律法规。以下从三个阶段介绍中华人民共和国成立以来主要的幼儿保育与教育政策。

### (一)初步发展阶段

中华人民共和国成立初期，各行业百废待兴，各方面包括法制建设都处于起步阶段，为了更好地服务社会主义建设，国家要发展学前教育，规范学前教育政策法规。1949 年 12 月，第一次全国教育工作会议提出了教育方针，即“以老解放区新教育经验为基础，吸收旧教育某些有用的经验，特别要借助苏联教育建设的先进经验”，其核心精神是转变原来美国模式为苏联模式。此时的幼儿保教政策发展处于一个初步探索发展的阶段。

#### 1.《关于改革学制的决定》

1951 年 10 月中央人民政府政务院颁布第一个学制改革政策法规——《关于改革学制的决定》，其中规定：“幼儿教育是我国学制的重要组成部分，实施幼儿教育的机构是幼儿园，招收 3 周岁到 7 周岁的幼儿，使他们的身心在入小学前获得健全的发育。”该学制以法令的形式确立了幼儿园的地位，明确了幼儿教育在教育体系中的地位和作用。体现了“教育为国家建设服务”和“学校向工农开门”的教育方针。由于种种条件的限制，它没能完全摆脱传统教育的束缚，带有过渡性质。

#### 2.《幼儿园暂行规程(草案)》和《幼儿园暂行教学纲要(草案)》

1952 年，中央人民政府颁布《幼儿园暂行规程(草案)》和《幼儿园暂行教学纲要(草案)》，这两个法规是在苏联专家的直接指导下，借鉴苏联学前教育理论拟定的。法规确定了中华人民共和国成立初期学前教育课程模式，规定了中华人民共和国幼儿园的保教目标和双重任务，明确了各年龄段幼儿的身心发展特点和相应的教育内容及教养员的责任等，使保教工作有章可循，有力推动了幼儿保教事业的发展。

#### 3.《关于托儿所幼儿园几个问题的联合通知》

1956 年 2 月，教育部、卫生部、内务部颁布《关于托儿所幼儿园几个问题的联合通知》，对托儿所、幼儿园的招收对象做了明确规定：“托儿所和幼儿园应依据儿童的年龄来划分，即收三周岁以下的儿童者为托儿所，收三至六周岁的儿童者为幼儿园。”提出“全面规划，加强领导”“又快、又多、又好、又省”的方针。

#### 4.《关于幼儿园幼儿的作息制度和各项活动的规定》

1956 年 11 月，教育部颁布《关于幼儿园幼儿的作息制度和各项活动的规定》，要求幼儿园“严格执行”，以便于“贯彻全面发展幼儿教育的方针”。

从中华人民共和国成立至“文化大革命”前出台的幼儿保育与教育政策法规初步构建了我国学前教育的基本制度框架。

### (二)全面建设阶段

改革开放以后国家进入了社会主义建设发展的新时期，教育工作逐步走上了健康发展的轨道。这一时期，幼儿保育与教育也进入了振兴和发展的新时期。这一时期重要的幼儿保育与教育政策介绍如下。

1.《幼儿园工作规程(试行)》

1989 年 6 月，国家教委发布《幼儿园工作规程(试行)》，于 1990 年 2 月 1 日起施行，该法规包括总则、幼儿园招生编班、卫生保健、教育、设备、工作人员、经费、幼儿园与家庭、管理工作及附则，共 10 章 60 条。《幼儿园工作规程(试行)》是我国社会转型、经济改革日益深入时期，为适应社会变革的需要，为建立中国特色社会主义幼儿教育而制定的，是幼儿园内部的工作法规，对全国各类幼儿园均有效。它的各项条款均体现了原则性与灵活性的结合，对幼儿园保教工作的开展具有指导意义。该规程于 1996 年 6 月发布正式版。

2.《幼儿园管理条例》

1989 年 8 月，国家教委发布《幼儿园管理条例》，于 1990 年 2 月 1 日起实施。该条例分为总则、举办幼儿园的基本条件和审批程序、幼儿园的保育与教育工作、幼儿园的行政事务、奖励与处罚、附则 6 章，共 32 条。这是中华人民共和国成立以来由国务院颁布的第一部幼儿园教育法规，它标志着我国学前教育制度法制化又向前迈进了一步，推动了我国幼儿园管理的规范化。

3.《幼儿园教育纲要(试行草案)》

1981 年 10 月，教育部颁布《幼儿园教育纲要(试行草案)》，该法规内容包括：幼儿园保育与教育的年龄特点及教育任务；教育内容与要求；教育手段及注意事项。它被各类幼儿园普遍采用，使幼儿保育与教育有法可依，提高了保教质量，对正在逐步走向改革开放的中国幼教提出了新的要求。

除以上主要的政策法规外，这一时期国家还针对实践中出现的具体情况，颁布了多个文件。例如：1983 年，针对我国农村学前教育问题，教育部出台了《关于发展农村幼儿教育的几点意见》；根据不同地区幼儿的特点，1986 年国家教委颁布了《关于进一步办好幼儿学前班的意见》；针对幼儿园环境问题，1987 年颁发了《托儿所、幼儿园建筑设计规范》；针对企业办园存在的问题，国家教委，全国妇联等单位联合发布《关于企业办园的若干意见》等。同时，一些规范性法律文件也陆续出台。1991 年 9 月国家出台了《中华人民共和国未成年人保护法》；1993 年出台《中华人民共和国教师法》；1994 年出台《中华人民共和国母婴保健法》；1995 年出台《中华人民共和国教育法》等。

从这一系列的政策法规的颁布中，我们可以看出，我国幼儿园保育与教育政策变得更加具体、系统、有针对性，涉及幼儿保教工作各个方面的政策文件逐渐增多，范围扩大，标准更具体化，并且更加关注个体的成长与发展，学前教育的规范化程度越来越高。

## (三)建立健全阶段

进入 21 世纪以来，随着我国政治、经济、社会的快速发展，幼儿保育与教育理论的更新明显加快，伴随着终身教育理念、可持续发展教育观、以人为本的教育原则、学科整合与生态教育发展等思想的深入，幼儿保育与教育的价值取向也发生了重要的变化，时代对于幼儿保教的发展提出了更高的要求。因此，我国也相继出台了以下几个重要的政策。

### 1.《幼儿园教育指导纲要(试行)》

2001 年 7 月，教育部颁布《幼儿园教育指导纲要(试行)》(以下简称《纲要》)，具体规定了我国幼儿园教育的基本内容、目标及基本的实践规范和要求，包括总则、教育内容与要求、组织与实施教育评价等。《纲要》从幼儿园教育的基本理念、原则和规律出发，全面促进了幼儿园实施素质教育，不断提高了幼儿园教育质量。

### 2.《关于幼儿教育改革与发展指导意见》

2003 年 3 月，国务院办公厅转发了教育部等《关于幼儿教育改革与发展指导意见》，该文件全面总结了改革开放以来我国学前教育工作的经验，分析了学前教育所面临的形势，深刻阐述了学前教育的重要地位，明确了幼儿教育改革和幼儿教育事业发展的两个总目标及任务，提出了解决学前教育突出问题的具体措施。

### 3.《国家中长期教育改革和发展规划纲要(2010—2020 年)》

2010 年 7 月，国务院颁布《国家中长期教育改革和发展规划纲要(2010—2020 年)》，这是进入 21 世纪以来我国第一个中长期教育规划纲要，是我国教育发展史上的又一个里程碑式的文件。该文件把学前教育作为 2010—2020 年教育事业八大发展任务之一，并提出到 2020 年，在科学保教的基础上，基本普及学前教育，重点发展农村学前教育，该文件体现了国家对学前教育的高度重视，这是国家为实现更高水平普及学前教育而做出的重要决策。

### 4.《关于当前发展学前教育的若干意见》

为了更好地贯彻落实《国家中长期改革与发展规划纲要(2010—2020 年)》的文件精神，2010 年 11 月，国务院印发《关于当前发展学前教育的若干意见》(国发〔2010〕41 号)，该文件立足当前，兼顾长远，把积极发展学前教育、着力解决“入园难”“入园贵”等问题作为发展学前教育的突破口。

### 5.《中国儿童发展纲要(2011—2020 年)》

2011 年，国务院颁布《中国儿童发展纲要(2011—2020 年)》，从儿童健康、教育、法律和环境保护四个领域提出了发展的主要目标和策略。对于 0～3 岁儿童教育发展提出了具体的目标与策略措施，促进了我国 0～3 岁婴幼儿健康成长和早期教育事业的持续发展。

### 6.《3～6 岁儿童学习与发展指南》

为深入贯彻《国家中长期教育改革和发展规划纲要(2010—2020 年)》《关于当前发展学前教育的若干意见》，指导幼儿园和家庭实施科学的保育与教育，促进幼儿身心全面和谐发展，2012 年 10 月，教育部印发《3～6 岁儿童学习与发展指南》(以下简称《指南》)。《指南》指出，要重视游戏和生活在幼儿学习与发展中的独特价值，创设丰富的教育环境，合理安排一日生活，最大限度地支持和满足幼儿通过直接感知、实际操作和亲身体验获取经验的需要，禁止“揠苗助长”式的超前教育和强化训练。《指南》从健康、语言、社会、科学、艺术五个领域描述幼儿的学习与发展，通过提出 3～6 岁各年龄段儿童学习与发展目标和相应的教育建议，帮助幼儿教师和家长了解 3～6 岁幼儿学习与发展的基本规律与特点，建立合理的幼儿发展期望，实施科学的幼儿保育与教育，让幼儿有一个快乐而有意义的童年。

**7.《托儿所幼儿园卫生保健工作规范》**

2012 年 5 月，卫生部以卫妇社发〔2012〕35 号印发《托儿所幼儿园卫生保健工作规范》，具体包括：卫生保健工作职责、卫生保健工作内容与要求、新设立托幼机构招生前卫生评价和附件四部分。该文件加强了托儿所、幼儿园卫生保健工作，切实提高托幼机构卫生保健工作质量。

**8.《学前教育督导评估暂行办法》**

为贯彻落实《国家中长期教育改革和发展规划纲要(2010—2020 年)》和《国务院关于当前发展学前教育的若干意见》精神，2012 年 2 月，教育部发出通知，正式印发《学前教育督导评估暂行办法》。《学前教育督导评估暂行办法》从督导评估原则、督导评估内容与形式、表彰与问责等方面做了规定，为促进地方人民政府及相关部门切实履行发展学前教育的职责及全面实施学前教育三年行动计划起到积极作用。

**9.《幼儿园工作规程》**

2016 年 1 月，教育部发布再次修订的《幼儿园工作规程》，2016 年 3 月 1 日起施行。随着社会经济的发展，学前教育改革发展的大环境发生了巨大变化，特别是《国家中长期教育改革和发展规划纲要(2010—2020 年)》颁布后，学前教育事业规模不断扩大，普及程度大幅提高。在推进学前教育基本普及的新形势下，修订 1989 年颁布的《幼儿园工作规程》具有重要的现实意义。

此次主要在以下方面做了修订。一是坚持立德树人。进一步强调幼儿园要坚持国家的教育方针，遵循幼儿身心发展特点和规律，实施德、智、体、美诸方面全面发展的教育，促进其身心和谐发展。二是强化安全管理。专设“幼儿园的安全”一章；在“幼儿园的卫生保健”一章中，对建立与幼儿身心健康相关的一系列卫生保健制度做了明确规定。三是规范办园行为。对幼儿园的学制、办园规模、经费、资产、信息等方面的管理提出了明确要求。四是注重与法律法规和有关政策的衔接。一方面是做好与现行法律政策规定的衔接；另一方面《教育法》《民办教育促进法》《语言文字法》等法律法规对学校一些具体办学行为做了明确规定，《幼儿园工作规程》不再重复提出要求。五是完善幼儿园内部管理机制。要求幼儿园进一步加强科学民主管理，强化了家长委员会的职能作用，强调幼儿园应当建立教研制度，加强教育教学研究，研究解决教师在保教工作中遇到的实际问题。

**10.《幼儿保育教育质量评估指南》**

为了加快建立健全教育评价制度，促进学前教育高质量发展，2022 年 2 月，教育部颁布《幼儿园保育教育质量评估指南》，要求坚持以促进幼儿身心健康发展为导向，聚焦幼儿园保育教育过程质量，评估内容主要包括办园方向、保育与安全、教育过程、环境创设、教师队伍 5 个方面，共 15 项关键指标和 48 个考查要点。该文件为发展优质学前教育指明了方向。

从近二十多年的幼儿保教政策我们可以看出，随着我国经济、社会、文化水平的不断提高以及国际化程度的提升，我们的教育理念也发生了很大的变化。我国的幼儿保育与教育政策呈现出新的特点：首先，政府对学前教育越来越重视，所颁布的政策内容更加具体，政策力度明显增强；其次，国家政府更加关注弱势群体，重视儿童的发展与保护，以儿童全面和谐发展为本，重视农村幼儿保教质量的提升与师资培养；再次，学前教育法制体系进一步完善，国家根据实际问题对一系列的教育法规进行了修订，地方政府也相继出台了有关的学前教育地方性文件；最后，幼儿保育与教育的范围、对象不断扩大。保教对象从3～6岁儿童延伸到0～6岁，国家开始关注3周岁以前婴幼儿的保育与教育。保教范围也从幼儿园扩大到家庭和社会。幼儿保育与教育也逐渐呈现出国际化、开放化的特点。

## 二、我国保育与教育政策的转变历程

纵观我国的幼儿保育与教育政策的发展，可以看出，我国的保教政策主要有以下几个方面的特点。

### (一)关注幼儿个体经验与个性发展

国家的政策方针反映着整个社会的保教理念及对保教质量的关注程度。从中华人民共和国成立后颁布的各项幼儿保教工作管理办法与规定中可以看出国家对于保教质量的重视程度。1956年颁布的文件就指出："要求各地组织有经验的幼儿园园长和教师担任义务视导员，对幼儿园工作进行监督和检查，并及时向教育行政部门汇报。"可见，国家对于保教质量的担忧与重视。但是这时却还没有更明确的标准对保教质量进行规定，即：什么才是好的幼儿园标准？什么是高质量的保教工作？从早期的《幼儿园教育工作指南(初稿)》(1967)对幼儿进行的"共产主义教育"，到《幼儿园教育纲要(试行草案)》(1981)提出"幼儿园的教育任务应是向幼儿进行体、智、德、美全面发展的教育，使其身心健康活泼地成长，为入小学打好基础，为造就一代新人打好基础"的教育国家标准的变化，再到《幼儿园教育指导纲要(试行)》(2001)明确提出的"幼儿园教育应尊重幼儿的人格和权利，尊重幼儿身心发展的规律和学习特点，以游戏为基本活动，保教并重，关注个别差异，促进每个幼儿富有个性的发展"。逐步开始重视幼儿的个性发展。2016年3月修订颁布的《幼儿园工作规程》中提到，应注重教师在幼儿教育中的启发、引导作用；重视幼儿直接感知、实际操作和亲身体验；强调教育活动的过程应注重支持幼儿的主动探索、操作实践、合作交流和表达表现，不应片面追求活动结果；根据幼儿的年龄特点指导游戏，鼓励和支持幼儿根据自身兴趣、需要和经验水平，自主选择游戏内容、游戏材料和伙伴，使幼儿在游戏过程中获得积极的情绪情感，促进幼儿能力和个性的全面发展；指出幼儿园不得提前教授小学教学内容，不得开展任何违背幼儿身心发展规律的活动。可见，保教目标从关注"为未来生活的准备"转变为"幼儿当下的生活、经验"，更关注幼儿的个性发展，对于教师指导的形式、手段也更具体化。

### (二)幼儿保教政策的制定走向规范化、法制化

中华人民共和国成立后，教育部在初等教育司下设立学前教育处，这是中国首次建立专门管理学前教育的中央一级机构，1953 年为科学地领导学前教育事业，教育部在学前教育处附设学前教育研究室。这些机构的设置，加强了中央政府对于学前教育的监督与管理。1956 年 11 月教育部还颁布了《关于幼儿园幼儿的作息制度和各项活动的规定》，指出各幼儿园应根据所在地区季节气候的变化及本园的具体情况拟定合理的作息时间表，并规定各年龄班每天的睡眠、户外活动、早操及作业的时间和每周作业次数。还明确了幼儿园的各项活动。卫生部则规定了幼儿园卫生保健制度。通过这些规定，中央政府加强了对幼儿园教养工作的科学管理。

“文化大革命”以后，中央政府为了恢复和发展幼儿教育，首先，恢复建立了从中央到地方的各级幼儿教育领导机构。其次，制定颁发了一系列拨乱反正的文件，如《城市幼儿园工作条例》(1979)、《幼儿园教育纲要(试行草案)》(1981)、《关于进一步办好学前班的意见》等，使得广大幼儿教育工作者重新明确了幼儿教育的方向。1989 年 6 月，国家教委为了加强幼儿园的科学管理，提高幼儿保育和教育质量，制定颁发了《幼儿园工作规程(试行)》，该文件不仅明确规定了幼儿园的保教目标、任务，而且编立专章对幼儿园教育从原则到活动的组织、教育形式、方法等都做了规定，从中可以体现出正确的教育观、儿童观，重视幼儿身心发展规律和特点及幼儿园教育工作的规律。1989 年 8 月，为了加强幼儿园管理，促进幼儿教育事业发展，国家教委发布《幼儿园管理条例》，这是中华人民共和国成立以来，经国务院批准颁发的第一部幼儿教育法规。该条例用法规的形式规定了幼儿园的任务、管理及保育教育工作，明确了各级地方政府在幼儿园的发展、管理等方面的责任，使我国幼儿教育管理从此跨入法制化轨道。

### (三)幼儿保育与教育由分离走向统一

从中华人民共和国成立初期的幼儿保教政策的内容上看，主要是通过制定教育与养育双重目标来对相应的幼教工作者进行说明。例如，1951 年中央教育部制定的《幼儿园暂行规程(草案)》、《幼儿园暂行教学纲要(草案)》，规定了幼儿园的教养目标和双重任务，明确了各年龄班幼儿的身心特点和相应的教育内容，以及教养员的责任等。2016 年修订施行的《幼儿园工作规程》中则明确提出：“贯彻国家的教育方针，按照保育与教育相结合的原则，遵循幼儿身心发展特点和规律，实施德、智、体、美等方面全面发展的教育，促进幼儿身心和谐发展。”可见，从政策中反映出幼儿园的保教结合的思想已经成为主流。

### (四)逐步重视幼儿保教质量的提升

#### 1. 扩大保教资源，使更多适龄幼儿入园

进入 21 世纪，国家经济体制改革进一步深入，随着社会的发展及人们对于学前教育认识的提高，逐渐出现了“入园难”“入园贵”等社会问题。在这样的背景下，国务院

办公厅于2003年3月转发教育部等部门颁发的《关于幼儿教育改革与发展的指导意见》，明确学前教育的发展路向和各级政府在学前教育事业发展中的责任。2010年7月，中共中央、国务院印发了《国家中长期教育改革和发展规划纲要(2010—2020年)》(以下简称《纲要》)，是21世纪第二个十年教育全面改革发展的蓝图和指南针，是国家综合性教育改革与发展的重要文件。《纲要》首次对学前教育采用专章进行论述，体现了国家和社会对于学前教育前所未有的重视程度。《纲要》指出未来10年学前教育发展任务有三大方面：一是基本普及学前教育；二是基于学前教育发展过于依赖社会力量而导致一些问题的现状，提出进一步明确政府职责；三是强调重点发展农村学前教育，努力提高农村学前教育普及程度，着力保证留守儿童入园，并把推进农村学前教育作为“重大项目和改革试点”来抓。为了全面贯彻落实《纲要》精神，解决社会中“入园难”“入园贵”等学前教育发展中遇到的诸多问题，国务院于2010年11月颁布了《关于当前发展学前教育的若干意见》(以下简称《意见》)。《意见》是由历史上第一次国务院颁布的专项学前教育文件，说明国家已把发展学前教育提升到教育和社会事业发展的战略高度。《意见》包括十个方面的主要内容，故又称为学前教育“国十条”。其主要内容包括：一是重新界定了学前教育的性质，特别指出学前教育史重要的社会公益事业和重大民生工程，因此，学前教育必须坚持公益性和普惠性，各级政府要将学前教育经费列入财政预算；二是为提供“广覆盖，保基本”布局合理的学前教育公共服务，扩大学前教育资源；三是加快建设一支师德高尚、热爱儿童、业务精良、结构合理的幼儿教师队伍。从文件中可以看出，现阶段幼儿保教事业已经进入全面发展时期，解决幼儿入园的基本问题获得落实。2022年2月，教育部颁布《幼儿园保育教育质量评估指南》，对于加快建立健全教育评价制度、促进学前教育高质量发展具有重要意义。

### 2. 规范保教课程标准，防止“小学化”倾向

各地区在落实《关于当前发展学前教育的若干意见》《幼儿园教育指导纲要(试行)》，加快学前教育发展的同时，积极推进幼儿园教育改革，努力更新教育观念、促进了幼儿园保育教育质量的不断提高。但是，由于应试教育和社会的一些不良宣传影响，幼儿园教育“小学化”的现象仍十分严重，干扰了正常的保育与教育工作，损害了幼儿身心健康发展。因此，为规范办园行为、防止和纠正“小学化”现象，保障幼儿健康快乐成长，2011年教育部颁发了《关于规范幼儿园保育教育工作防止和纠正“小学化”现象的通知》。通知的内容主要有五大方面。一是纠正“小学化”的教育内容与方式。要坚持以游戏为基本活动；幼儿园不能以举办兴趣班、特长班和实验班为名义进行各种提前学习和强化训练。二是强调创设适宜幼儿发展的良好条件。严禁教育行政部门和组织征订各种幼儿教材和教辅材料，幼儿园要严格控制班额。三是严格执行义务教育招生政策，严禁一切形式的小学入学考试。四是加强业务指导和动态监管，建立幼儿园保育教育质量监测评估机制。五是加大社会宣传，营造良好社会氛围。2001年，上海为推进幼儿园实施素质教育，全面提升幼儿园教育质

量，制定了《上海学前教育课程指南》(以下简称《课程指南》)。《课程指南》主要以学习者为主体建构课程。突出课程的整合、师生共建与教育个别化的要求，构建具有启蒙性、整合性、开放性特征的课程体系。课程理念主要是以幼儿发展为本；构建以整合、开放为特点的课程内容；凸显以活动、体验为特点的课程实施；实施以发展为导向的课程评价；落实以民主为原则的课程管理。课程结构包括共同性课程、选择性课程；课程内容指向幼儿直接接触到的经验范围，幼儿可以共同生活、探索世界、表达世界；将幼儿园一日活动分为生活活动、运动、学习活动、游戏活动；“预设”与“生成”是幼儿园课程形成的方式。

由此可见，不管从扩大教育资源，还是教育手段的规范、课程标准的制定，都体现了当下对于幼儿保育与教育质量提升的迫切需要。

**拓展阅读**

**表 2-4 各国关于早期保教权利的规定和免费状况一览表①**

| 国别 | 早期保教权利规定 | 早期保教免费范围 |
|---|---|---|
| 澳大利亚 | — | 1.5～5 岁，大部分州免费 |
| 比利时 | 2.5～6 岁儿童的保育权利 | 2.5～6 岁免费 |
| 捷克 | — | 收费 |
| 丹麦 | 6 岁儿童入园和学童保育的权利(1～5 岁虽然没有保育权利的规定，但是 87%的自治体都确保所有幼儿入园) | 6.5 岁入园(半日制)免费 |
| 芬兰 | 0～7 岁的保育<br>在幼儿园免费受教育权利<br>学童保育的权利 | 6.5 岁入园(半日制)免费 |
| 意大利 | 3～6 岁幼儿学校的就学权利 | 3～6 岁的公立机构免费 |
| 荷兰 | 4～6 岁幼儿学校的就学权利 | 4～6 岁免费 |
| 挪威 | 无(4 岁以上幼儿 80%入园，已接近全员入园) | 收费 |
| 葡萄牙 | 从 5 岁开始免费保育的权利(从 2002 年开始 4 岁) | 5～6 岁免费 |
| 瑞典 | 给双职工的儿童(1～2 岁)义务提供免费教育<br>双语儿童免费保育的权利<br>6～7 岁儿童免费保育的权利 | 双语儿童以及 6 岁幼儿免费(计划分阶段向 5 岁、4 岁延伸) |
| 英国 | 4～5 岁免费上保育学校的权利(计划分阶段向所有 3 岁幼儿延伸) | 4～5 岁免费(每周 5 天，1 天 2.5 小时以上) |
| 美国 | 无(有两个州 4 岁儿童全部入园。大部分州 5～6 岁儿童有 80%入园，均半日制，免费) | 收费(除了左边提到的以外) |

① [日]大宫勇雄：《提高幼儿教育质量》，李季湄译，4 页，上海，华东师范大学出版社，2014。

# 第三节 幼儿身体发育与保教工作

**引导案例▶**

中午进餐的时间到了，今天吃鸡蛋面。孩子们洗完手在自己的座位上开始吃饭。这时，李老师发现贝贝小朋友在饭刚分好时，吃了一口就和同桌的小朋友说起了悄悄话。他发现老师在注意自己，就又吃了一口饭，含在嘴里，坐着发呆，约两分钟后，再慢吞吞地喝一口汤，吃一口饭。后来李老师看贝贝几乎都没吃下去，于是就去喂他吃，可当李老师把青菜喂进贝贝嘴巴的时候，他好像要呕吐一样。这顿饭贝贝足足用了半个多小时才把面吃完，菜全剩在碗里，理由是："我不喜欢吃。"

**思考：**以上案例中贝贝的行为反映出怎样的问题？如果你是班上的老师，你会怎么做？

案例中贝贝的行为是一种偏食挑食的表现，幼儿还没有养成良好的饮食习惯。幼儿期是孩子生长发育的关键期，提取丰富的营养是保证身体健康发育的前提。教师与家长应及时发现幼儿挑食偏食、厌食的状况，询问原因，并制订相应的饮食习惯培养方案，将教育渗透于日常生活中。幼儿期是孩子生长发育的关键期，摄取丰富的营养是保证身体健康发育的前提。本节内容主要阐述幼儿身体发育的特点及一般规律，在了解幼儿身体发育情况的基础上，提出开展幼儿保育工作的建议。

幼儿身体发育包括身体与心理两个方面，身体与心理发展是密切联系的，身体各器官、各系统的发育，尤其是神经系统的发育，为幼儿的心理发展奠定了物质基础，而心理的正常发展也保证和促进了幼儿身体的正常发育。幼儿的生长发育过程存在一定的规律，熟悉和了解这些规律，有助于我们正确认识与评价幼儿身心的发展，为更好地进行保育与教育工作奠定基础。

幼儿身体发育是一个连续的过程，在这一过程中有量的变化，也有质的变化，因而形成了不同的发展阶段。根据这些特点及生活环境的不同，可把幼儿的身体发育过程划分为以下几个年龄时期：胎儿期，从妊娠 8 周直至出生为止；新生儿期，指从胎儿分娩开始，至出生后 28 天；婴儿期，指满月至 1 周岁，也称为乳儿期；幼儿期指 3 岁至 6 岁或 7 岁，目前，也将 0～3 岁统称为婴儿期。

## 一、幼儿身体发育的特点与规律

生长是指机体细胞繁殖与增大，细胞间质增加，表现为组织、器官、身体各个部分至全身的大小、长短和重量的增加与变化，是机体在量的方面变化。发育是指机体(包括细胞、组织、器官等)的构造和技能在功能上的分化与完善，是机体在质的方面的变化。当机体的生长与发育达到完备状态时便意味着成熟。

幼儿期身体发育有其一定特点与规律，包括生长发育的不均衡性；生长发育具有个体差异性；身体的发育与心理的发展密切联系等。

### (一)生长发育的不均衡性

#### 1. 生长发育是有阶段性和程序性的连续过程

生长发育是连续的、有阶段性的过程，在这一过程中有量的变化，也有质的变化，因而形成了不同的发展阶段。虽然幼儿生长发育的各个阶段没有明显的界限，但各个阶段不可逾越，如在会说单词之前必先学会听懂单词，会走路之前必先经过抬头、转头、翻身、直做、站立等发育步骤。前一阶段的生长发育为后一阶段奠定基础，但若前一阶段的发展出现障碍，那么会对后一阶段产生不良影响。

生长发育在整个幼儿时期不断进行，但各年龄阶段生长发育有一定的特点，不同年龄阶段生长速度不同。例如，体重和身长在出生后第一年，尤其前三个月增长很快，第一年为生长后的第一个生长高峰，婴儿 3～4 个月抬头，6～7 个月独坐，7～8 个月翻身，8～9 个月会爬，10～11 个月独站，12～18 个月独走，24 个月双足跳；第二年以后生长速度逐渐减慢，至青春期生长速度又加快，出现第二个生长高峰。

#### 2. 生长发育具有一定的程序性

幼儿身体的生长发育一般遵循由上到下、由近到远、由粗到细、由简单到复杂、由低级到高级的规律。例如，在胎儿时期的形态发育的顺序：头部领先，其次是躯干，最后为四肢。再如，婴儿时期的动作发育的顺序：首先是头部的运动(抬头、转头)，以后发展到上肢(取物)，再发展到躯干的活动(翻身与直坐)，最后发展到下肢的活动(爬、立、行)。这个由头部开始逐渐延伸到下肢的发展趋向也叫“头尾发展规律”，即自上而下发展的规律。从上肢的发育又可以看出，在初生时，只会无意识地乱动，手几乎起不到任何作用；4～5 个月时，才能有意识地去拿东西，但这时只会用全手一把抓；到 10 个月左右才会用指尖去拿东西；要在 1 岁左右才会灵巧地用两个手指捏起细小的物体。这说明动作是由整个上肢逐渐发展到手指，由身体正中向侧面发展。这称之为“正侧发展规律”，即粗大动作先发育，精细动作后发育，由正面向侧面、先近端后远端的发展规律。如图 2-3 所示。

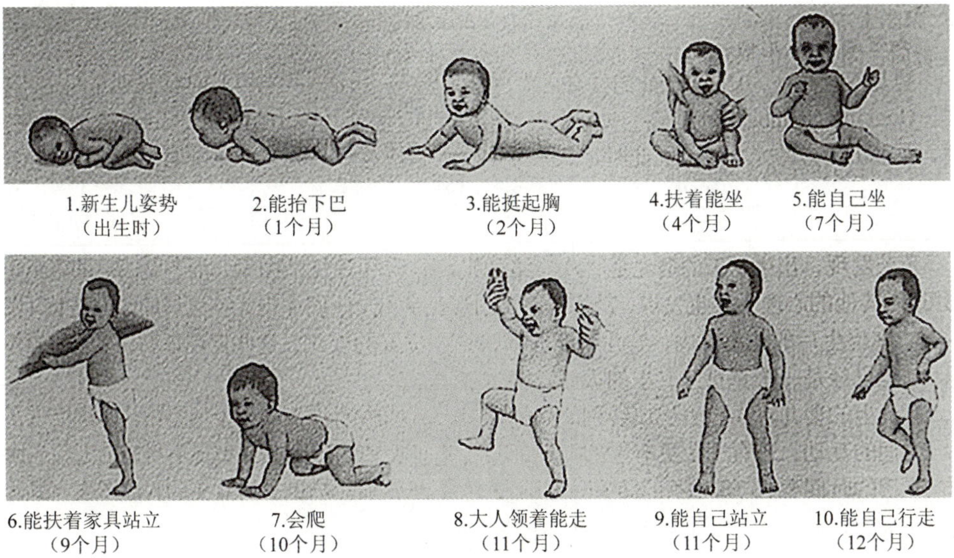


**图 2-3　乳儿大动作技能成熟时间表**

### 3. 生长发育的速度是波浪式的，身体各部的生长速度也不均衡

个体生长发育的速度曲线呈波浪式，在整个生长发育期间，全身和大多数器官、系统有两次生长突增高峰，第一次生长突增在胎儿中后期至 1 岁以内，第二次生长突增是在青春发育初期，期间身高和体重有着最为明显的变化。

由胎儿中期开始到 1 周岁，胎儿中期(4～6 个月)，身长增加最快，在这短短的 3 个月的时间里，约增加 27.5 厘米，约占整个胎儿时期身长增加的 1/2，是一生身长增加最快的阶段。胎儿后期(7～9 个月)皮下脂肪积累很快，这 3 个月的时间内，体重约增加 2300 克，约占整个胎儿期体重增加的 2/3，是一生中体重增加的最快阶段；儿童出生后头两年的身体增长速度仍比后几年快些。第一年结束小儿体重增加(6～7 千克)2 倍，身高增加(20～25 厘米)1/2，是出生后增长最快的一年。2 岁后，增长速度急剧下降，直到青春发育期前，一直保持平稳的、较慢的发育速度。青春发育期，表现为向心发展规律。在体格生长上还存在男女性别的差异，如下表所示。男孩每年增加 7～9 厘米，女孩每年增加 5～7 厘米。体重每年平均增加 5～6 千克。以后增长速度又减慢，直到发育成熟。如表 2-5 所示。

**表 2-5　幼儿身高、体重标准参考表①**

| 年龄(岁) | 体重(千克) | | 身高(厘米) | |
|---|---|---|---|---|
| | 男 | 女 | 男 | 女 |
| 3 | 13.0～16.4 | 12.6～16.1 | 91.1～98.7 | 90.2～98.1 |

① 方富熹、方格：《幼儿心理学》，278 页，北京，人民教育出版社，2005。

续表

| 年龄(岁) | 体重(千克) | | 身高(厘米) | |
|---|---|---|---|---|
| | 男 | 女 | 男 | 女 |
| 3.5 | 13.9～17.6 | 13.5～17.2 | 95.0～103.1 | 94.0～101.8 |
| 4 | 14.8～18.7 | 14.3～18.3 | 98.7～107.2 | 97.6～105.7 |
| 4.5 | 15.7～19.9 | 15.0～19.4 | 102.1～111.0 | 100.9～109.3 |
| 5 | 16.6～21.1 | 15.7～20.4 | 105.3～114.5 | 104.0～112.8 |
| 5.5 | 17.4～22.3 | 16.5～21.6 | 108.4～117.8 | 106.9～116.2 |
| 6 | 18.4～23.6 | 17.3～22.9 | 111.2～121.0 | 109.7～119.6 |

在出生至整个生长发育过程中，人身体各部的增长幅度不均等，如图 2-4 所示。如头颅增大 1 倍，躯干增长 2 倍，上肢增长 3 倍，下肢增长 4 倍，因而身体形态从出生时的头颅特大，躯干较短和四肢较长。

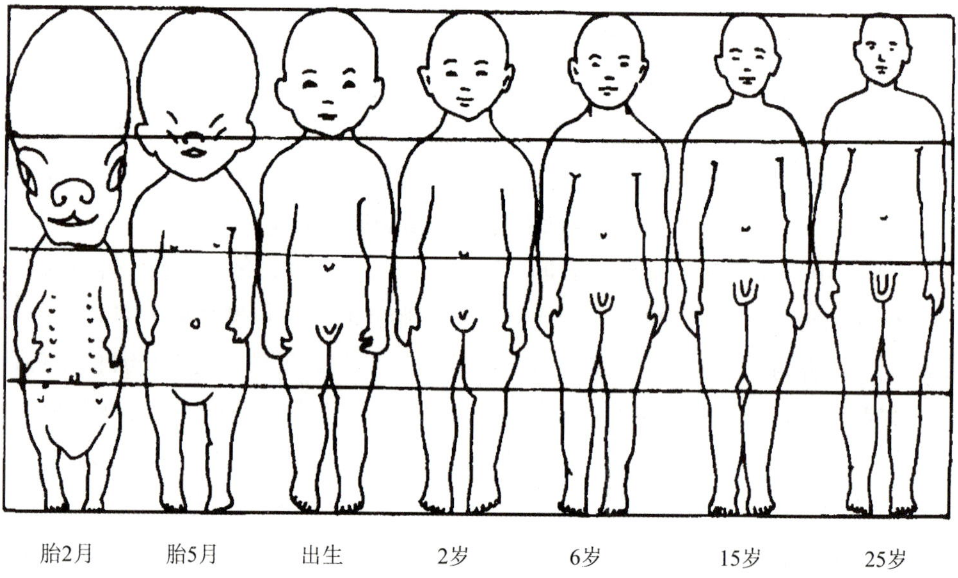


**图 2-4 从胎儿到成人身体比例的变化**(来源：W. T. Robbins，1928)

#### 4. 各系统生长发育不均衡，但统一协调

一般来说，全身的肌肉、骨骼、心脏、血管、肾、脾、呼吸器官等，其生长与身高、体重呈同样的模式，即分别在出生后第一年及青春期出现两次生长突增，脑、脊髓、视觉器官及反映脑大小的头围等，只有一次生长突增。淋巴系统较早发育并于少年期达到成熟的巅峰，而生殖系统发育较迟，可见，机体各个系统的生长发育是不均衡的。然而，各个系统的发育又是协调的，如淋巴系统达到发育的高峰免疫功能有所下降后，免疫系统的发育渐趋成熟。

### （二）生长发育具有个体差异性

儿童的生长发育有一般的规律，但由于儿童的先天遗传素质与先天、后天的环境条件并不完全相同，因而无论是身体的形态还是机体的功能都存在明显的个体差异。即使是同龄、同性别的幼儿，其发育速度、发育水平等也都存在差异，每个儿童的体形（高矮胖瘦）、生理功能（强弱）和心理特点（智力高低）是各不相同的，可以说，没有两个幼儿的发育过程和发育水平是完全一样的，即使在一对同卵生子之间也存在微小的差别。但是，一般情况下，幼儿个体在群体中上下波动的幅度是有限的，幼儿个体的发展过程基本稳定，发育水平不应远离同龄群体幼儿，否则应视为生长发育异常。先天因素决定一个孩子发育的可能性，后天因素决定其发育的现实性。在评价某个儿童的生长发育状况时，不能简单地将其指标数据同标准平均数比较，并由此作出片面的结论，而应考虑到个体发育的差异性，将他们以往的情况与现在的情况进行比较，观察其发育动态，才更能有意义。幼教工作者应尽可能改善幼儿的后天环境条件，使每个幼儿都能充分地发挥他们的遗传潜能，使他们的生长发育达到应有的水平。

### （三）身体的发育与心理的发展密切联系

身体和心理的发育在儿童身上是统一的。身体发育是心理发育的基础，而心理的发展也同样影响生理功能。生理上的缺陷会引起幼儿心理活动的不正常，如听力有障碍的孩子，因为听不到别人清楚的语言，易造成发音不正确，若经常受到教师或家长斥责，结果在说话时就会犹豫不决，容易出现口吃现象。有的幼儿明显矮小体弱，学习和活动能力都比较低，这种幼儿容易产生自卑感，信心不足，不爱参加集体活动。因此对幼儿生理上的缺陷应进行及时的治疗，不能歧视他们，应该热情关心、帮助他们，鼓励他们克服困难，树立奋发向上的信心，使幼儿身心得到正常健康成长。心理的状态也会影响生理的发育。情绪影响人的生理功能，当幼儿情绪不好时，消化液分泌会减少，致使食欲减退，直接影响幼儿的消化和吸收。如经常这样，会引起消化机能紊乱，影响幼儿获得营养，妨碍幼儿生长发育。相反，在精神愉悦时，食欲旺盛，消化吸收的效率也高，有利于幼儿生长发育。心理的正常发展能保证和促进儿童身体的正常发育。国外学者研究认为，家庭破裂的子女和再婚子女遭受虐待歧视，影响了其正常的身体发育，严重的可导致身体发育矮小，骨龄落后，性发育迟缓，成为社会心理型侏儒。

## 二、影响幼儿身体发育的主要因素

影响幼儿生长发育的主要因素可以分为两大类，即内在的遗传因素和外在的环境因素。遗传因素主要指种族、身材素质、性别等。环境因素主要指营养、体育锻炼、疾病、生活制度等。遗传决定生长发育的可能性，环境决定生长发育的现实性。幼儿生长发育的过程，也就是个体的遗传与环境因素相互作用的过程。

### (一)遗传因素的影响

父母双方的遗传因素会影响幼儿生长发育的特征、潜力、趋向。皮肤和头发的颜色、脸部特征、身材高矮、性成熟的迟早及对疾病的易感性等都与遗传有关。一些遗传性代谢性缺陷病、内分泌障碍、染色体畸形等会严重影响幼儿生长发育。同时，性别的不同也会影响幼儿的身体发展。女童一般比男童稍矮、稍轻。除了青春期外，男童的平均身高、体重均超过女童。女孩的语言、运动发育略早于男孩；女童青春期比男童提前约2年，所以11～12岁以后的2～3年中，女童的身高、体重增长均较快，超过男童的标准，而男孩由于青春期延续时间较长，最终的体格发育明显超越女孩。女孩成骨中心出现得早，骨盆较宽，肩距较窄，而男童则肩宽，肌肉发达，这是性别对体格外形的影响。

### (二)环境因素的影响

#### 1. 母体健康状况的影响

母亲的营养、疾病、情绪、用药等均可能影响胎儿或乳儿的生长发育；哺乳期母亲的营养、情绪也会影响婴儿发育。孕妇在妊娠早期的病毒性感染会引起胎儿先天畸形；孕妇严重营养不良可引起流产、早产和胎儿体格生长及脑的发育迟缓；孕妇如受到某些药物或放射线辐射、精神创伤等影响会导致胎儿发育受阻。

#### 2. 营养的影响

营养对幼儿的生长最为重要，且年龄越小影响越显著。乳儿期营养不足可影响大脑的发育，因此，幼儿的膳食必须供给足够的能量，合理分配六大营养素：蛋白质、脂肪、碳水化合物、维生素、矿物质和水。营养缺乏或不合理的膳食不仅影响发育，还会导致各种疾病。

#### 3. 疾病的影响

疾病对幼儿生长发育的影响也极为明显。营养缺乏性疾病、内分泌疾病等，都能使幼儿的生长发育受到限制。急性感染常使幼儿体重减轻；长期慢性疾病会影响体重和身高的发育；先天性疾病如先天性心脏病等对生长发育的影响更为明显。长期消化功能紊乱，反复呼吸道感染、内分泌系统疾病及大脑发育不全等，对幼儿生长发育都有直接影响。有些疾病会影响器官的正常功能。

#### 4. 体育锻炼的影响

体育锻炼是促进幼儿身体发育和增强幼儿体质的有效手段。体育锻炼可以全面促进机体的新陈代谢，增强呼吸系统和心血管的发育。利用阳光、空气、水等自然因素进行锻炼，可以增强幼儿体质，提高幼儿对疾病的抵抗能力，还可以培养幼儿勇敢、坚强、不怕困难的优良品质。

#### 5. 生活制度的影响

合理安排生活作息制度，做到有规律、有节奏，保证足够的户外活动和学习时间，定时进餐，睡眠充足，对生长发育有良好的促进作用。在合理的生活制度下，包括大脑在内的身体各部分活动和休息能得到适宜的交替，加上及时补充营养，保证能量代谢正常进行，有利于促进生长发育。睡眠对大脑皮层功能的恢复更为重要；睡眠又是各种能量物质的储备过程，也是生长激素分泌的高峰阶段，婴幼儿应有充足的睡眠；年龄越小，睡眠时间应越长。儿童进餐后需要一定时间的休息，保证饭后血液能集中在胃肠道，帮助消化、吸收。饭后不应立即从事大运动量的锻炼，否则可能影响消化道的正常功能。除了保证充足的睡眠、合理的营养摄入外，还应安排好膳食制度(包括每次进餐的数量、间隔和时间等)。每天保证 1 小时左右的运动也是必不可少的，体育锻炼，尤其是户外活动，对增强体质、促进生长发育有很大的作用。

#### 6. 季节气候的影响

气候对生长发育有一定的影响作用。人类对恶劣气候的适应性本身就说明气候对生长发育有影响作用。居住在北极圈的因纽特人体重相对适中，皮下脂肪层厚，胸廓前后径大，颈和四肢相对短，这种体型适合在寒冷环境中保持体温。热带居民的体重通常较轻，皮下脂肪层薄，胸壁薄，颈和四肢相对长，躯干较小，这种体型适合在炎热环境中散热。这些都是千百万年以来人类对环境的长期适应性的表现。

季节对生长发育(尤其身高、体重)有明显影响。春季身高增长最快，秋季体重增长最快。体重增加的季节差异尤其显著，9～11 月增加较快，而在炎热季节有些幼儿体重不但不增加，甚至还有减轻的趋势。以半年为观察单位，体重增加 2/3 发生在 9 月到第二年 2 月，仅 1/3 发生在 3～8 月。出生后第 1～2 年内体重的增长无明显的季节差异。身高增加的季节差异和体重恰相反，3～5 月身高的增长值等于 9～11 月身高的增长值的 2～2.5 倍。

#### 7. 社会及家庭因素影响

贫困、食物缺乏、文化落后、疾病流行、居住拥挤、缺乏必要的卫生设施等都严重影响儿童的身心发育。社会因素中涵盖了所有社会的政治、经济和文化，以及生活和学习环境、卫生保健、家庭结构、家庭生活质量、父母职业和受教育程度、亲子情感联结、个人与社会成员的交往等因素。这些因素相互交织，错综复杂，共同对幼儿生长发育产生影响。家庭中的生活方式、家庭气氛、生活制度、居住条件、饮食和行为习惯、父母性格、爱好和对子女的期望、态度等。主要通过家庭直接或间接地影响着儿童的生长发育。其中，家庭经济状况、双亲的受教育水平和文化素养，以及他们的育儿方式等，对幼儿身心发育都有潜移默化的影响。

为幼儿营造良好的社会、家庭环境，帮助改善环境当中的一些不良影响因素，对幼儿充分发挥自身的生长潜力，促进其生长发育，有重要的现实意义。

## 三、促进幼儿身体发育的保健工作

幼儿的身体健康尤为重要，幼儿身体保健工作的顺利开展为幼儿的健康打下良好的基础。因此，幼儿身体保健工作应该做到以下几个方面。

### (一)适宜的锻炼

促进大肌肉动作协调发育的活动，可供选择的运动项目很多，包括：跑、跳、投、压等练习；捉迷藏、跳舞、溜滑梯、荡秋千等游戏；郊游、拍球、跳绳、骑儿童车、游泳、体操等运动。所有这些活动都以增强体质、娱乐身心为目的。活动时还可以提供一些操作材料，促进幼儿的小肌肉发育。

### (二)培养生活自理能力

#### 1. 保证幼儿充足的睡眠

睡眠对幼儿的健康十分重要，它能消除幼儿一天中脑力、体力活动造成的疲劳，使神经系统、骨骼和肌肉、内脏器官等得到休息。尤其是睡眠时人体生长激素大量分泌，有助于促进幼儿身高增长及大脑皮层的发育。因此，无论是幼儿园还是家庭，都应该保证幼儿充足的睡眠。

保证幼儿睡眠，一方面要保证幼儿睡眠的时间，另一方面还要保证幼儿睡眠的质量。一般来说，幼儿年龄越小，需要睡眠的时间越长，如表 2-6 所示。

**表 2-6　幼儿日睡眠时间表**

单位：小时

| 年龄(岁) | 夜间 | 白天 | 合计 |
| --- | --- | --- | --- |
| 1～3 | 9～10 | 2.5～3 | 12～13 |
| 3～6 | 9～10 | 2～2.5 | 11～12 |

幼儿的睡眠时间也存在个体差异。有的幼儿睡眠时间较长，躺下即可入睡；而有的幼儿睡眠时间较短，夜晚入睡迟，中午毫无睡意，让他们提前睡或午睡十分困难。重视幼儿睡眠的质量，注意不要让幼儿睡前听一些较惊险的故事，或看一些情节较为紧张的电视，而应让幼儿能轻松愉快地入睡，这样可以避免睡眠中出现夜惊或梦魇。

#### 2. 进行排尿排便的指导与训练

幼儿生活在文明社会中，他们必须遵守一切社会文明准则和规范。在排泄方面，他们必须学会控制自己的大小便，知道去厕所大小便，不随地大小便，以及养成一切与排便有关的文明习惯。这些都离不开家长与教师的教育指导和适当训练。家长与教师主要做到以下几点：(1)鼓励与引导幼儿自己排尿排便。成人发现幼儿有排尿排便迹象以后，应及时指导他们排泄，并予以表扬和鼓励；对偶尔不小心将尿或粪便排到裤子上的幼儿应给予理解，不责备，消除幼儿因失误而造成的紧张感，增强幼儿独立排泄的信心。(2)告诉幼儿不要憋尿、憋大便。幼儿有尿意就应该排尿，避免膀胱过度充盈，失去收缩能力；幼儿产生便意后应及时排便，防止粪便长时间积存，出现便秘。(3)培养幼儿良好的排泄习惯。培养幼儿便后用卫生纸擦拭的能力，以及便后洗手的习惯。(4)注意幼儿厕所与便盆的清洁卫生。(5)注意观察幼儿的排尿排便情况，发现问题及时处理。

此外，还应培养幼儿良好的饮食、盥洗习惯，指导幼儿正确的饮食、洗手、洗脸、刷牙的方式。

### (三)保证充足合理的营养

供给丰富的平衡营养，3岁以下幼儿每日5～6餐，其中乳类供给不应低于总能量的1/3。3～6岁幼儿膳食结构接近成人，每日4～5餐(3餐主食，1～2餐点心)，每日摄入优质蛋白质占总蛋白质的1/2以上，其中乳类供给占总能量的1/3。发展进食独立行为，鼓励幼儿自己进食，防止强迫进食，避免过多液体量或零食摄入影响进食。注意维生素的补充，保证每日户外活动时间，进行空气浴和日光浴。

**案　例**

肥胖症(有时也称作超重)已经成为当前学龄儿童的一个重要问题。在全世界范围内，5岁以下肥胖儿童大约有2200万。随着垃圾食品在发展中国家的传播，一些国家，如埃及、摩洛哥、赞比亚，有高达20%～25%的4岁儿童超重或者肥胖，这一比例远远高于营养不良者。虽然肥胖具有遗传倾向，但是导致肥胖流行的主要因素是环境(美国儿科学会，2004)、过度摄取热量和缺乏锻炼使体重过度增长(美国儿科学会营养委员会，2003)。一项来自苏格兰格拉斯哥的代表性抽样调查显示：许多3～5岁的儿童习惯久坐。研究发现，学龄前儿童每多看1小时的电视，其肥胖的风险就会增加。因此，合理的作息习惯和适当的运动有助于减少幼儿肥胖。同时，有研究表明学龄前儿童的饮食模式也会引起肥胖。当一份食物摆在儿童面前时，3岁儿童吃饱了就会停止，而5岁儿童倾向于吃更多。因此，预防肥胖的关键可能是给年长的学龄前儿童提供合适分量的食物，而不是责备他们吃光所有的食物。为了避免肥胖和预防心脏疾病，饮食中应该包括瘦肉和奶制品，以便提供蛋白质、铁和钙。牛奶和其他奶制品应该是脱脂或者低脂。适度的低脂饮食对幼儿的身高、体重、体密度及神经的发育均没有坏处。①

### (四)做好视力保健与口腔卫生

建议每学期都要为学前期幼儿进行一次视力筛查和眼的全面检查，培养其良好的用眼习惯，指导家长、幼儿园教师给幼儿创造良好的采光条件，积极矫正屈光不正，进行眼功能训练，防止各种流行性眼病的发生。

3岁时儿童的乳牙已经长齐，6岁时会长出恒牙，所以儿童到了一定的年龄应该引导其停止吮吸手指，避免对恒牙发育产生影响。另外，儿童早期的蛀牙往往源自婴儿期过度食用甜牛奶和果汁，并且没有定期做口腔护理。② 因此，注意培养3岁以上幼儿早晚刷牙、饭后漱口的口腔卫生习惯也非常重要。

---

① [美]帕帕拉：《孩子的世界》(第11版)，赫嘉佳等译，303—304页，北京，人民邮电出版社，2013。

② 同上书，306页。

### (五)定期健康检查、预防疾病与事故

每3～6个月应对儿童进行一次体格检查，预防营养不良、单纯肥胖，教育家长应认识保存儿童生长资料的重要性。了解儿童生长速度，如果儿童每年身高增长低于5厘米，为生长速度缓慢，应寻找原因。教育儿童注意正确坐、走姿势，预防脊柱畸形。

不宜让幼儿独自外出或留家，以免发生事故；注意预防传染性疾病，如肝炎、麻疹、痢疾等疾病；监护人应注意避免幼儿活动环境与设施有致幼儿烫伤、跌伤、溺水、触电等危险因素。

**拓展阅读**

#### 提高幼儿睡眠质量，教师应该做些什么准备①

1. 活动安排上的准备

睡眠前可组织幼儿进行一些安静的活动，如户外散步、桌面游戏等，提醒全体幼儿排尿，检查幼儿的衣袋，防止幼儿将小物品带到床上玩耍。

2. 睡眠环境上的准备

寝室里新鲜流通的空气、适宜的温度与湿度、较暗的光线、安静的环境及舒适温暖的寝具是幼儿高质量睡眠的保证。

3. 幼儿心理上的准备

睡前教师应注意保持幼儿愉快轻松的情绪，使幼儿在良好的精神状态中安然入睡。教师不应在睡前批评或恐吓幼儿，也不得给幼儿讲激烈的、易引起悬念的故事。

4. 对个别幼儿进行指导

幼儿的睡眠同其他活动一样，存在个体差异，需要教师区别对待。例如，对于需要睡眠时间较长、脱衣动作较慢、年龄较小及体弱多病的幼儿，应让他们提前进入睡眠室，提前睡觉；而对于那些精力旺盛、体质较好、不喜欢睡觉或上床后爱与他人逗玩的幼儿，可分为几组依次上床睡觉，这样便于教师管理，也能满足不同幼儿的需要。

5. 仔细观察，及时发现异常情况

在幼儿睡眠过程中，教师要注意观察每个幼儿的睡眠情况，一方面教师要注意幼儿的被子是否盖好，睡姿是否正确，有无蒙头睡觉，蒙头而未睡的幼儿是否在被子下面玩玩具或折弄被褥、身上的衣服或是玩弄生殖器等，若发现以上情况应及时给予帮助与引导；另一方面教师应注意及早发现突发疾病的幼儿，如注意观察幼儿睡得是否安稳，脸色是否正常，体温是否正常，有无拉稀、流鼻血等现象，若发现幼儿的身体有异常表现或已患病，教师应及时采取相应的措施。

---

① 王萍：《学前儿童保育学》，141页，北京，清华大学出版社，2015。

# 第四节　幼儿心理发展与保教工作

**引导案例▶**

贝贝1岁以前由爸爸妈妈带，1岁以后由乡下来的奶奶带。贝贝2岁的时候还不会说话，3岁才学会说话。奶奶说："贵人语话迟。贝贝的爸爸妈妈都是大学生，将来贝贝肯定有出息。"有朋友说，遗传了这么优秀的基因，贝贝以后一定也会非常优秀。也有朋友说，贝贝以后的发展关键还是看父母的教育，以及后天环境的影响，和遗传没有什么关系。听到这些说法，贝贝的爸爸妈妈私下里嘀咕，环境和遗传对于贝贝的影响大约是一半一半吧。

**思考：**人们对贝贝未来发展的预测有没有依据？你如何看待这一现象？

人们对贝贝未来发展的预测涉及影响幼儿身心发展的因素。遗传为幼儿心理发展提供了基本的自然物质前提，奠定了幼儿个别差异的最初基础。遗传在客观上为幼儿身心发展提供了最初的物质前提与可能性，而环境和教育可以将这种可能性转变为现实性。

## 一、幼儿心理发展的特点与规律

幼儿心理的发展是指幼儿随着年龄的增长心理由低级到高级、由简单到复杂的变化过程，变化的内容既包括认知发展又包括个性社会性发展。学前期是个体许多心理机能产生和快速发展的时期，要尤为重视。学龄期儿童有着不同于成人的心理发展特点与规律。

### (一)心理发展的连续性与阶段性

心理发展的连续性观点强调心理发展是只有量的积累，即一小步、一小步渐进的过程，不存在什么阶段，如图2-5所示，就像孩子说出第一个单词，看上去似乎是突然发生的，实际上是日复一日成长和练习的结果；青春期心理的巨大身心变化，看上去似乎是突然发生的，其实也需要经历几年的量变积累的过程。心理发展的阶段性观点则强调心理发展是有阶段的，是跳跃式的，是以产生新的行为模式的形式展开的，在发展的特定时期，思想、情绪、行为等方面都会发生质的变化，如图2-6所示。

持发展为渐进性的、量的积累的过程这种观点的人主要是一些强调环境作用的发展心理学家，如华生、班杜拉、维果茨基等；而持发展是有阶段的、跳跃式的过程这种观念的人主要是强调遗传作用和成熟作用的心理学家，如格塞尔、皮亚杰、弗洛伊德和埃里克森等。

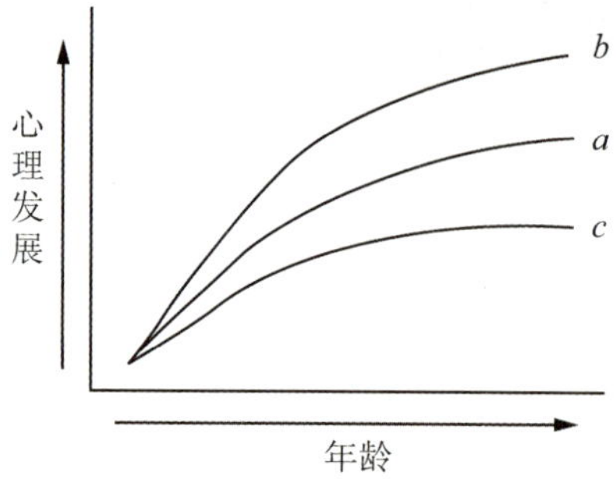


**图 2-5　心理发展的连续模型**

注：$a$、$b$、$c$ 分别代表不同的个体。

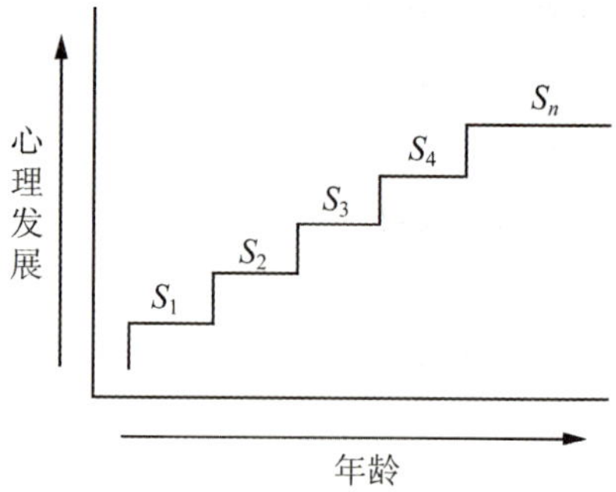


**图 2-6　心理发展的阶段模型**

注：$S_1$、$S_2$……$S_n$ 代表阶段 1、阶段 2……阶段 $n$。

目前较为综合的看法是：心理发展是连续性与阶段性的统一。在心理发展过程中当某些代表新质要素的量积累到一定程度时，于是新质就代替了旧质而处于优势地位，量变引起了质变，发展出现了连续中的中断，新的阶段开始形成。也就是说发展既是连续的，又是阶段的；前一阶段是后一阶段出现的基础，后一阶段又是前一阶段的延伸；旧质中孕育着新质，新质中又包含着旧质，但每个阶段占优势的特质是主导该阶段的本质特征。连续性与阶段性的统一也体现了唯物辩证法的量变与质变统一的规律。

### (二)心理发展的稳定性与可变性

幼儿心理发展的稳定性是指在一定的社会文化和教育条件下，幼儿心理发展的年龄特征具有一定的稳定性，每一个阶段的发展过程、速度是大致相同的，心理发展的趋势也是相对稳定不变的。如大多数儿童到 1 周岁开始牙牙学语，1.5 岁开始会说话，1.5 岁到 3 岁口头语言发展很快，到 3 岁时基本掌握母语的口语技能。一方面，这表明幼儿心理发展的年龄特征、发展过程和速度具有稳定性。另一方面，幼儿某些心理机能的发展趋势遵循一定的发展曲线或发展模式，如认知能力的发展遵循由幼儿早期快速发展到成熟期的停滞，再到成年期以后的衰退这样的发展趋势；而另一些心理特征的发展则表现得相对稳定，如人格特质，早年所表现出的心理特征到成年时还是那样。

幼儿心理发展的可变性是指由于幼儿个体所受的社会文化和教育条件不尽相同，幼儿个体心理发展的表现、过程、顺序、速度也不一样，表现出一定的可变性。第一，社会条件不同导致幼儿心理发展的年龄特征也不一样。现代社会由于生活条件的改善，使得幼儿的生活条件得以大大改善，幼儿的身体发育状况、健康状况比过去总体上要好，这也使得幼儿心理发展比过去总体上要好。第二，由于教育条件的改善，幼儿心理发展的年龄特征也发生了变化。随着社会的发展，对教育的重视程度越来越高，教育政策越来越符合儿童发展，教育的环境和设施越来越好，师资力量越来越强，这些因素使得儿童在教育条件的影响下得以更好地发展。由此可见，社会生活条件和教育条件的变化也会导致幼儿心理发展的变化。由于儿童所受到的社会生活条件和教育条件不同，他们的心理发展存在一定的差异。农村儿童和城市儿童由于生活条件和教育条件不同，他们的心理发展过程和速度也不一样。

### (三)心理发展的普遍性与多样性

心理发展是遵循普遍规律，还是具有多样性呢？早期的许多发展心理学家试图揭示不同领域心理发展的普遍性模式，并且试图找到不同社会文化背景下幼儿心理发展的一致性。可见，幼儿心理发展的普遍性主要表现在不同心理领域的发展具有普遍性、大致相同的发展模式和同一心理领域的发展存在跨文化的一致性。持心理发展阶段论的人一般都认为，不同心理领域的发展都遵循相同的发展模式。如皮亚杰认为，幼儿的道德认知能力的发展模式与思维发展模式是一致的。另外，他还认为不同文化背景下幼儿的心理发展都遵循着相同的发展顺序，表现出相同的年龄特征。

现在有许多心理学家则认为幼儿的发展具有多样性的特点。一方面，不同心理领域的发展模式并不相同，具有自身的独特性，即表现为领域的特殊性；另一方面，某种文化背景下的儿童的某些心理特质或心理机能的发展比另一种文化背景下的儿童发展要快或早。持模块思维的发展心理学家更强调心理发展的多样性。

事实上，幼儿心理发展是普遍性和多样性的统一。在个体的心理发展领域，有些方面发展具有普遍性特征，而有些方面发展则表现出特殊性。心理发展的普遍性模式为我们构建了心理成长的基本框架；而心理发展的多样性模式注意到发展的领域差异、文化差异和个体差异。多样性模式为教育的多元性、发展的多元性提供了理论依据。

### (四)心理发展的方向性、顺序性与不可逆性

从总体上看，个体心理发展具有一定的方向性和顺序性。发展是单向的，不可逆的，既不能逾越，也不会倒退。如个体动作的发展，就遵循自上而下、由躯体中心向外围、从粗动作到细动作的发展规律，这些规律可概括为动作发展的头尾律、近远律和大小律。思维的发展由动作思维到形象思维再到抽象思维。其他心理机能的发展也都是按照由低级到高级的顺序发展，体现出一定程度的方向性。但是也有人研究认为，在幼儿发展的某一个拐点，有时会出现固着甚至暂时倒退的现象。

### (五)心理发展的不平衡性

个体的心理发展并不是按照相同的速度发展，而是表现出不平衡性，具体表现在：不同机能系统在发展速度、起始时间、达到成熟水平方面不同；同一机能系统在发展的不同时期有不同的发展速率。就学前儿童心理发展来看，心理发展的不平衡性主要表现在个体的心理发展过程中，各种心理机能的发展可能都存在一个快速发展期，有的发展心理学家将其称之为敏感期或关键期。如婴儿的感知觉发展比言

语发展要早；就言语发展来看，口头言语在1～3岁发展较快，而书面言语在3～5岁发展较快。

心理学家所讲的关键期，是指人或动物的某些行为与能力的发展有一定的时间段，如在此时间段给予人或动物适当良性刺激，会促使其行为与能力得到更好的发展；反之，则会阻碍其行为与能力的发展甚至导致其行为与能力的缺失。一般认为有四个领域的研究可以证实关键期的存在：恒河猴的社会性发展、鸟类的印刻、人类言语的习得及哺乳动物的双眼视觉。

**案　例**

美国心理学家哈洛(Harlow)等人将刚出生的恒河猴关在不锈钢房间里，房间光线充足、温暖适宜、空气畅通、无噪声，有水、食物提供，卫生可以打扫，但这都由遥控完成，猴子被完全隔离，没有任何社会接触。隔离6个月后，猴子被放出来与其他没有被隔离过的猴子一起生活，结果发现它们表现出了极大的不适应，它们害怕其他猴子、蜷缩着、摇来晃去、咬自己，甚至对玩耍的邀请表现出高度攻击性。这一结果说明出生后6个月可能是恒河猴社会性发展的关键期。

关于儿童心理发展的关键期，有人认为0～2岁是儿童亲子依恋关键期；1～3岁是口语学习关键期；4～5岁是书面语言获得的关键期；0～4岁是形象视觉发展的关键期；5岁左右是掌握数概念的关键期；10岁以前是外语学习的关键期；5岁以前是音乐的关键期；10岁以前是动作机能掌握的关键期等。

心理发展的差异性不仅表现在同一个体的某方面心理特征，在不同时期发展不均衡，或在同一时期不同方面的发展存在差异性，还表现在不同个体之间某些心理机能的发展存在差异性，这就是个体差异。个体差异主要表现在不同个体之间某些心理机能在发展优势(方向)、发展速度、发展水平、表现早晚等方面存在的差异。

心理发展的不平衡性特征要求我们在教育过程中要抓住幼儿心理发展的关键期，给予充分有效的教育和训练，促进婴幼儿心理最优发展；心理发展的个体差异性要求我们了解不同幼儿心理发展的差异，并针对这些差异安排教育计划、设计课程、选择方法、因材施教。

## 二、影响幼儿心理发展的主要因素

影响幼儿心理发展是一个复杂的过程，在发展过程中会受到许多因素的影响。这里将影响幼儿心理发展的主要因素分为生物因素与社会环境因素。其中生物因素包括遗传、成熟、疾病与损伤等；社会环境因素包括家庭环境、教育、社区和社会文化等因素。

### (一)生物因素

#### 1. 遗传

遗传是保持生物性状的最普遍现象，所谓“种瓜得瓜，种豆得豆”“龙生龙，凤生凤”，说明无论是动物还是植物都具有遗传特征性。遗传是指亲代的某些生物特征通过基因传递给子代的现象。遗传的生物特征主要还是指那些与生俱来的生理解剖特征，包括身体的构造、形态、感官和神经系统的特征，这些特征也叫遗传素质。基因是遗传物质的基本单位，主要成分是脱氧核糖核酸(DNA)。遗传为学前幼儿心理发展提供了物质前提和基础。遗传对学前幼儿心理发展的作用不仅表现在最初的生长中，也制约着此后的生长发育过程。

案　例

在人类心理与行为的发展方面，英国遗传学家高尔顿认为遗传在心理发展中起着决定性作用，儿童的心理与品性早在生殖细胞的基因中就已经决定了。他采取名人家谱调查法，选择了977名英国的政治家、法官、军官、文学家、科学家和艺术家等名人，调查他们的亲属中有多少人也是名人。结果发现名人的亲属中有332人也同样出名；而在977名普通人的对照组中，他们的亲属只有1个是名人。高尔顿认为，两组群体出名人比例如此悬殊，可以证明能力是由遗传决定的。证明遗传影响的一种有效方法是双生子研究设计。双生子通常是在相同时间、相同环境下由同一对父母养育的，可以被认为是在非常相似的环境中长大的。双生子有同卵双生和异卵双生之分。同卵双生子是由同一受精卵分裂而成的两个胚胎各自发育成的两个个体，其遗传相似性约为100%；而异卵双生子是由不同受精卵的两个胚胎各自发育成的两个个体，其遗传相似性约为50%，因此如果同卵双生子比异卵双生子在心理与行为方面更为相似，可以说明遗传而非环境对心理发展的影响。事实上，通常有研究表明相对于异卵双生子，同卵双生子之间的相似性更大。

遗传不仅为幼儿心理发展提供了最初的自然基础，也制约着其此后的心理发展。可以说，在整个学前期(0～6岁)遗传对幼儿心理发展的影响很大。此外，遗传对幼儿心理发展的影响也是全方位的，不仅影响感知觉、情绪等低级心理机能的发展，也影响言语、智力、社会性等高级心理机能的发展。

**2. 成熟**

这里的成熟主要是指生理的成熟，是指身体结构和机能随着年龄的增长而发育的程度和水平。成熟与遗传关系密切，一方面成熟是以遗传为基础的，另一方面成熟的过程要服从于遗传的成长程序。与遗传对幼儿心理发展的作用相似，成熟制约着学前儿童的心理发展顺序、发展速度与水平、发展的差异性。首先，成熟为学前儿童的心理发展提供了物质前提。成熟使学前幼儿心理活动的出现或发展处于准备状态。其次，成熟的顺序制约着学前幼儿心理发展的顺序。最后，成熟的个体差异是学前儿童心理发展个体差异的生理基础。

与遗传的作用一样，成熟只是为儿童发展提供了物质前提，并不能决定儿童的发展。成熟与环境也是交互作用的，合适的环境和教育在一定程度上会促进儿童的成熟和发展。

#### 3. 疾病与损伤

身体的疾病与损伤属于生理因素，既可能是在产前对胎儿产生影响，也可能是在出生后对婴幼儿产生影响；这类因素既可能与遗传有关，也有可能是变异的结果，或者是人为因素或意外因素导致的。如果是感官方面的疾病或损失那么对感知觉会产生严重影响，如果是大脑和神经系统受到的疾病或损伤，那么影响的就不仅仅是感知觉方面，还会影响高级心理机能，因为大脑皮层负责对来自外界的信息进行整合。认知神经科学和神经心理学的研究表明，大脑皮层的不同部分参与不同的学习和信息加工，如额叶与运动和高级认知活动有关，海马与记忆和情绪有关。大脑皮层某个部分受到损伤会导致相应的心理活动受阻。如布罗卡区受损伤会导致失语症，纹状体的尾状核受损伤会影响内隐学习等。所以，感官与神经系统的正常发育是保证心理活动正常运行的前提和基础，疾病和损伤会导致某些心理活动受损。

### （二）社会环境因素

人是社会性动物，人出生后就生活在社会环境中，会受到各种社会环境因素的影响。生物因素只是为幼儿心理发展提供物质前提和可能，在这个前提下，可能性变为现实性主要是社会环境因素决定的。

#### 1. 家庭环境因素

孩子出生后就生活在家庭中，家庭环境对孩子的影响是巨大的。就影响力和影响广度而言，任何环境都比不上家庭。家庭是儿童最早接触且持续生活时间最长的环境，它对幼儿心理发展有着广泛而深远的影响。

影响学前幼儿心理发展的家庭因素很多，如家庭结构、家庭气氛、家庭经济状况、父母教养方式、父母的文化水平等都对幼儿心理发展产生影响。

家庭的经济状况对幼儿的心理会产生一定的影响。在较为富裕的家庭，幼儿心理上会产生优越感，这样的家庭也更有条件让儿童接受更好的教育，而在较为拮据的家庭里，幼儿会较早地体会到生活艰辛，较早地领会到父母的辛苦。

家庭教育对儿童的心理发展是积极的还是消极的，主要不是由家庭的结构、家庭的气氛、家庭的经济状况等因素决定，而是由家庭的教养方式决定的。对于学前儿童心理发展产生最重要的影响的应该是家庭的教养方式。无论是否为独生子女，无论什么样的家庭结构，只要父母教养方式是科学的、符合幼儿心理发展需求的，就会产生积极的结果。心理学家曾把家庭的教养方式分为四种典型的方式：民主型教养方式、溺爱型教育方式、忽视型（放纵型）教养方式和专制型（独断型）教养方式。在民主型教养方式下的儿童可能会形成诸如主动、大方、善于交际等积极的心理品质，而其他三种教育方式可能对儿童的心理产生一些消极影响。此外，父母的文化水平也会对幼儿心理产生一定的影响，因为父母的文化水平影响他们的教育态度和方式，进而影响儿童的心理发展。

**2. 幼儿园教育因素**

幼儿园教育一般对幼儿心理发展会产生正向作用。幼儿园中对幼儿心理发展产生影响的因素主要有：幼儿教师的素质和教育方式、幼儿园的条件和文化、幼儿同伴关系等。

幼儿园教师的教育方式对幼儿的心理发展影响很大。如果教育方式符合幼儿的心理发展特点，幼儿喜欢并积极参与，那么对幼儿的心理发展影响是有力的，反之则可能是无效的，甚至是有害的。在幼儿园，游戏是主导活动，幼儿通过游戏获得知识、体验情感、与同伴交往。幼儿教师也主要通过游戏的方式传授给幼儿知识、道德规范、与人相处与合作的技能。

此外，幼儿园的环境条件对幼儿心理也会产生一定的影响。如果幼儿园的教学设备齐全，幼儿园的环境布置优雅、美观、符合美学和幼儿心理特点，幼儿在这样的环境中拥有充裕的玩具和设施玩耍，拥有广阔而自由的空间活动，从而间接地影响幼儿的心理发展。

**3. 社区和社会文化等因素**

除了家庭和幼儿园对幼儿心理发展产生影响外，幼儿生活所在的社区环境及大众传媒等文化传播因素也会对幼儿心理产生影响。这方面的影响可能是积极的，也可能是消极的。就社区环境的影响来看，大的方面有社区的文化环境建设、社区的风气、社区的绿化环境、社区的卫生保健设施和体育设施等；小的方面有与邻居的关系、与邻居小朋友的交往等。这些因素都会直接或间接地影响幼儿的心理发展。社会文化对幼儿心理发展影响主要是通过成人的传递和大众传媒的传播而产生的。现在幼儿通过电影、电视、网络接受社会文化影响的机会和时间越来越多，因而所受到影响的程度也越来越大。而当前社会能给学前儿童提供的优秀的动画片、文艺作品并不多，许多电影、电视、广告、游戏，甚至动画片中都包含一些消极的信息，而幼儿的分辨力很低，又喜欢模仿，因此，家长要注意为孩子选择合适的有积极教育意义的作品，使幼儿获得正能量。

幼儿不是生活在某一种环境中，他们总会接受到各种各样的影响，因此，家长和幼儿教师要注意教育和培养幼儿正确对待外界影响的能力，让幼儿在普通的社会环境中自由地、茁壮地成长。此外，家庭、幼儿园、社区与社会文化犹如三驾马车，如果三种力的方向一致，幼儿就会得到更好的发展；如果三种力方向不一致，甚至相反，那么影响力就会相互抵消，不利于幼儿的发展。

## 三、促进幼儿心理健康的保教工作

### (一)创设良好温馨的环境

环境是重要的教育资源。幼儿心理健康教育应通过环境的创设和利用，有效地促进幼儿发展。不仅要为幼儿创设清新、直接、丰富和优美的生活物质环境，诸如改善空气、饮水、居住与活动场所的环境条件，改善膳食结构及进食环境，更要净化社会大环境，消除不良文化对幼儿心理发展的危害。同时，还要提高幼儿教师的心理健康水平，端正教育态度和方式，为幼儿营造一种温暖、关爱、民主和平等的心理气氛，创造相互尊重、理解、信任、关爱和民主的教育环境，使幼儿的基本权利得到保障，人格得到尊重。许多研究表明和谐的师幼关系将对幼儿社会性观念的初步形成、口语能力个性及智力发展都具有十分重要的意义。

### (二)科学、合理地安排和组织幼儿一日生活

科学、合理地安排和组织好幼儿一日生活，不仅有利于幼儿形成相对稳定的生活秩序，也可以满足他们的心理需要，培养其独立性，提高其自我管理能力，通过日常生活常规指导和训练，可以帮助幼儿养成良好的行为习惯。幼儿日常生活的各个环节都蕴含着丰富的教育内容，既有德育、智育和养育等教育因素，也有心理健康教育因素，既有兴趣、情感成分，又有意志、个性成分等心理健康教育不可忽视的重要资源，应充分利用一日常规生活来促进幼儿的心理健康发展。

教师应该挖掘教学内容中蕴涵的心理健康教育的因素，将教育目标渗透或延伸到幼儿一日常规生活中，使幼儿把积极的态度、情绪落实在自己的实践活动中，形成健康的行为。①

### (三)支持幼儿的各种活动

幼儿的能力甚至人格是在活动中培养和发展起来的。幼儿园的各类活动都是实施心理健康教育的方式。如运动会、献爱心活动、室外游览活动和各类竞赛活动等，都可突出心理健康教育内容。拓宽幼儿活动的范围和领域。让幼儿通过亲身感受，亲自动手在生活中学会交流，学会体验，学会交往，学会寻找快乐。其中游戏是幼儿社会实践活动最主要的形式之一，是幼儿最喜爱的主导活动，既可单个进行也可集体进行，对幼儿认知、情绪情感和社会性发展都起着积极的促进作用。教师应该为幼儿提供活动和表现能力的机会与条件，支持幼儿的各种活动，把直接指导的活动与间接指导的活动结合起来，努力成为幼儿活动的支持者、合作者和引导者。尊重幼儿在发展水平、能力、经验、学习方式等方面的个体差异，因材施教。

### (四)促进家园合作共育

我国台湾心理学家张春兴指出，心理健康问题“根源于家庭。形成于社会，表现于学校”。儿童心理发展取决于儿童所处的心理环境，而家庭是其中相当重要的部分。早期环境留给儿童的影响主要是通过父母的渠道实现。在家庭教育中家长不仅要关心儿童身体健康，更应当有意识地掌握一些心理健康的知识和技能，树立正确

---

① 姚本先、邓明：《幼儿心理健康教育的目标、任务、内容与途径》，载《教育科学研究》，2004(1)。

的儿童观、教育观，给孩子提供与同龄人交往和参与社会生活的机会，提供良好的示范榜样。良好的家庭氛围对孩子适当的情绪发展必不可少。如果孩子得不到父母的情感抚慰，缺乏充分的安全感，就会被焦虑、抗拒和憎恨的情感所包围，由此产生一系列心理健康问题。幼儿园可以通过开设专门的心理健康教育讲座、宣传栏等，提高父母自身的心理素质，充分利用社区的教育资源，拓展幼儿的生活与学习空间。幼儿心理健康的发展是家庭、幼儿园、社会环境等多方面教育因素合力的结果，要尽可能做到家园教育一致，保证幼儿心理健康教育的延续性和有效性。家园携手共同关注幼儿的身心健康成长。

**拓展阅读**

## 儿童早期教育的重要性①

联合国教科文组织宣称，教育产业是21世纪的朝阳产业。卓越的投资人认为，教育产业是21世纪最后一支原始股。教育应该从婴幼儿开始，才能从整体上提高未来人才的素质。

从儿童生理学和大脑生理学的角度来看，婴儿第1年脑重量的增加速度最快，新生儿脑重量约为390克，9个月后达到660克，几乎每天平均增长1克，脑重量已经约有成人的1/2。儿童长到2.5岁脑重已相当于成人脑重的2/3，而7岁儿童的脑重量已经达到成人大脑重量的9/10。大脑皮层以枕叶、颞叶、顶叶、额叶的次序逐渐成熟，到4岁额叶的发育已经基本完成了。

近年来，大脑研究和生化研究获得了突破性进展。研究表明，人脑具有120亿～140亿个神经细胞，智能潜力极大，现在人类所利用的大脑神经细胞仅仅占10%，也就是说，人类的智能潜力尚有90%未被利用。一般来说，人的大脑生理发展的关键期在出生后的5个月到2岁末。在生命的头4年里如果没有足够使大脑发育的营养，特别是没有足够的促使智力发展的外界刺激的话，就会使人的智力的发展受到压抑和损害。从整个人生的心理发展来看，0～6岁是心理发展的最佳时期。其中2～4岁是语言学习最佳年龄，5～5.5岁是掌握数概念的最佳年龄，4岁前是智力发展最迅速的时期，4～5岁是坚持性行为发展最迅速的时期。

以上资料表明，学前期是人生智力发展的关键时期。如果在这个时期大脑由于更加有利的条件和新型的教育活动而获得益处的话，那么人脑的创造性就会发展到不可想象的程度，这正是儿童早期教育的意义所在。

---

① 桂景宣：《学前教育概论》，7页，北京，高等教育出版社，2007。

## 本章小结

1. 幼儿保育与教育的理论基础有三种价值取向：幼儿发展取向、生活教育取向、基于理论的实践取向。

2. 我国幼儿保育与教育政策发展经历了三个发展阶段：初步发展阶段、全面建设阶段、建立健全阶段。

3. 我国幼儿保育与教育政策的转变历程：关注幼儿个体经验与个性发展的保教目标的转变；幼儿保教政策的制定逐渐走向规范化、法制化；幼儿保育与教育由分离走向统一；逐步重视幼儿保教质量的提升。

4. 幼儿身体发育的特点及规律：生长发育的不均衡性；生长发育具有个体差异性；身体的发育与心理的发展密切联系。

5. 影响幼儿身体发育的主要因素：遗传因素；环境因素(母体健康状况、营养、疾病、体育锻炼、季节气候、社会及家庭因素)。

6. 促进幼儿身体发育的保健工作包括：适宜的锻炼；培养生活自理能力；保证充足合理的营养；做好视力保健与口腔卫生；定期健康检查、预防疾病与事故。

7. 幼儿心理发展的特点及规律：心理发展的连续性与阶段性；心理发展的稳定性与可变性；心理发展的普遍性与多样性；心理发展的方向性、顺序性与不可逆性；心理发展的不平衡性。

8. 影响幼儿心理发展的主要因素：生物因素(遗传、成熟、疾病与损伤)；社会环境因素(家庭环境，幼儿教育状况，社区、社会文化等因素)。

9. 促进幼儿心理健康的保教工作包括：创设良好温馨的环境；科学、合理地组织幼儿一日生活；支持幼儿的各种活动；促进家园合作共育。

### 本章检测

1. 思考题

(1)幼儿保育与教育的理论基础有哪些价值取向？

(2)我国幼儿保育与教育政策发展经历了哪三个阶段？

(3)简述幼儿身体发育与心理发展的特点及规律。

(4)影响幼儿身体发育与心理发展的因素有哪些？

2. 分析讨论题

结合实践，谈一谈如何促进幼儿身体发育与心理健康？具体的保教工作应该如何开展。

3. 实践应用题

来幼儿园工作不久的小王老师最近发现班上有一个叫可可的孩子进餐习惯很不好。可可是一个斯文内向的男孩，体质较差，经常伤风、感冒，看上去单薄瘦小。小王老师对此十分担心，经过了解后发现，可可生活在单亲家庭，是由奶奶带大的，爸爸由于工作繁忙，很少有时间陪伴可可。让可可乖乖地多吃点饭是最令家人头疼的事情。

根据以上案例，请结合促进幼儿的身体发育的相关内容分析为什么可可会出现不良的饮食习惯？假如你是小王老师，你会采取什么样的保教策略？

# 第三章　我国幼儿园保育与教育的目标、任务和原则

## 学习目标

• 了解我国教育目的和教育目标的关系及幼儿园保教目标确立的依据，正确把握目标中的主要精神。

• 理解保教目标的内涵，清楚其对我国幼儿园保育与教育活动的质的规定性和指引作用。

• 掌握我国当代幼儿园保育与教育的任务、原则，明确其精神实质，形成正确的保教思想。

• 应用教育思想至教育行为中，将幼儿保育与教育的目标、任务、原则的精神实质体现于幼儿园保育和教育实践中，真正做到促进幼儿全面发展。

## 本章导读

掌握幼儿园保育与教育的目标、任务和原则对于幼儿园保教工作具有重要意义。本章将对幼儿园保育和教育的培养目标、任务及实施原则等方面进行详细的理论探讨，帮助教师更好地掌握幼儿园保教任务和实施原则，为教师树立保教观念，进行各类活动指明方向，使幼儿园能够理性把握培养目标的实现，准确理解幼儿全面发展的内涵，依据幼儿园保育与教育的基本原则开展工作，实现幼儿身心和谐、统一的发展。

## 第一节　幼儿园保育与教育的目标

### 引导案例

某国学幼儿园的招生简章上教学安排写道：四书循环教学，用四年时间依照先读蒙学课程《弟子规》《三字经》《千字文》，紧接着四书正式班以《大学》《中庸》《论语》

《道德经》《孟子》的顺序教完，再从《大学》重新开始，通过儿童早期以“指认”方式诵读，大量识字。如此，不管哪个孩子从哪一句开始参与，只要读满四年，都可以把“四书”和《道德经》读完，共计背诵10万字，平均每周背诵500字的经典。招生对象为2～6岁没有上小学的幼儿。旨在培养才智超群的非凡之才，为上小学打下坚实的语文基础。

看了以上案例，你可能有这样的疑问，通过这样的背诵训练真的能够培养出才智超群的非凡之才吗？幼儿会“背诵”国学经典就能够获得真正的发展？幼儿园保育和教育的真正目标是什么？可以肯定的是，幼儿会背不等于发展，发展是指发生在个体内部连续稳定的变化，幼儿仅仅通过指认方式的诵读，只是机械性的背诵，并没有达到理解水平。因此，幼儿并没有获得真正意义上的发展，那么幼儿园应该给予幼儿怎样的教育内容才能促进幼儿的发展呢？

《幼儿园工作规程》中明确指出：幼儿园是对3周岁以上学龄前幼儿实施保育和教育的机构。幼儿园教育是基础教育的重要组成部分，是学校教育制度的基础阶段。针对幼儿发展的特殊性，幼儿园在符合我国教育目的的前提下，保教并重，促进幼儿富有个性的全面发展，为幼儿的近期及终身发展奠定良好的素质基础。

## 一、幼儿园保教目标的内涵

想要正确地把握幼儿园保教目标的内涵，我们首先需要厘清教育目的和培养目标之间的关系。人类的各类活动都带有目的性，身为有意识活动的教育活动亦然。教育目的是指将受教育者培养成为社会所需要的人的总体要求，是教育意欲达到的预期效果。它既是各类教育活动的出发点，也是归宿，教育机构对于人的培养都是根据教育目的来进行的。从内涵上看，教育目的有广义和狭义之分。

广义的教育目的指对受教育者所要达到效果的期望，该定义下教育目的确定者可以是任何人，包括学校、教师、家长、社会等，具有多样性、差异性和功利性，家长往往将教育目的理解为知识和成绩，具有现实性。由于不同教育目的设定者思想认识的不同，教育目的的含义较丰富。狭义的教育目的特指国家对各级各类教育机构人才培养的总要求，反映了社会(国家或地区)对未来一代的期望，能够较为科学地展现受教育者所要发生的变化，对我国的教育工作和人才培养起着引导和规范作用。我们所讨论的为狭义的教育目的。

教育目的的实现是一个长期的过程，而且由于各个阶段教育对象的年龄不同，发展特点不同。国家对教育提出了总要求后，各级各类学校还应根据自身培养需求将教育目的具体化。因此教育目的在学校教育系统中出现了层次之分，由上到下依次是：教育目的→各级各类培养目标→课程目标→教学目标等，从上至下层层具化，上一层的内容对下一层目标起制约和指导作用。同样只有达到了具体化的目标，反过来才能实现教育的总目的。

幼儿园教育作为我国基础教育的一部分，也受到国家教育目的的统一指导，我们所讨论的幼儿园保育与教育目标就是在遵循国家教育目的的基础上，根据幼儿保育和教育的独特性，将国家层面的教育目的具体化制订出来的。由于幼儿园教育的对象具有特殊性，幼儿园目标为保育和教育两方面，要求保教并重，促进幼儿德、智、体、美等方面全面发展。

我国幼儿园保育和教育的主要目标是：

(1)促进幼儿身体正常发育和机能的协调发展，增强体质，促进心理健康，培养良好的生活习惯、卫生习惯和参加体育活动的兴趣；

(2)发展幼儿智力，培养正确运用感官和运用语言交往的基本能力，增进对环境的认识，培养有益的兴趣和求知欲望，培养初步的动手探究能力；

(3)萌发幼儿爱祖国、爱家乡、爱集体、爱劳动、爱科学的情感，培养诚实、自信、友爱、勇敢、勤学、好问、爱护公物、克服困难、讲礼貌、守纪律等良好的品德行为和习惯，以及活泼开朗的性格；

(4)培养幼儿初步感受美和表现美的情趣和能力。

从保教目标的描述中我们可以看到，健康的身体发展是幼儿进行一切活动和成长的前提。因此，保教结合是幼儿园开展工作的前提和基本原则，保和教是不可分割的整体，你中有我，我中有你，由幼儿身心发展的特点所决定，幼儿园的各项活动都应始终坚持保教结合，并将其渗透到幼儿园工作的各个环节。基于幼儿的身体各部分仍处于生长发育状态，并未发育完善，对环境的适应能力和协调能力较弱，因此保证他们正常发育、身体健康是非常有必要的，培养良好的饮食习惯、生活习惯和卫生习惯、参加体育活动能够帮助他们增强体质，更好地成长。而且“身”和“心”是有机的统一体，健康不仅指身体上无缺陷和疾病，也包括良好的心理状态和适应能力，两者应和谐发展。

“全面和谐发展”是幼儿园保教目标的核心，发展幼儿的智力但不偏于此，保育和教育目标强调了对幼儿的情感教育、品德教育和美育，发展幼儿的各项基本能力，如要培养“运用感官和运用语言交往的基本能力”，培养“初步的动手探究能力”，培养“感受美和表现美的能力”，还要培养幼儿“良好的品德行为和习惯，活泼开朗的性格”。在实现幼儿园保教目标的过程中，各领域是相互联系、相互制约的。

在实施幼儿园保教目标的过程中，应在坚持保教结合的原则下，将幼儿作为活动的主体，调动其积极性。只有在与环境的交互作用中幼儿才能建立起自身的认知结构，教师应发挥幼儿主体作用，将“面向全体幼儿”和“注重个体差异因材施教”统一起来，促进幼儿的个性发展，促进幼儿的全面发展。

## 二、幼儿园保教目标制定的依据

### (一)教育目的

教育目的对各级各类教育有规范和引导作用，因此幼儿园保教目标是在我国教育目的的引导下，结合幼儿园保育和教育的性质和特点提出的。我国教育目的的主要精神是培养德、智、体、美全面发展的社会主义建设者和接班人，在遵循教育目的精神的基础上，幼儿园教育的目标是培养德、智、体、美全面发展的幼儿。

### (二)幼儿身心发展的特点及需求

幼儿身心发展具有顺序性、连续性、阶段性等特点，是一个从低级到高级的发展过程，对幼儿实施保育和教育的过程，也是使幼儿从“现有发展区”向“最近发展区”发展的过程，是开发幼儿个体潜能的过程，如果对幼儿提出了过高或者过低的教育目标，都不符合幼儿个体发展的需要，违背了幼儿发展的身心规律，因此，制定教育目标必须以幼儿的身心发展特点和需要作为依据，确定所设立的教育目标符合幼儿的需要、能力和兴趣，帮助幼儿搭建好到达可发展水平的桥梁，有效地促进幼儿的健康发展。

### (三)社会发展的客观要求

教育是人类所独有的社会活动，幼儿教育同样具有社会属性。教育的职能是将人类历史积累的知识、经验、技能、精神文明、文化等有计划、有组织、有目的地传播给下一代，培养为社会服务的人。不同性质的社会、阶层或社会集团，根据自身的利益和需求来规定所培养新一代人的方向。社会发展对幼儿教育起着规范的作用，这是来自教育外部的制约性。幼儿是未来社会的主人，古往今来社会的发展都表明，社会需要的是不仅仅掌握一定的知识和技能的人才，更需要的是一个人格健康完善的人，即具有创新精神和实践能力，是感性与理性的统一、人与自然的统一、人与社会的统一的人。

**拓展阅读**

#### 何谓幼儿的敏感期

蒙台梭利指出，幼儿在成长的过程中会在一段时间内只对某些事物感兴趣而拒绝接受其他事物，这个时期就是所谓的幼儿敏感期。如果成人在幼儿敏感期时给孩子提供有效的帮助，效果事半功倍。那么，幼儿阶段都有哪些敏感期呢？

语言敏感期(0～6 岁)：从开始对话语产生反应，到注视成人说话时的口型，再到自己牙牙学语，如果在敏感期内引导适当，幼儿会很快掌握大部分母语。

秩序敏感期(2～4 岁)：孩子在熟悉的环境内具有安全感，一旦离开了他所熟悉的环境，会令他无所适从，害怕、哭泣或者大发脾气。该时期内的幼儿会对顺序、生活习惯等“秩序”极为敏感。

感官敏感期(0～6 岁)：孩子在妈妈的腹中各种感觉就有所发展，出生后，会凭借听觉、视觉、触觉等感官来探索环境，了解事物。蒙台梭利还设计了感官教具来刺激幼儿的各种感觉发展。

对细微事物感兴趣的敏感期(1.5～4 岁)：成人和孩子看到的世界往往是不一样的，成人会忽略周围环境非常细小的事物，而孩子往往能捕捉到其中的奥秘。例如，幼儿往往能够注意到绘本中细小的图案。

动作敏感期(0～6 岁)："三翻六坐七滚八爬周会走"，这是老一辈的育儿总结。孩子从出生到慢慢长大，动作在不断发展，慢慢精细化，这句俗语就恰好展示了幼儿动作发展的普遍规律。

社会规范敏感期(2.5～6 岁)：孩子逐渐摆脱自我中心，对结交朋友、参加群体活动有了明确意向，因此往往在家中待不住，想出去玩，这时家长应给孩子传输一些生活规范，日常礼节等，以便日后能正常与人交往。

书写敏感期(3.5～4.5 岁)：对文字符号开始感兴趣，自己还会写写。

阅读敏感期(4.5～5.5 岁)：如果孩子在语言、感官等敏感期内得到了充足的发展，其书写、阅读能力自然会产生。此时，父母可创造一个良好的阅读环境，选择适当的读物和孩子一起爱上阅读。

文化敏感期(6～9 岁)：对于文化的兴趣萌芽于 3 岁，在该年龄阶段产生浓烈的需求，成人可提供丰富的文化资讯，引导孩子爱文化、爱家乡、爱国家、爱世界。

## 第二节　幼儿园的任务

### 引导案例

星期一，保育员 A 老师向主班老师 B 老师抱怨道："轩轩在家过了一个周末后，重新回到幼儿园就表现得跟之前在幼儿园不一样了，许多良好的行为习惯退步了，吃饭时不好好吃饭，乱扔东西。进行活动的时候总爱打扰别的小朋友。"B 老师颇有同感地回应道："是啊，如果家长能够和我们保持一致，支持我们的工作，那效果真的是会事半功倍。这个问题我跟轩轩的家长沟通过很多遍了，可他们认为对孩子进行教育是幼儿园的任务，如果他们都教育得那么好了还需要我们做什么？"

**思考：**轩轩家长的想法是正确的吗？幼儿园的任务到底是什么？

幼儿园是针对 3 周岁以上和学龄以前的幼儿实施保育和教育的机构，是我国基础教育重要的一部分，也是学校教育制度基础阶段的第一站，《幼儿园工作规程》中将幼儿园的任务以德、智、体、美四个主线提出，促进幼儿身心素质的全面发展。相对于片面发展而言，全面发展意味着并不倚重于任何某个或某些领域，也不是简单地将各方面相加，由德、智、体、美构成的整体发展是在以儿童为主体的核心下，相互促进，令各育作为促进因素，使幼儿各方面素质统一发展，使各育融汇在一起，整体效果大于各部分相加之和。

## 一、幼儿园的任务

由于幼儿教育的特殊性，多年来，幼儿园都兼具使受教育者在体、智、德、美等方面全面发展的一般任务及为家长服务的特殊任务，即幼儿园一直承担着对幼儿实施保育和教育、为家长工作和学习提供便利条件(解放妇女劳动力)的双重任务。但随着经济体制改革和市场经济的推进和发展，原有单位办园已经撤销或转制，其功能任务、招收对象均已发生转变。此外，幼儿家庭教养模式也发生了变化，纵使孩子进入了幼儿园，也都有稳定的家庭照料者，因此幼儿园所担负的解放劳动力的任务不再具有普遍性。所以，幼儿园的任务也由以往的双重任务转变为单一任务，其核心任务为向家长提供科学育儿指导，共同促进幼儿良好发展。

《幼儿园工作规程》中明确规定："幼儿园的任务是贯彻国家的教育方针，按照保育与教育相结合的原则，遵循幼儿身心发展特点和规律，实施德、智、体、美等方面全面发展的教育，促进幼儿身心和谐发展。幼儿园同时面向幼儿家长提供科学育儿指导。"提倡家园共育，共同促进幼儿良好发展。

## 二、新时期幼儿园任务的特点

### (一)尊重幼儿的个体差异

**案 例**

进行自由游戏的时候，孩子们总喜欢将搭建好的积木展示给教师看。一次游戏过程中，明明将搭建好的积木玩具指给教师看："老师，老师，你看这是我刚搭好的房子。"教师看着连屋顶都没有的小房子叹了口气，转身指着红红搭好的房子说："你看看红红搭建的房子，有屋顶，有门窗，你的只有四根柱子，怎么能够称为房子呢?"说完转身离去，而明明看着自己的房子，呆呆地坐在座位上不说话。

幼儿园教育并不是批量生产"合格"的产品，将幼儿置于特定的框架内进行统一规格化的训练，给予其特定的内容，而是为每一位幼儿创造能够发挥其潜能，让其在原有水平进一步发展的条件和机会。新时期下要求教师转变以往以自身为主体、幼儿为客体的观念，将幼儿作为主体，而教师是合作者、支持者和引导者，教师并不是高高在上，掌控幼儿的生活，而是和幼儿一起共同建构和体验每日的在园生活，让幼儿自发地活动，而不是屈服在教师的“权威”下，只有这样，才能够真正地发挥幼儿的主体性。

同时，每一个幼儿都是不同的个体，社会背景、外在环境等不同也决定了他们的发展速度、发展现状不可能整齐划一，但是任何一个孩子都有发展的无限可能，尊重每个幼儿也是教师的职责。上述案例中教师以成人固有的思维去看待幼儿的作品，忽视了幼儿的想法与感受，也忽视了幼儿之间的个体差异，教师应以开放的心态看待每一个幼儿，鼓励幼儿大胆的探索和表达，运用有效的评价手段来促进孩子进一步发展。

### (二)强调游戏的作用

游戏是幼儿的天性，其中蕴含着幼儿发展的需要和教师进行教育的契机，由于游戏是幼儿自身内在动机的体现，因此其发展水平及发展的差异性、多样性等特点在游戏中尤为突出。在游戏中，幼儿不断地重复、摆弄，这不仅对他的已有经验是一种巩固，也对新的发展提出了要求。正因如此，游戏同时具有教育上的价值，幼儿园应将游戏作为幼儿发展教育的重要形式，合理安排一日时间，使幼儿能够根据自身兴趣、需要和已有的经验水平，自主进行游戏，并在游戏过程中获得积极的情绪情感体验。

### (三)注重家园、社区的合作

幼儿教育是一件复杂的事情，不是单单依靠幼儿园或者家庭就能够完成的，而是需要家园共同合作才能发挥充分的功效。因此，新时期的幼儿园任务中更强调了家庭的参与，例如 2016 年的《幼儿园工作规程》中增加了“幼儿入园应由成人接送”，幼儿园同时应向家长准时公示食谱、收费项目和标准等内容，并且定期向家长反馈幼儿的健康发展状况，与家长形成教育合力，共同完成育儿的使命，引导案例中轩轩家长的想法是完全错误的。

幼儿园应建立起和家长联系、沟通的制度，采取言语沟通(家长会、家长开放日、亲子活动日、电话沟通等)和非言语沟通(家园共育栏、成长档案、家园小报等)方式定期与家长沟通，指导家长正确了解幼儿园保育和教育的内容、方法，帮助家长树立科学正确的教育理念，尊重幼儿的天性和发展规律，支持幼儿园的保教工作，抵制错误的、违反幼儿身心健康的观念和做法，同时了解家长对于幼儿园保教工作的意见和建议，和家庭建立平等、尊重的关系。

幼儿教育不仅仅只是幼儿园教育，幼儿园还应当充分利用家庭和社区的有利条件，拓展幼儿生活的学习的空间，丰富教育资源。

### (四)强调幼儿的身心健康全面发展

新时期强调幼儿的素质全面发展，和谐发展。儿童的发展是一个整体，包括

“身”和“心”两个方面，身指身体的正常发育和体质的增强，“心”包括知识、技能的习得，智力的开发，思想品德的培养，情感、兴趣、爱好等各方面经验的获得，即幼儿德、智、体、美的发展，要注重领域、目标之间的相互渗透和融合，促进幼儿身心全面协调发展，而不是片面地追求某个方面或者某几个方面的发展。

## 三、幼儿园任务的体现

### (一)德育

#### 1. 德育的概念

《大学》中关于教学的纲领为：“大学之道，在明明德，在亲民，在止于至善。”这也是我国最早关于道德教育的纲领。德育顾名思义为道德教育，目的在于道德的教化，指在教师的引导下，经过文化环境的熏陶，形成个人自身的道德品质、人生观、价值观的教育。德育旨在培养学生的道德信念和人生观，形成学生的道德行为习惯，主要属于伦理领域。①

幼儿德育，就是指幼儿教师根据幼儿发展的特点，按照社会的要求，有计划、有目的地引导幼儿的社会性不断完善，培养幼儿良好的道德品质，为形成良好的健全人格奠定基础。

幼儿的道德认知发展有其特殊性。杜威认为个体的道德发展是一个阶段性的过程，他假设幼儿的道德发展经历了三个水平：前道德水平(行为动机大多来自生理或社会性冲动)、行为的习俗水平(个体几乎不加批评地接受团体的规范和标准)、自主的行为水平(行为的善、恶全由自己的思想与判断自主决定，而不受制于团体的标准)。② 强调经验论的杜威认为，个体品德的发展是在经验中不断学习的过程，通过在学校的共同生活，达到经验的重组和改造，实现自我经验的发展。

通过对儿童玩弹子游戏时对游戏规则的态度及对偶故事等试验，皮亚杰在其认知发展论的基础上提出，道德认知发展不仅来自于生物的成熟，也不仅仅是从环境中提取内化，幼儿是自身道德认知的建构者，他们通过与环境的相互作用，将新知识和已有经验融合起来，不断建构起新的认知，是在自身认知成熟的基础上，通过社会经验获得的。幼儿的道德认知发展经历了四个发展阶段：前道德阶段(0～2岁)、他律道德阶段(2～8岁)、自律道德阶段(8～12岁)和公正阶段(12岁后)。

柯尔伯格在杜威和皮亚杰的基础上，通过“道德两难故事”进行研究，认为幼儿的道德发展普遍要经历三水平六阶段，如表3-1所示。

---

① 王道俊、郭文安：《教育学》，281页，北京，人民教育出版社，2009。

② 同上书，292页。

表 3-1　柯尔伯格道德三水平六阶段

| 发展水平 | 发展阶段 | 发展特点 |
|---|---|---|
| 前习俗水平(0～9岁) | 惩罚和服从定向阶段 | 根据行为后果判断好坏，避免惩罚，无条件服从权威 |
| | 相对功利性取向阶段 | 根据是否满足自己的需要判断好坏，规则是可变的 |
| 习俗水平(9～15岁) | “好孩子”定向阶段 | 希望行为能够得到大家的赞赏和认可，做“好孩子” |
| | 遵守法规和秩序定向阶段 | 服从权威，遵守社会规范，维护社会秩序 |
| 后习俗水平(15岁后) | 社会契约定向阶段 | 尊重法律，但认为法律并不绝对，可根据情况改变 |
| | 普遍伦理原则定向阶段 | 道德判断最高阶段，根据动机判断行为的好坏 |

我们可以看到幼儿的道德发展并不是一蹴而就的过程，而是动态的不断发展的过程，是在于外界的交互作用中，通过思维对道德经验不断建构的过程，因此对其进行道德教育有着重要意义。

**2. 德育的意义**

(1)对幼儿发展的意义。

儿童是一个社会人，他以自己为中心，放射出与外界千丝万缕的联系，构成了属于自己的生活环境，随着年龄的增长，与外界的关系越发复杂，涉及面也越广，在这个过程中，儿童并不是被动地接受外界的一切，而是在不同的活动和交往中，在内部需要和外界要求的矛盾中，在一次次解决矛盾的过程中，形成道德信念和行为习惯，同时这也是儿童社会化的过程。对幼儿进行德育可以帮助幼儿适应社会生活，促进幼儿道德内化的过程，促使幼儿个性的健康发展。道德发展的过程是阶段性的、连续的发展，随着幼儿经验的增加，道德品质也随之增加，幼时打下的良好道德品性的基础有利于后期的发展。

(2)对其他各育的意义。

赫尔巴特说过：“道德普遍地被认为是人类的最高目的。”[①]强调了对幼儿进行道德教育的作用。幼儿德育的过程也是幼儿社会化的过程，良好的社会性发展对幼儿身心健康和其他方面的发展有重要影响，能够促进幼儿个性的全面发展，使幼儿在知、情、意、行统一发展。从“知”开始，在其发展的基础上，提高道德认识，再加强对“行”为习惯的培养和训练。同时，引导其体验生活，感受生活，激发“情”感感

① 王道俊、郭文安：《教育学》，284页，北京，人民教育出版社，2009。

触，最后，要通过一定的训练来磨炼其“意”志，提高自我控制能力，德育只是一个开端，通过对幼儿道德品质的培养，促进幼儿在体、智、美的均衡发展。

### 3. 德育的内容

(1)文明行为习惯教育。

文明行为习惯教育以使幼儿养成文明的行为习惯为目的，主要包括以下内容：

①培养幼儿礼貌待人的态度与行为习惯，如能够正确使用礼貌用语等；

②培养幼儿有关社会生活的态度与文明行为，能够遵守公共场所的规则等。

(2)培养爱的情感。

对幼儿爱的情感教育包括爱祖国、爱家乡、爱集体、爱劳动、爱科学等几方面。同伴关系是幼儿生活中重要的人际关系之一，对幼儿进行友爱教育，可以使幼儿掌握与同伴交往的基本技能，培养幼儿尊重、关心和理解他人的态度与能力，学会分享、合作、谦让、助人等良好品质。幼儿从家庭进入幼儿园，是幼儿生活环境的重大变化。因此要对幼儿进行集体生活教育，帮助幼儿逐步适应幼儿园新的生活环境，习惯在集体中生活，使幼儿能够遵守集体生活的基本规则，对集体有归属感、认同感，并且愿意为集体做事，具有初步的责任感。当幼儿的社会性情感达到一定水平，就可以逐步萌发幼儿爱劳动、爱家乡、爱祖国等方面的情感。

(3)良好的个性品质的培养。

德育还要培养幼儿良好的个性品质，如诚实、勇敢、自信、友爱、克服困难等良好的品德及活泼开朗的性格。注意正面教育，合理要求，建立必要的规则，正确对待幼儿的过失，使幼儿信赖成人，勇于说真话，敢于承认自己的过错，教师和家长对待幼儿的教育要求要一致，以防幼儿出现认知混乱。当幼儿出现错误时，不要急于进行道德研判，根据不同的情况，以具体形象的方式讲解这种行为的错误，帮助幼儿区分和明辨是非，改正错误。

### 4. 德育的实施

(1)寓德育于日常生活。

道德隐含于生活的方方面面，儿童道德认知的建构来源于他们对生活的认识、体验和感悟，在与同伴和成人的交往中，在日常生活中，幼儿逐渐养成自己的行为习惯、行为准则及对社会、对世界的理解，要避免呆板的“说教化”，只有将“德育生活化”，以日常生活为基点，让理论与儿童实际的生活相联系，让幼儿在生活中将道德困惑一一化解，才能够引发幼儿内心真实的情感和认知。因此，良好的道德品性也形成于儿童的日常生活之中，并非生活之外。

(2)寓德育于教育活动。

幼儿园的教育活动是指教师在充分考虑幼儿的特点和规律的情况下，从本地、本园、本班的实际情况出发，有目的、有计划地引导幼儿主动活动的教育过程。教师可以组织专门的德育活动，开展集体或小组活动，引导幼儿形成自信、自主，关心尊重他人、诚实守信、爱祖国、爱家乡等良好品质。

(3)寓德育于游戏。

游戏是幼儿园的基本活动，道德教育也应以游戏活动的形式开展。在游戏中，幼儿既能体会到愉悦的情绪，也能在一定的情境中加深思想认识和情感体验，养成良好的行为习惯。同时，游戏也是教师了解幼儿所达到思想水平的一种途径。

### (二)智育

#### 1. 智育的概念

智育是指有目的、有计划地使教育者掌握系统的科学基础知识和基本技能，促进受教育者智力发展的过程。

幼儿智育，是指根据幼儿身心发展的特点，有目的、有计划地使幼儿认识事物，增长知识，发展智力的教育过程。

智力是一个人认识能力的主体，是我们认识、适应和改变客观世界时表现的认知能力，它并不像“智力测验所检测的那些能力，即智商”那样简单，霍华德·加德纳认为过去关于智力的定义过于狭隘，不能准确地反映一个人的真实能力，他曾在生物学、神经生理学、人类学等的基础上，提出了人类的智能水平由八种相对独立的领域组成，称为“多元智能理论”。

(1)语言智能：运用口头语言及书面语言的能力。

(2)数理逻辑智能：用逻辑或推理来寻求事物的规律，用数学经验来寻求答案的能力。

(3)空间智能：对线条、形状、形式、空间之间的关系感受、辨别、记忆及创造的能力。

(4)身体—运动智能：对身体运动的控制能力及用身体进行表达的能力。

(5)音乐智能：对音乐节奏、音调、音色和旋律的感知及表达音乐的能力。

(6)人际智能：有效地理解别人和自身关系的能力。

(7)内省智能：自我认识和控制的能力。

(8)自然探索智能：认识自然，包括探索动植物和自然环境的能力。

一般我们认为智力包括了观察力、注意力、记忆力、思维力、想象力和语言能力等。因此，智力的发展并不只是单方面的，不仅只是知识的增长，或者对于古诗词的记忆和背诵，以及对于数字的计算等，儿童的智力发展不取决于某个活动或某项技能，而是取决于日常生活、人际关系、生活体验、游戏，以及像如厕、进食、入睡等这样的生活琐事。在幼儿阶段，我们无法将智力需求和幼儿的其他需求分离开，而其智力的发展对生活有着重要的意义。因此，定义好幼儿的智育也尤为重要。

#### 2. 智育的意义

(1)对幼儿发展的意义。

3 岁时幼儿的大脑机能趋于完善，有进行智育的生理基础和心理基础。学前期幼儿智力发展迅速，同时智力需求和其他需求关系密切。他们有身体活动的需要、人际交往的需要及日常生活技能和基本知识储备的需要。有计划、有目的的智育过程可以帮助幼儿接收和处理信息，将先天潜能转化为可操作的现实能力，满足需求。维果茨基在《学前教学与发展》一书中指出："任何教学都存在最佳的，也就是最有利的时期，这是基本原理之一，对这个时期任何向下或向上的偏离，即过早或过迟实施教学的时期，从发展的观点看，总是有害的，对儿童的智力发展产生不良影响。"因此，把握好幼儿智力发展的关键期，了解其智力发展需求，能够促进幼儿智力的"及时"发展。

(2)对其他各育的意义。

智力的发展既是衡量儿童心理健康的重要标志，也是儿童进行日常活动的必要条件。进行体育、艺术等各类活动都需要良好的智力基础，幼儿有了专注的注意力，才能集中于某项活动或游戏；有了基本的沟通能力和理解能力，才能和教师、同伴进行沟通；有了基础的知识和技能，才能在绘画活动中使用工具……在成人的正确引导下，智力发展能够为其他各育创造良好的条件。

### 3. 智育的内容

(1)引导幼儿获得初步的知识。

幼儿学习的知识包括与他们生活密切相关的生活常识(如衣食住行的知识)、社会常识(如周围的环境、人们的劳动)、自然常识(如天气、四季的常识)，以及幼儿能理解的科技知识(如常见的科技产品、科学发现)和与国家政治生活有关的初步知识(如国家的名字、国徽、国旗等)。

(2)发展幼儿的智力。

发展幼儿的智力指以下三个方面：

①促进幼儿认识能力的发展，如发展幼儿的感知觉、观察能力、语言能力、思维能力、想象和创造能力等；

②培养幼儿良好的智力品质，如思维活动的速度、灵活性、观察事物的准确性、敏锐性等；

③帮助幼儿尝试使用智力活动的方法和技能，如观察事物或现象的方法、分析解决问题的方法、操作的方法和技能等。

(3)培养幼儿求知的兴趣和欲望及良好的学习习惯。

好奇心是幼儿求知兴趣和欲望的最初表现，保护幼儿的好奇心，将之进一步发展为学习的兴趣和欲望是幼儿智育的重要内容。

学习习惯是幼儿获得知识、发展智力及今后继续学习的重要条件，它包括幼儿学习时能否集中注意力、能否积极克服困难、能否爱护文具、能否认真完成学习任务等。学习习惯的培养必须从幼儿期开始，它是儿童以后继续学习、终身学习的保障。

#### 4. 智育的实施

(1)寓智育于日常生活。

幼儿的智育应渗透于一日生活中，引起他们对身边的事物和现象的兴趣和探索欲望，运用各种感官和适当的表达来解决问题，在探索、交流和分享的过程中获得乐趣，养成良好的学习习惯。例如：可以利用和同伴一起打扫园所来认识不同树种的落叶；利用和保育员一起摆放餐筷的过程认识不同的数、量和形，建构初步的数学概念等。

(2)寓智育于教育活动。

教育活动是进行智育的有效手段。活动时选择的基础知识和技能要适合幼儿的现有发展水平，但要略高于其能力，具有一定的挑战性，将间接知识和直接经验相结合，选择贴近幼儿生活、幼儿比较感兴趣的问题，尽量将活动趣味化，这样有利于引起幼儿的注意力，让幼儿主动参与其中。

(3)寓智育于游戏。

专门的智育活动可以与游戏相融合，也可以让幼儿以群体或个体为单位自由游戏，教师需要为幼儿的探究活动创造宽松自由的环境并提供丰富的材料，支持每个幼儿都亲自尝试，发现问题，提出问题，并且相互讨论去解决问题，在此过程中，幼儿既发展了智力因素，获得了知识，提升了技能，也发展了非智力因素，获得了独立解决问题或合作游戏、学习的乐趣。

### (三)体育

#### 1. 体育的概念

体育作为一项实践活动虽然有悠久的历史，但是“体育”一词作为概念提出较晚，很长一段时间内，“体操”和“体育”两词并用，比较混乱，到了 20 世纪初期后，“体育”才逐渐取代了“体操”一词被广泛使用。我国“体育”一词最早出现于 1904 年《湖北幼稚园开办章程，“保全身体之健旺，体育发达基地”是幼儿全面教育的一部分。关于体育的理解有广义和狭义之分，广义的体育一般指体育运动，包括身体文化、身体教育和身体锻炼三个方面，是提高国民健康水平、增强人的身体素质、丰富人们文化生活、发展社会生产力的重要手段。[①] 狭义的体育则指学校体育，是为了促进学生全面发展，增强体质，有目的、有计划组织的教育活动。

幼儿体育是指幼儿园为了保障幼儿身体健康、增强幼儿体质、培养幼儿良好生活习惯和卫生习惯等而进行的一系列教育活动。

幼儿正处于身体发育的特殊阶段，因此对于幼儿身体的保护和培育必不可少，幼儿园需要同时做好卫生保健和体育两方面的工作，将保护幼儿的生命、促进幼儿的身体发展放在首位。与此同时，还要根据幼儿的特点和兴趣组织活泼有趣的体育活动，发展幼儿的基本动作，培养幼儿主动参与体育活动的习惯。马克思曾经说过：

---

① 王道俊、郭文安：《教育学》，376 页，北京，人民教育出版社，2009。

“未来教育对所有已满一定年龄的儿童来说，就是生产劳动同智育和体育相结合，它不仅是提高社会生产的一种方法，而且是造就全面发展的人的唯一方法。”这印证了体育在人的全面发展和社会的发展中有着重要意义。

**2. 体育的意义**

(1)对幼儿发展的意义。

拥有健康的身体是幼儿一切发展的基础。生活中影响幼儿身体生长发育的因素有很多，如需要有良好的营养、充足的睡眠、健康安全的环境等，幼儿正处于生理系统发育未成熟的特殊时期，可塑性比较大，同时对外界环境的适应能力和疾病的抵御能力较弱，因此合理的体育运动恰好能增强幼儿身体各器官系统的功能。在体育活动中，能够改善幼儿的血液循环，使身体组织得到更多的营养，帮助幼儿长高。同时，在爬、走、攀登、跳跃等基本动作的练习中，加强了幼儿腹肌、腰肌、背肌、四肢等力量，这些触觉刺激和肌肉的训练能够使幼儿的行为变得更加的灵活，在幼儿肢体行为由不协调到协调的过程中，也使神经系统本身得到了锻炼和提高，促进了大脑的功能。另外，运动还可以加快幼儿的胃肠蠕动功能，帮助改变幼儿的厌食行为，使他们食欲增加，发育得更好。

(2)对其他各育的意义。

毛泽东曾提出“体育一道，配德育与智育，而德智皆寄于体，无体是无德也”。“体”是“载知识之车而寓道德之舍也”，当幼儿拥有了强健的体魄和自如的身体，才能够以积极的状态与人交往，与物互动。当幼儿有了良好的大脑和神经系统，才能够对其实施其他各育。另外，体育的过程包含对幼儿智力因素和非智力因素的提升，幼儿在做一些大肌肉动作时需要付出努力，不断尝试，有时还需要掌握一些特殊技能，这对幼儿来说不仅是身体的挑战，也是对意志的磨炼，体育活动同时也能够使幼儿懂得遵守规则和进行合作，获得勇敢、互助等良好的道德品质。体育活动还蕴含着美育因素，如动作美、力量美，在一旁观赏的幼儿还能体会到欣赏竞技体育的乐趣，由此可见，体育对实施其他各育具有促进作用。

**3. 体育的内容**

(1)促进幼儿的健康成长。

健康是指人在生理、心理和社会适应三个方面都具有良好的状态，幼儿健康是指幼儿各个器官、组织都正常生长发育，能够抵抗急、慢性疾病，没有心理障碍，对环境有较快的适应能力。发育良好的身体、安定愉悦的情绪、强健的体质、协调的动作、良好的生活卫生习惯等都是幼儿身心健康的标志。为了达到此类目标，幼儿园需要：

①为幼儿创造安全、卫生的生活环境；

②创建科学合理的一日生活制度和卫生保健制度；

③为幼儿提供营养丰富、健康的饮食；

④注意幼儿的体态，帮助他们积极参加体育锻炼；

⑤为幼儿营造温暖轻松的心理环境，注重心理健康。

(2)发展幼儿的基本动作。

幼儿的基本动作包括走、跑、跳、攀、钻、爬、平衡、投掷等，教师应根据幼儿的年龄特点和现阶段水平，通过一定的活动和练习等来发展幼儿的身体平衡及协调能力，发展动作的协调性和灵活性。

(3)培养幼儿基本的生活与卫生习惯。

幼儿的行为习惯是在日常生活中不断练习的过程中养成的，生活习惯的养成虽然重要，却不是教师一味地根据自己的意愿，对幼儿进行机械地训练获取的，而是幼儿与成人在生活的过程中，成人为幼儿树立榜样，必要时传授具体的方法，幼儿在一日生活常规潜移默化中形成的。

(4)使幼儿具备基本的安全知识和自我保护能力。

幼儿缺乏对危险情境的感知和认识，面对危险事物很难迅速做出预判并采取相应的措施，因此教师应适当结合实际生活对幼儿进行必要的安全教育，帮助幼儿了解周围环境中不安全的因素。例如，不远离成人的视线，不接受陌生人提供的食物，不跟随陌生人离开，不攀爬墙体、窗户或者阳台。同时也让幼儿掌握基本的安全知识。例如，认识简单的安全标识、懂得基本的交通常规、具备简单的自救和求救等自我保护能力。

#### 4. 体育的实施

(1)寓体育于日常生活。

幼儿的健康成长离不开卫生、安全的生活环境。一方面，幼儿园应该为幼儿创设安全卫生的物质生活环境，园所设置在远离污染区和危险区的安全区域内，各班的规模应有利于幼儿的身心健康，园内设备要符合幼儿的发展特点，如幼儿园每班的人数一般为：小班 25 人，中班 30 人，大班 35 人，混合班 30 人。班内的桌椅和盥洗设施要符合幼儿的身高特点，应该为幼儿提供卫生合理的食物保证其合理膳食，培养其养成良好的生活行为习惯；同时幼儿园应该建立完善的卫生保健制度、饮食制度等，定期为幼儿进行健康状况评估。另一方面，幼儿园应当尊重幼儿，接受差异，为幼儿创设安全、温馨的心理生活环境，关注幼儿的心理健康，使幼儿保持积极的情绪状态。

(2)寓体育于教育活动。

体育活动是对幼儿进行体育的有效途径。教师根据幼儿的发展水平设定活动目标，此时的体育活动具有一定目的性和计划性，希望幼儿在活动结束后掌握一定的动作或达到预期的水平，例如体操的学习，教师应对动作和规则进行简短、精准的讲解。活动过程中教师要对幼儿的状态(脉搏、出汗量、面色等)仔细观察，把握好运动量，以提高幼儿的体质为原则，防止将活动过于技能化和功利化。

**案 例**

教师设计了“小袋鼠跳跳跳”的游戏引入教学活动中，来引导幼儿用跳袋练习双脚跳，发展幼儿的跳跃能力和体能。在玩耍的过程中，教师发现跳了几个来回的珠珠脸色通红、呼吸急促，因此安排珠珠停止运动，到旁边先休息一会儿，待呼吸恢复正常后，再加入游戏中。

(3)寓体育于游戏。

教师可以将游戏与体育活动相结合，创编一些有趣的体育游戏，也可让幼儿自由在户外活动，充分利用阳光、水等自然环境和各类体育器材创造性地进行游戏，来锻炼幼儿的肌体，增强身体对环境的适应能力，每日幼儿户外体育活动时间不得少于1小时，在游戏过程中，教师应根据幼儿的年龄特点及游戏的复杂程度，对游戏进展及时调整，保证幼儿对参加体育活动和体育游戏的兴趣。

### (四)美育

#### 1. 美育的概念

什么是美？我们很难给出一个确切的答案，不同时期、不同文化、不同民族、不同地区的人有属于自己的关于美的价值观，有时我们从一幅泼墨山水画中“看”到了美，有时我们从一首古典诗词中“读”到了美，有时我们又从一首动人的曲调中“听”到了美。由此可见，对于美，我们难以有固定的标准，也没有唯一的对象。美育，就是帮助我们发现美、体会美、创造美，让我们在看到一件工艺品时，既能发现它的实用价值，又能找到美的价值。美育，即审美教育的简称，它既属于美学范畴，同时也属于教育学的范畴。美学是美育的理论基础，为美育提供一般的理念和原则，而从教育学领域来说，更多地关注对美的发现和审美能力的培养，因此美育不同于一般的艺术鉴赏，不仅是关于美学知识的获取，也包括对美感的培养，获得审美能力，进而能够表现美、创造美，陶冶人的性情，通过审美教育直接效果的积累，使人内在情感得到感染，在潜移默化的过程中达到精神境界的提高。

幼儿美育是指在幼儿园进行美育活动，使幼儿产生对美的兴趣，培养其美感，发展幼儿审美能力，使幼儿能够发现美、表现美、创造美的教育过程。

#### 2. 美育的意义

(1)对幼儿发展的意义。

18世纪著名的美学家席勒认为：“有促进健康的教育，有促进认识的教育，有促进道德的教育，还有促进鉴赏力和美的教育。这最后一种教育的目的在于，培养我们感性和精神力量的整体达到尽可能和谐。”①具体地讲，就是通过美育使人的精神状态趋于完善和丰富，美育拥有异于其他教育形式的独特价值，它的最终目的是人性的完整。

---

① 王道俊、郭文安：《教育学》，342页，北京，人民教育出版社，2009。

美有各种各样的形式，有自然之美、艺术之美、社会之美等，形形色色的美给人一种“乱花渐欲迷人眼”的感觉，美育首先使幼儿获得对美的感受能力，教师通过启迪、引导来使幼儿有美的体验，每个幼儿都是小小艺术家，最开始可能只是简单地涂鸦、随心所欲地对颜色的渲染或者跟随节奏无意识地扭动，通过教师有目的地培养，这种禀赋能够被发展起来，使幼儿获得创造美的能力。美育还能够使人获得精神世界的满足，使每个人都能够以发现美的心态生活，和自然、社会和谐相处，在真、善、美的引导下去追求美，获得心灵的满足，从而“诗意地栖息”。美育不仅激发了幼儿对于艺术美的领悟，也使幼儿懂得了自然之美和社会之美，以乐观向上的心态面对一切，是“自我”境界的升华，科学教育和艺术教育的紧密结合，为幼儿的全面发展奠定了坚实的基础。

（2）对其他各育的意义。

体育之实施，使人有强健之体魄，“德育之中心，不外乎意志，使人人有适当之行为”，“计较厉害，考察因果，以冷静之头判断之，乃智育之助”，而美学之理论，陶冶人的感情，令人“不顾祸福，不计生死，使人以热烈之情感奔赴之”。美育不是为了美而美，而是人全面发展过程不可缺少的一部分，使人拥有丰富的情感，探索的欲望，对于“美”的体验是幼儿进行各项活动的无形催化剂，教师既可以在美的欣赏过程中，以情教人，唤醒幼儿的道德情感，也可在美的创造过程中，以理教人，使幼儿获得智力领域的提升……美育对于其他各育都有积极的影响。

### 3. 美育的内容

（1）培养人的审美情感。

美能够深入人的灵魂、触动人的情感。培养幼儿对美的事物的兴趣和爱好是幼儿美育的重要内容。幼儿期的情绪、情感是极其容易被感染和激发的，好奇心使他们对美的事物有积极的探索兴趣，美的事物有声音、有色彩、有魅力，容易引发幼儿的注意使其高兴起来。因此，只需给幼儿提供美的事物，让他们能够理解美的形式和包含的美的意义，就能激发他们的情感体验，让他们从直觉开始，产生最初的审美情感，并能将此情感一直贯穿于他们整个的审美活动。

（2）培养幼儿的审美感知[①]。

审美感知是幼儿审美活动的开端和基础。培养幼儿的审美感知就是积极引导幼儿去亲身感受和体验现实生活和周围自然环境中的美，通过感知活动使其对美变得敏感起来，能在平常的事物中、生活中发现美、感受美。

幼儿审美感知的发展是与其一般感知觉和认知的发展相伴随的，从无意识地对美的东西的注意到模仿周围成人对美的感受，直到自觉地认识美、欣赏美、表现美。幼儿的审美感知具有表面性，如他们容易接受表面的简单的形式美，喜爱鲜明、艳丽的颜色，不注重色彩的协调等；幼儿的审美感知还带有行动性，常常直接以动作、

---

① 李季湄：《幼儿教育系基础》，78页，北京，北京师范大学出版社，1999。

表情、语言和活动等方式表现对美的感受、理解、态度，如对美的东西总喜欢动手摸一摸、看一看、听一听、闻一闻等。因此，应当多组织各种活动，让幼儿有机会发展感觉器官和基本的认识能力，同时充分利用自己的各种感官去感知美，发展对美的丰富感受性。

(3)培养幼儿初步的表现美、创造美的能力。

在培养幼儿审美情感和审美感知的基础上，就可以进一步来培养幼儿初步的表现美和创造美的能力。第一，可以培养幼儿在日常生活中通过自己的言行举止和行为习惯来表现美，如通过简单大方的穿着、礼貌的行为、文明的语言、合理的行为习惯来表现美。第二，使幼儿具备初步的绘画、音乐、舞蹈等艺术技能，利用艺术手段来表现美和创造美。幼儿表现美的核心是幼儿的想象和创造，即幼儿以自己的方式，带着自己的特点，表现自己对美的独特体验和理解，创造出新的形象、新的想法。在自由、愉悦的学习氛围中，幼儿可以通过绘画、唱歌、舞蹈、语言等丰富多彩的活动来积累经验，从而进行想象和创造。因此，营建一个宽松的气氛、开放性的环境让幼儿能自由地想象、创造，同时提供足够、丰富的材料，即丰富的物质环境，为幼儿创设能充分显示自己创造能力的机会和条件等，都是美育的重要内容。

#### 4. 美育的实施

(1)寓美育于日常生活。

现实之美是幼儿最容易感知的，因此日常生活是向幼儿进行美育的绝好时机。教师可以将审美教育和幼儿的一日生活结合在一起，引导幼儿认识和体验生活中简单的美，如使幼儿发现与人交往中的语言美、行为美，在与教师共创教室的过程中体会到环境美，进餐时感受到食物之美，以此来激发他们表现美和创造美的志趣。同时教师应多创造幼儿与自然和社会相处的机会，通过对自然环境的观赏，体会日月星空、江河湖泊、山川树木，体会大自然的鬼斧神工，通过对古往今来人文景观，高楼建筑，复杂蜿蜒的铁路、立交桥等的观察，体会人类社会的匠心独具。幼儿拥有了一双善于发现美的眼睛，才会对生活充满热情，发现生活中处处存在美。

(2)寓美育于艺术活动。

艺术活动是实施美育的主要途径，通过专门的艺术活动让每个幼儿都受到艺术之美的熏陶，学会用艺术的形式来表现日常生活中的美。教师在组织艺术活动时应针对不同幼儿的特点和需要，提供丰富的材料，比如日常废旧材料和专业艺术工具，幼儿可以根据需要选择，在不同的艺术活动中，幼儿的能力不断发展起来，教师应将主动权教给幼儿，支持幼儿富有个性和想象力的表达，保证每个幼儿都能主动参与，精心创作，大胆展示，避免过分强调知识和技能。

(3)寓美育于游戏。

游戏是幼儿将艺术之美体现于现实的主要形式，很多无法用日常生活表达的美都可以在游戏中体现。在游戏中，幼儿可以按照自身对于美的要求来布置环境，安排游戏情节，用语言和行为等来表达自己的美。游戏为幼儿提供了创造美和表现美的机会，无形中提升了幼儿的审美能力。

德育、智育、体育、美育都是幼儿全面发展的重要组成部分，强健的体魄是幼儿一切发展的基础，幼儿园的首要任务就是保证幼儿身心健康的成长，德、智、体、美四育互相牵制，又相互促进，任何一方面的偏废都将有碍其他方面的发展，它们是独立的四个领域，却又有机地联系在一起，共同促进了幼儿的身心发展，使之成为一个完整的人。

拓展阅读

### 人生的“水泥期”

向粉末状的水泥中加入水后，人们就可以按照自己的需求来改变水泥的形状，当水泥渐渐凝固，想再改变就难了。心理学将3～12岁这个阶段称为“水泥期”，3～6岁是“潮湿的水泥期”，这是孩子性格塑造的重要时期，有数据表明，孩子85%～95%的性格在该阶段形成，此时孩子的性格处于起步阶段，可塑性非常强。因此，在这一时期，成人的引导和外界环境的影响就显得十分重要。

如果你有一个处于这一阶段的孩子，可能经常会为他们的行为发怒，他们会动不动就大发脾气、哭闹、摔东西等，而你能做的要么是妥协，要么就是用家长的权威制止他们的任性，结果孩子可能由于你的纵容变得更加任性，或者在你的严厉制止下变得胆怯、内向。

此外，这一时期孩子们的害羞也是家长经常担忧的问题，不少家长反映，自己的孩子在家里挺能说，也就认为孩子的性格是外向型的，没想到只要带他们出门孩子就躲在自己的身后，别人跟他打招呼也十分腼腆。这种现象在3～6岁的孩子中十分常见，他们常常就会形成“我做不到”“我不行”等观点，如果这些观点根深蒂固，就会影响孩子今后的性格发展，他们害怕出错，害怕挑战，在面对挫折时可能会一蹶不振，倾向于变得内向。所以，家长要关注孩子性格的形成和发展，在平时的生活中要给孩子适当的鼓励，多与他们交流和沟通。无论是家长或教师，都要密切关注孩子性格的形成和发展，为他们创造良好的环境，引导他们掌握必要的交际技巧和应对挫折的方法，以免在“水泥凝固”时留下遗憾。

# 第三节 幼儿园保育与教育的原则

## 引导案例

源源是个聪明、调皮、要强的孩子，他善于交流而且情绪敏感。最近，源源的脾气突然变得很暴躁，经常将玩具突然扔到地上，眼睛还恶狠狠地看着其他人。M老师很担心他，因此找他聊一聊，希望能了解他产生变化的原因。

M老师："源源，你最近发生了什么不开心的事情吗？"

源源："嗯。"

M老师："发生了什么？你为什么不开心？"源源似乎有些难受，不做声。

M老师："是家里有什么事情吗？"

源源："吵架。"

M老师："谁吵架了？是爸爸妈妈吵架了，还是爸爸妈妈批评你了呢？"

源源："爸爸妈妈吵架，声音还特别大，我很害怕。"

M老师终于找到了源源产生变化的原因，她抱了抱源源，轻声说道："爸爸妈妈吵架可能是因为意见不同，产生了分歧，这件事是他们的处理方式不对，源源可不能因此乱扔玩具。"

源源掩饰道："我是不小心的。"

M老师："老师知道了，那以后小心一点，不然玩具总摔到地上，别的小朋友就没有办法继续玩了。以后有什么事情可以找老师说说，老师会帮你的，说完之后心情也会变好。"

针对这件事情，M老师进行了思考，还在班级里设立了"悄悄话"区角，便于老师与孩子，孩子与孩子之间互相谈心。同时允许孩子在娃娃家里进行生活情境再现，帮助幼儿来应对生活中的突发事件……

**思考：** M老师发现源源变化后的做法遵循了教育的哪些原则？除此之外，作为一名幼教工作者，还需要遵循哪些原则呢？

幼儿园保育与教育的原则是幼儿园在进行保教工作时必须遵守的基本要求。保教原则阐述了我国幼儿园保教目标的基本要求，同时结合了幼儿的天性和身心发展特点及特殊性，应该贯彻于幼儿工作的各个方面，使其在保教过程中真正发挥引领、激励和规范作用。

幼儿教育作为我国基础教育的重要组成部分，不仅要遵循我国教育的一般原则，更因为幼儿发展还未完善，教育过程和保育过程融为一体，因此也具有区别于其他教育的特殊原则。

## 一、教育的一般原则

### (一)尊重幼儿人格尊严，保障其基本权利的原则

幼儿既是一个自然人，又是社会的一员。教师在对幼儿进行教育的过程中要明确他们首先是一个人，享有社会人应有的权利。

#### 1. 尊重幼儿的人格尊严

幼儿和我们同样都是社会的成员，和成人之间是平等关系，我们不能因为幼儿的年龄小就将其视为成人的所有物、附属品，要坚决杜绝对幼儿盲目指责和随意谩骂、羞辱的行为，更不能将幼儿视为玩物或者脑袋空空的小可爱来摆弄。教师要将幼儿视为值得尊重的人，为幼儿创造一个温馨的环境，尊重幼儿的想法、兴趣爱好，在不违反社会规范和道德的情况下，教师应尊重幼儿的行为，让幼儿在和平、宽容、自由、平等和团结的精神环境下成长。

#### 2. 保障幼儿的基本权利

《儿童权利公约》赋予了幼儿四项基本权利：生存权、受保护权、发展权和参与权。每一个幼儿都享有生存、学习、发展的基本权利，有权获得全面学习和发展的机会，同样有参与符合自己年龄的家庭、社会等事务的权利，他们是社会个体，是有积极主动权利的主体，拥有发表意见和参与活动的权利。国家也制定了《宪法》《刑法》《教育法》《义务教育法》《未成年人保护法》《母婴保健法》等一系列保障幼儿生存、学习和发展的法律法规，形成了完备的法律体系。或许他们还不能仅靠自身的力量来实现自己的权利，但是成人应该保障幼儿的权利能够实现。

### (二)发展适宜性原则

幼儿教育是为了促进每一个孩子都能在现有的基础上获得最大程度的发展，因此教师进行教学的内容既要适合幼儿已有的发展水平，又要有一定的难度，让他们“蹦一蹦”来获得，以便有效促进幼儿的身心发展。

#### 1. 教学应符合幼儿的最近发展区

维果茨基认为幼儿天生具有某种能力，如感知觉、形象记忆等这些低级心理机能，而在与成人和同伴的交往中，这些低级心理机能可以发展成为高级心理机能，如能够将不随意注意发展为随意注意、建立起抽象思维等。从高级心理机能理论出发，他提出了“最近发展区”理论，这个“区域”就是幼儿现有可独立解决问题的水平和经过帮助可达到的潜在发展水平之间的距离。儿童拥有可发展的潜能，因此教师应找准幼儿的“最近发展区”，充分了解他们已有的能力和水平，提出“略高于”他们水平的教学要求，既要防止教学内容过于简单抑制了幼儿学习的积极性，又要谨防内容过高，超越了他们可以理解和接受的程度。

#### 2. 考虑时代的发展特点

随着科技的迅猛发展，我们的生活也增加了广播、电视、手机、电脑这些高科

技产品，幼儿获得信息的手段和来源也越发丰富，这些大众传媒保留了生活的原型，却又不受现实生活所限制，给予了幼儿强烈的感官刺激，内容具有变幻性，幼儿可以获得更加丰富但也难以控制的信息。教师要考虑当今时代的发展特点，适当改变教学环境和形式，调整给予学生的信息量和难度，防止幼儿沉溺于模拟世界，而远离了现实世界的美好。

#### 3. 注意文化的适宜性

幼儿生长于不同的家庭，背景也不尽相同，导致了可能存在文化和家庭差异，教师应持开放的态度，尊重文化差异，尊重家长们的育儿意见。有的家庭更为关注培养孩子的集体意识，注重合作性，不赞同孩子过于独立化；有的家长却重视独立自主的能力，不希望孩子太过依赖于其他人，其实这些理念并不矛盾，相信每个家庭都希望孩子拥有和谐的人际关系和自主的能力，只是程度不一。作为一名幼教工作者，不应该忽视这种差异，但也不能盲目地附和家长们的理念，要多与家长们沟通，齐心协力促进幼儿的健康发展。

### (三)科学性、思想性统一的原则

科学性和思想性统一原则是实施素质教育的要求，体现了我国教学精神文明和物质文明相结合的要求。幼儿教育具有启蒙性，为人的一生发展打基础，所以幼儿教育必须保证具有科学性和思想性。

#### 1. 保证教学的科学性

教学内容的选择应该是科学无误、具有教育意义的，对于幼儿有引领作用，要注意各学科领域之间的联系，结合幼儿的年龄特征和认识发展规律选择教学内容，组织形式多样的教育活动，防止将片面或错误的知识、行为和事例传递给幼儿，造成幼儿的思想混乱。教师也要谨防片面追求教学的趣味性而影响了教学的科学性。

#### 2. 发掘教学的思想性

幼儿的教学内容应具有一定思想深度，注意培养幼儿热爱祖国、热爱家乡、热爱劳动等情感，在教学过程中要发掘教学内容内在的思想性，结合社会特点和日常生活对幼儿进行思想教育。

### (四)使幼儿全面发展的原则

个体素质的全面发展是塑造各类人才的基础，实施全面发展的教育是造就“完整的人”的重要手段。幼儿教育旨在促进幼儿德、智、体、美全面发展，同时各个方面的发展也是知、情、意、行的整体发展，不忽视和偏重于任何一个方面。

### (五)“面向全体”和“因材施教”统一的原则

面向全体幼儿是实施教育目标的立足点，我们不能将其和因材施教对立起来，在关注全体幼儿的同时，也要注意不同幼儿之间的个体差异，每个幼儿都是个性与共性的统一，所以教学也要将“面向全体”和“个体差异”统一起来。

### 1. 关注全体幼儿的发展

教育要关注全体幼儿，使每一个孩子都得到发展。这种平等是一种相对平等，并不是指教师关注每个孩子的时间相同，而是保证每一个孩子都有同等的受教育机会，在保教过程中，对于发展较快的幼儿，教师投入的时间相对短，对于发展缓慢的幼儿教师要投入相对多的时间。

### 2. 促进幼儿个性的发展

因材施教是指关注个体的发展特点，注重个体差异，促进每个幼儿最佳发展。每个幼儿的先天素质、所处环境不同，身心发展特点自然也各有不同，如有的孩子喜欢教师用活泼、抑扬顿挫的语调讲话，而有的孩子听到尖锐的语调就会紧张烦躁；有的孩子对手工课很感兴趣，有的孩子却在手工课上很消沉，因此教师要“区别对待”，针对幼儿自身的特点进行教学，发扬其长处，激发学习兴趣，弥补不足，促进其个性发展，最终达到全面发展。

## (六)教育资源协调一致的原则

幼儿的身心发展需要协调一致，只有当不同环境因素都达到一致的标准，才能形成教育合力，家庭和社区都应当遵照教育目的总要求，相互配合，共同促进幼儿的健康发展。

### 1. 家园共育

家庭是幼儿长期生活的地方，俗话说“父母是孩子的第一任老师”，由此可见家庭的影响对幼儿尤为重要。同时幼儿园也是一所“家长学校”，让家长获得科学的育儿知识，成为合格的家长。最后，家长是幼儿园工作的支持者和协助者，幼儿园应主动与家长沟通合作，使家长了解幼儿园的工作和幼儿成长的变化，吸收家长的育儿建议，创设家园统一的良好教育环境，共同完成教育幼儿的重任。

### 2. 幼儿园与社区

社区的参与能够让幼儿园的教育更富有时代的气息，更加贴近于生活。有了社区的支持，可以打开幼儿园封闭的环境，使幼儿能够真正融入小社会中。幼儿园应加强与社区的联系和合作，向社区宣传科学的育儿知识，争取社区的支持，让幼儿深入到社区环境中，参观社会各种机构、共同建设社区环境等，更好地发挥社会资源的作用。社区也应尽最大努力为幼儿的成长营造一个良好的社会环境。

**案例**

午睡时间，一名幼儿花了很长时间仍然没有睡着，教师发现了之后轻声对他讲：“那你轻轻地起床，到活动区角自己活动好吗？不过，你要轻轻地，不要影响到其他小朋友午睡哦。”

你同意这位教师的做法吗？

## 二、幼儿园保育和教育的特殊原则

### (一)保教合一的原则

要保证在这特定年龄阶段的幼儿全面发展，必须坚持保教合一，即教中有保，保中有教，并将其渗透到幼儿园的一日生活和各项活动中。

#### 1. 保教结合是幼儿全面发展的必要前提

良好的保育帮助幼儿拥有健康的体魄、强健的体质，促进身心健康的发展；教育使幼儿打下德、智、体、美全面发展的基础。如果只强调保育，或许使幼儿只获得了“野蛮的身体”，那么幼儿园就失去了它实施基础教育的意义，如果仅仅强调教育，就忽视了幼儿身心发展的特点，难以保证幼儿和谐的发展。只有将保育和教育结合起来，合二为一，才能既保证了幼儿的身体发展，赋予幼儿成长的力量，又丰富了幼儿的精神世界，为成为完整的人奠定了基础。

#### 2. 保教合一，相互融合

保育和教育是幼儿园工作的两方面，幼儿仍处于生长发育的特殊阶段，造就了保育和教育难以割离、互相渗透的状态，我们既不能忽视了幼儿的健康去成就教育，也不能只为了健康而不对幼儿进行教育，两者应互相渗透，共同作用，帮助幼儿度过可塑的“水泥期”。

### (二)以游戏为基本活动的原则

陈鹤琴说过：“游戏是儿童的心理特征，游戏是儿童的工作，游戏是儿童的生命。”①游戏是幼儿阶段满足生存需要外占时间最多的活动，对幼儿的生活和成长有重要影响，游戏也是幼儿喜爱的、主动进行的活动，有其他活动所不能替代的独特价值。因此，幼儿园应当以游戏为基本活动形式。

#### 1. 游戏是幼儿学习的途径

游戏是幼儿生活的基本活动，在游戏中，可以满足幼儿通过直接经验学习的需求，他们能够主动地探索环境，积极地与人交往，将自己的经验体现于游戏之中。如体育游戏可以发展幼儿的基本动作、加深其对规则的理解、体验合作的乐趣等，游戏不仅满足了幼儿的生理需求，更加满足了幼儿的精神需求。游戏和幼儿就像分不开的朋友，哪里有幼儿，哪里就有游戏，游戏就是幼儿生活和学习的主要方式。教师可以将游戏作为一日活动的主要内容，充分利用游戏的手段组织各类活动，在游戏中巩固幼儿已有的知识和技能，加深情感体验。教师也应抓住幼儿自由游戏的过程，作为参与者、旁观者去指导幼儿游戏，引导幼儿在游戏中解决问题，相互分享经验。

#### 2. 为幼儿创造游戏的环境

游戏能够促进幼儿身心发展和主体性发展，支持游戏也就是保障了幼儿的游戏

---

① 杨莉君：《学前教育政策法规概论》，63页，长沙，湖南师范大学出版社，2008。

权和发展权，为了使幼儿能够在游戏中愉悦地学习，教师应为幼儿营造良好的游戏环境。一方面，教师要根据幼儿的年龄特点提供丰富的玩具和材料，在一日生活流程中为幼儿安排可以游戏的时间，并且提供场地让幼儿能够开展游戏。另一方面，教师要给予幼儿一个可以自主游戏的环境，让幼儿在精心设计的环境中，自由选择玩伴、设计游戏情节、创造性地使用各种材料，在玩耍的过程中自主地发展语言能力、思维能力、肢体协调能力等，让幼儿成为游戏的主人。

案 例

中班区域活动开始了，教师让幼儿们根据自己的喜好进入各区角进行游戏，但是没有一个幼儿进入创意区，于是教师对着幼儿们说道："创意区没有人愿意去玩吗?"没有幼儿回答，于是教师又喊道："没有人去吗？谁愿意主动去玩纸箱?"这时，有一个小朋友回答那我去吧，后来又有几个小朋友响应。可是游戏没一会儿就结束了，小朋友们却在创意区里无所事事，此时教师介入向幼儿分配了角色，并分派了角色任务。但幼儿们却偷偷地讲一点儿也不好玩。

**思考：**教师是否遵循了以游戏为基本活动的原则?

### (三)活动的多样性和直观性原则

活动是幼儿园创造性开展工作的过程，在日常生活、游戏和各类活动中，幼儿获得直接经验，并以此为基础学习，教师要珍视活动的价值，创设丰富的教育环境，合理安排活动，支持和满足幼儿直接感知、操作和体验的需要。

#### 1. 活动的多样性

幼儿园活动的形式一般有日常生活活动、游戏、专门教育活动、自由活动、亲子活动等，教师要根据幼儿的心理状态、发展需要、学习和活动特点，以集体、小组或个人等多样的组织形式帮助幼儿开展多种多样的活动，而游戏活动贯穿于所有活动中。各种活动形式都有其作用，防止只注重某种活动形式，有的幼儿园对保教目标和任务缺乏全面理解，只注重以集体教学形式进行教育活动，将游戏和学习对立起来，这忽视了幼儿的发展特点，违反了幼儿园保教的基本原则，不利于幼儿的成长。

#### 2. 活动的直观性

从马克思认识论中关于认识的一般发展规律和幼儿认识的特点，我们可以看到，幼儿的发展是从感性认识上升到理性认识，从直接经验到间接经验，从具体形象到抽象思维。幼儿首先通过各种感官的感知来认识周围世界，随即在感知的基础上，逐渐发展思维能力。教师要把握此特性，利用幼儿的各种感官和已有经验，通过直观的手段，丰富幼儿的直接经验，使幼儿获得直观且生动的表象，帮助其理解较为复杂的内容，为理性知识的发展创造条件。在活动中，教师可以逐渐从有实物情节到无实物情节过渡，为幼儿的教学提供真实的物体或模型、图片等，让幼儿可以直接的去摸、去听、去看，再与教师简单的讲解、生动的描述和带有启发性的提问结合起来，引导幼儿深入思考，在帮助他们获得清晰表象的基础上，形成正确的抽象概念。

### (四)一日生活整体性原则

幼儿在园中的生活包括了保育和教育所进行的所有活动，幼儿园要注重各类活动的价值，科学、合理地安排一日生活的构成，发挥一日生活的整体教育功能，教育生活化，生活教育化。

#### 1. 寓教育于生活

幼儿既有生物学的意义，也具有文化的意义，童年期是幼儿生命发展的重要时期，是幼儿连续发展的过程，幼儿应该享受童年生活。但童年期处于未成熟状态，也给了幼儿无限发展的潜能，作为社会的一员，人人负有传递和创造文化的任务，对于幼儿的教育也不可缺少。因此我们强调“教育生活化”“生活教育化”，将教育和幼儿的生活融为一体，教师将富有教育意义的生活纳入课程，以生活的形式对幼儿进行教育，关注日常领域，在日常情境中丰富幼儿的经验，寓教育于一日生活中，将幼儿零散的经验系统化，由内至外地展开教育。

#### 2. 一日活动的整体性

我们上面提到过幼儿活动的各种形式，幼儿园应认识到各类活动的自身价值，无论是幼儿的日常生活，还是专门的教学活动，也不管是集体教学活动还是自由活动，都是幼儿一日生活不可缺少的一部分，是保证完成幼儿保育与教育任务、实现保教目标的途径，幼儿园不能对活动有任何的偏废，应将各类活动统一于一日生活之中，发挥整体功能。

**拓展阅读**

### 孩子的“嫉妒心”

巴尔扎克曾说过：“嫉妒者比任何不幸的人更为痛苦，因为别人的幸福和他自己的不幸，都将使他痛苦万分。”从这句话我们可以体会到，嫉妒心可能会给人带来极大的痛苦。不可否认的是，嫉妒心人皆有之，因此，了解嫉妒心形成的原因和对策对于人的健康成长有重要作用，对于幼儿来说更是如此。

嫉妒是人感情的表现，由体验到自己与别人之间存在的强烈优越差异而引起，这种差异让人感到刺激和失落，从而产生情绪上的不满。嫉妒的心理活动是从婴儿早期的情绪中分化而来，在出生早期，婴儿只要得到了生理上的满足就会表现得很开心，3～4 个月时分化了快乐和苦恼，到 5～6 个月时有发展出了害怕、厌恶、生气等情绪，当孩子 1.5 岁左右时，就有了嫉妒心理。也有研究表明 3 个月大的婴儿已经表现出明显的嫉妒心理了，当自己的妈妈抱着别人家的宝宝时，孩子就会表现得不开心，甚至哭泣，这就是在“吃醋”。

引起幼儿嫉妒心的原因有很多，恐惧感就是其一。他们对感觉会对自身产生威胁的人或事物都可能引发自己的嫉妒心理，害怕新事物的出现会影响到家人对自己的关注或者认同。嫉妒心十分普遍，如果不加以引导很容易出现人格缺陷，因此对于孩子较重的嫉妒心理，家长要及时引导。首先培养孩子的自信心，多对孩子进行鼓励和表扬；其次是不要做不必要的比较，拿别的孩子的优点和自己孩子的缺点比。

嫉妒不一定是坏事，它能使孩子意识到自身存在的缺陷，激励自己向他人学习，但如果嫉妒心过强，就会成为孩子成长路上的绊脚石。

## 本章小结

1. 保教目标的内涵

幼儿园教育作为我国基础教育的一部分，也受到国家教育目的的统一指导，我们所讨论的幼儿园保育与教育目标就是在遵循国家教育目的的基础上，根据幼儿保育和教育的独特性，将国家层面的教育目的具体化制订出来的。由于幼儿园教育的对象具有特殊性，因此幼儿园目标为保育和教育两方面，要求保教并重，促进幼儿德、智、体、美全面发展。

2. 我国幼儿园保育和教育的主要目标

促进幼儿身体正常发育和技能的协调发展，增强体质，促进心理健康，培养良好的生活习惯、卫生习惯和参加体育活动的习惯。

发展幼儿智力，培养正确运用感官和运用语言交往的基本能力，增进对环境的认识，培养有益的兴趣和求知欲望，培养初步的动手探究能力。

萌发幼儿爱祖国、爱家乡、爱集体、爱劳动、爱科学的情感，培养诚实、自信、友爱、勇敢、勤学、好问、爱护公物、克服困难、讲礼貌、守纪律等良好的品德行为和习惯，以及活泼开朗的性格。

培养幼儿初步感受美和表现美的情趣和能力。

3. 我国幼儿园的主要任务

幼儿园的任务是：贯彻国家的教育方针，按照保育与教育相结合的原则，遵循幼儿身心发展特点和规律，实施德、智、体、美全面发展的教育，促进幼儿身心和谐发展。幼儿园同时面向幼儿家长提供科学育儿指导。

4. 幼儿园实施保育和教育过程中需要遵循的原则

首先应该遵循教育的一般原则，包括：尊重幼儿人格尊严，保障其基本权利的原则、发展适宜性原则、科学性、思想性统一的原则、使幼儿全面发展的原则、“面向全体”和“因材施教”统一原则、教育协调一致的原则。其次还需遵循幼儿保教的特殊原则：保教合一的原则、以游戏为基本活动的原则、活动的多样性和直观性原则、一日生活整体性原则。

## 本章检测

1. 思考题

(1)幼儿园的主要任务是什么？怎样实现幼儿的全面发展？

(2)结合实际谈谈怎样实现幼儿的全面发展。

(3)有人主张用“国学”为幼儿启蒙，“半岁听《论语》，一岁念《三字经》，三岁背《唐诗三百首》”，你怎么看？

(4)梓梓的父母向幼儿园请假，让她去上幼升小冲刺班，如果你是孩子的老师，你会怎么劝她的父母？

2. 实践应用题

记录某个幼儿园贯彻保教原则的实例，与同学讨论交流。

# 第四章　教师、保育员与幼儿

## 学习目标

• 把握幼儿园教师与保育员的基本职业要求，懂得该从哪些方面做好入职准备。

• 了解幼儿园教师与保育员的职责与角色定位，明白各自的工作侧重点。

• 知道如何做好一名幼儿园教师或保育员。

• 理解幼儿与教师、保育员之间的相互关系，知道如何促进幼儿与教师、保育员之间产生良性互动。

• 运用学前教育的一般原理，能反思幼儿教师、保育员专业成长中的一些基本问题，在教育实践中，能建立幼儿、教师、保育员的良好关系。

## 本章导读

在幼儿园教育系统中，构成幼儿园教育活动最基本的、必不可少的要素主要有两大方面：一是人的基本要素；二是物的基本要素。前者主要包括幼儿园教育的教育者与被教育者，即教师、保育员和幼儿；后者主要指幼儿园教育的物质环境和条件。幼儿园教育活动的展开，究其本质而言，可以说正是通过各要素间复杂的相互作用而实现的。在保教工作中，教师、保育员与幼儿是最重要的、最关键的人的要素，保教活动也主要围绕教师、保育员与幼儿展开，通过三者的相互作用来进行。因此，明确教育基本理论中这三者的基本观点和论述，是开展科学保教工作的前提。本章将主要探讨这些问题。

# 第一节 幼儿园教师

**引导案例▶**

小敏是一名即将毕业的学前教育专业学生，正在一家幼儿园实习。虽在读书期间掌握了幼儿教育相关的专业理论知识，但面对幼儿，在真实的教育情境中，小敏有些不知所措，比如不知道自己在班上该做些什么、该如何开展活动、与幼儿进行交流等，觉得理论与实践有一定差距。经过一段时间的实习，她开始觉得幼儿教师这个工作很辛苦，工作也烦琐，有时候像一个“保姆”，专业水平也不用太高，对孩子有耐心、爱心就差不多了。于是对学前教育这个专业产生了一些困惑，幼儿园教师真的是专业的教师吗？作为一名准幼儿教师应该具备哪些基本素养？保教工作该如何开展？专业发展之路该如何走？本节将围绕小敏的这些困惑展开探论。

## 一、幼儿园教师的专业要求

一位学前教育专业的新生有点难过地谈起，在和亲戚交流时说到学前教育专业，对方颇有不屑地说，这专业你还用专门学吗？我生过孩子，也带大了孩子，也可以去做幼儿园教师了。很多人认为这个职业技术含量不高，就是带着孩子唱唱跳跳、认几个字、算几个数，不需要多么高深的理论知识，有过带孩经验、脾气性格比较温和、喜欢孩子就可以去做了，事实真的是这样吗？

有些立志要做幼儿教师的学生可能也是抱着这种看法步入这个专业的，他们周围的一些幼儿园也有大量这样的教师存在。但随着学习的深入，特别是通过实习中与幼儿的实际接触，才逐渐认识到与幼儿建立良性互动并不是一件容易的事情，也开始对幼儿及幼儿教师有了更深层次的理解，也开始逐渐认识到，要成为新时代有理想信念、有道德情操、有扎实学识、有仁爱之心的“四有”好老师，将来能够培养好中国特色社会主义事业建设者和接班人，是一项系统的学习工程，需要从以下几个方面努力。

### (一)幼儿园教师的师德要求

习近平总书记强调广大教师要“以德立身、以德立学、以德施教”。围绕立德树人根本任务，做幼儿教师首要的要求是热爱这个职业，热爱幼儿，并以献身于幼儿教育作为自己的职业理想；为人师表，了解并理解孩子，对孩子有责任感，对教育有使命感。人格特质也很重要，如富有爱心、耐心和细心；乐观向上、热情开朗，有亲和力；善于自我调节情绪，保持平和心态等。

以上是关于师德方面的要求，根据2012年教育部正式颁布的《幼儿园教师专业标准(试行)》(以下简称《专业标准》),要成为一名合格的幼儿园教师,还要具备幼儿园教师的专业知识与专业能力,接下来让我们一一了解,请同学们逐条检视自己,还有哪些不足,该从哪些方面努力。

### (二)幼儿园教师的专业知识

教师的专业知识是胜任教育教学工作所必须具备的知识,是被教育实践证明了的、真实准确的、可以指导教育教学实践中的问题的经验。[①] 专业知识既是教师专业素养的重要组成部分,也是教师专业发展的核心内容。由于知识的复杂性,关于教师的专业知识,不同的学者常常有不同的看法,但综合起来可以认为教学内容知识、教学方法知识、关于学生的知识、一般文化知识等是教师专业知识的基本要素。幼儿园教师作为教师队伍的重要组成部分,同样需要具备一定专业知识作为开展教育教学活动的基础和保障。在《专业标准》中,幼儿园教师的专业知识由幼儿发展知识、幼儿保育与教育知识和通识性知识三部分组成。

#### 1. 幼儿发展知识

幼儿园教师应全面深入地了解和掌握幼儿发展的知识,这是开展教育教学的基础和前提,也是在教育过程中保护幼儿身心健康、保障幼儿合法权益、促进幼儿健康成长的基本保障。按照《专业标准》的要求,幼儿园教师必须具备的幼儿发展知识可以归纳为四个方面:幼儿身心发展的一般规律、发展的年龄特征与个体差异、发展中常见问题和有关儿童生存发展权利的法律法规。[②]

#### 2. 幼儿保育和教育知识

即幼儿教育基本原理的知识,涉及幼儿园教育的目标与内容、途径与方法策略等基本知识。《专业标准》中教师必备的幼儿保育和教育知识涉及五方面的内容:幼儿园教育的目标、任务和基本原则;幼儿教育的内容、途径与方法;幼儿卫生保健与安全;了解幼儿学习与发展的基本方法;幼儿园与其他阶段的教育衔接。[③]

#### 3. 通识性知识

对于其他阶段的教师来说,通识性知识是指除所教学科之外、用于提升整体素质的知识。但对于幼儿园教师来说,它既是孕育教师文化素养和教育素养的"土壤",也是教师必备的教学内容知识。因此,通识性知识对幼儿园教师更为重要。在《专业标准》中幼儿园教师应掌握的通识性知识主要包括:具有一定的自然科学和人文社会科学知识;了解中国教育基本情况;具有相应的艺术欣赏与表现知识;具有一定的现代信息技术知识。

### (三)幼儿园教师的专业能力

幼儿园教师的专业能力是其专业化发展在教育实践中的集中体现,是一般能力

① 教育部教师工作司:《〈幼儿园教师专业标准(试行)〉解读》,81页,北京师范大学出版社,2013。
② 同上书,87页。
③ 同上书,91页。

的合理整合和特殊发展，是在系统的学前教育专业知识学习的基础上，在幼儿园保教实践中发展起来的、反映幼儿园教师职业活动要求的能力体系。① 与其他学段的教师相比，幼儿园教师的能力体系有一定的特殊性，表现在其不仅需具备教育幼儿的能力，还要具有保育能力及保教结合的综合能力，是全方位、多方面、具有综合性的。幼儿园教师应具备环境创设与利用、一日生活的组织与保育、游戏活动的支持与引导、教育活动的计划与实施、激励与评价、沟通与合作、反思与发展七大方面的能力。

**1. 环境的创设与利用能力**

《专业标准》中环境的创设与利用能力所涉及的范畴主要是指幼儿园教师工作的班级环境。② 包括精神环境和物质环境两个方面的内容，具体要求是：建立良好的师幼关系，帮助幼儿建立良好的同伴关系，让幼儿感到温暖和愉悦；建立班级秩序与规则，营造良好的班级氛围，让幼儿感受到安全、舒适；创设有助于促进幼儿成长、学习、游戏的教育环境；合理利用资源，为幼儿提供和制作适合的玩教具和学习材料，引发和支持幼儿的主动活动。

**2. 一日生活的组织与保育能力**

高质量的幼儿园教育需要科学合理地组织幼儿的一日生活，给予幼儿良好的生活照料，充分体现保教结合。具体要求为：合理安排和组织一日生活的各个环节，将教育灵活地渗透到一日生活中；科学照料幼儿日常生活，指导和协助保育员做好班级常规保育和卫生工作；充分利用各种教育契机，对幼儿进行随机教育；有效保护幼儿，及时处理幼儿的常见事故，危险情况优先救护幼儿。

**3. 游戏活动的支持与引导能力**

游戏是幼儿的基本活动，是幼儿的生活方式和存在方式。教师支持和引导幼儿游戏的能力是核心专业能力之一③，幼儿园教师应该拥有有效支持和引导幼儿开展游戏活动、提高游戏质量的能力，主要包括以下几个方面的能力：提供符合幼儿兴趣需要、年龄特点和发展目标的游戏条件；充分利用与合理设计游戏活动空间，提供丰富、适宜的游戏材料，支持、引发和促进幼儿的游戏；鼓励幼儿自主选择游戏内容、伙伴和材料，支持幼儿主动地、创造性地开展游戏，充分体验游戏的快乐和满足；引导幼儿在游戏活动中获得身体、认知、语言和社会性等多方面的发展。

**4. 教育活动的计划与实施能力**

《幼儿园教育指导纲要(试行)》指出："幼儿园的教育活动，是教师以多种形式有目的、有计划地引导幼儿生动、活泼、主动活动的教育过程。"专业的幼儿园教师应具有计划和实施充分体现幼儿园教育特点的教育活动的能力，科学地设计和实施幼

---

① 教育部教师工作司：《〈幼儿园教师专业标准(试行)〉解读》，101 页，北京师范大学出版社，2013。

② 同上书，105 页。

③ 同上书，117 页。

儿园教育活动。这种能力主要包括：制定阶段性的教育活动计划和具体活动方案；在教育活动中观察幼儿，根据幼儿的表现和需要，调整活动，给予适宜的指导；在教育活动的设计和实施中体现趣味性、综合性和生活化，灵活运用各种组织形式和适宜的教育方式；提供更多的操作探索、交流合作、表达表现的机会，支持和促进幼儿主动学习。

#### 5. 激励与评价能力

《幼儿园教育指导纲要(试行)》指出："评价的过程是教师运用专业知识审视教育实践，发现、分析、研究、解决问题的过程，也是教师自我成长的重要途径。"幼儿园教师要在教育实践中不断进步，就应该逐步学会有效地运用激励与评价。幼儿园教师激励与评价的能力包括以下几个方面：关注幼儿日常表现，及时发现和赏识每个幼儿的点滴进步，注重激发和保护幼儿的积极性、自信心；有效运用观察、谈话、家园联系、作品分析等多种方法，客观地、全面地了解和评价幼儿；有效运用评价结果，指导下一步教育活动的开展。

#### 6. 沟通与合作能力

幼儿园教育是一个由多方资源组成的网络系统，幼儿园教师就是协调好各方面资源与关系的桥梁和纽带。专业的幼儿园教师应该具备沟通与合作能力，善于与幼儿、同事、幼儿家长、社区相关人员等进行有效的沟通与合作。这种能力包括以下方面：使用符合幼儿年龄特点的语言进行保教工作；善于倾听，和蔼可亲，与幼儿进行有效沟通；与同事合作交流，分享经验和资源，共同发展；与家长进行有效沟通合作，共同促进幼儿发展；协助幼儿园与社区建立合作互助的良好关系。

#### 7. 反思与发展能力

反思与发展的能力包括反思能力和自我发展能力两个方面。教师反思能力即教师在教育过程中将自我与教育活动作为意识对象，不断进行主动思考、评价、探究、调控改进的能力。教师的自我发展能力是指教师根据自身发展的需要，制定和实施适宜的发展规划，实现自身专业发展的能力。① 幼儿园教师的反思与发展能力包括以下方面：主动收集分析相关信息，不断进行反思，改进保教工作；针对保教工作中的现实需要与问题，进行探索和研究；制定专业发展规划，积极参加专业培训，不断提高自身专业素质。

## 二、幼儿园教师的基本角色

刚入职的幼儿园教师，在面对幼儿、家长还有新同事时往往表现得不知所措，不知道自己该扮演什么样的角色，如何处理好与他人的关系。那作为一名幼儿教师，在幼儿园的工作与生活中，该扮演哪些基本角色呢？

---

① 教育部教师工作司：《〈幼儿园教师专业标准(试行)〉解读》，135 页，北京，北京师范大学出版社，2013。

幼儿教师在幼儿园主要面对三类人群——幼儿、家长和同事，在相互作用的过程中形成不同的关系类型。把握好一名幼儿教师该扮演的角色，找准自己的定位，工作才能有的放矢。面对同事，形成工作共同体，共同致力于幼儿园的教学和科研工作；面对家长，代替家长来照顾孩子；面对幼儿时，主要表现为以下角色。

### (一)幼儿学习活动的支持者、合作者和引导者

随着现代儿童观、教育观、发展观的发展与改变，传统的“教师是知识的传递者”角色发生了较大的变化。《幼儿园教育指导纲要(试行)》中规定的教师角色是“幼儿学习活动的支持者、合作者和引导者”。

在幼儿活动中，教师应以幼儿伙伴的角色参与到幼儿的活动中去，同幼儿一起体验并成为“更有能力”的伙伴和活动中真正的一员，成为幼儿活动的支持者。教师要与幼儿一起运用已有的知识经验，通过实际操作获得新的经验，共同促进学习活动的不断延伸，成为活动的合作者。幼儿园教师要善于发现幼儿在一日生活中感兴趣的活动和偶发事件中所隐含的教育价值，把握时机，积极引导，成为引导者的角色。教师成为幼儿学习活动的支持者、合作者，不仅有助于教师更深入地了解儿童的特点，而且能够在活动中随时根据儿童的反馈信息及时调整活动内容和活动形式，激发幼儿思维的积极性，提高幼儿参与的积极性，从而能更好地扮演引导者的角色，更好地了解幼儿当前的学习状况和面临的问题与冲突，进而能找出它们与教育目标之间的联系，通过适时的介入来引导幼儿不断发展。

### (二)幼儿课程的建构者

在课程选择方面，幼儿园因为没有国家硬性的统一要求，也没有统一的教学规定，这就使得幼儿园中选择课程方面拥有较大的自主权。各个幼儿园要根据本地区、本园的实际情况，制定出适合本园特色需求的园本课程。作为课程主要实施者的幼儿园教师，不仅拥有课程的执行权，还拥有课程的决策权和设计权。幼儿园教师应该充分发挥自己的主体性，努力挖掘、寻找课程新的生长点，在借鉴与传承、丰富与创新、渗透与整合的过程中，与儿童一起建构新的课程内容，并不断走向充实和完善。

### (三)幼儿教育资源的整合者

幼儿教育的过程，是充分利用各种资源促进幼儿全面发展的过程。幼儿园教师作为幼儿教育各种关系之间的纽带，承担着整合家庭、幼儿园、社区等多方资源的责任，是幼儿教育资源的整合者。幼儿教育中可利用的教育资源很多，一是幼儿园内的物质环境资源，包括幼儿园的空间、设施、活动材料和常规要求等；二是幼儿园内的精神环境资源，包括幼儿同伴群体、幼儿园教师群体、幼儿园教师的态度与管理方式等；三是儿童的家庭资源；四是社区资源和自然环境资源。幼儿园教师应该树立资源整合意识，综合而充分地将各种教育资源整合到幼儿园教育的过程之中，做好资源整合者的角色。

## 三、幼儿眼中的好老师

一位教师的优秀与否，会因其评价主体的不同而呈现不同的标准与要求。在幼儿眼中，什么样的老师是好老师呢？幼儿是怎样去感觉和评价每一位老师的呢？让我们先来看一个调查。

有研究者调查了北京市某幼儿园大、中、小班 191 名幼儿后发现，小班与中、大班的幼儿对教师的喜爱有一定的差异，而中班与大班幼儿对教师的喜爱差异不明显。小班喜欢面带笑容和穿着整洁漂亮的教师，而中、大班幼儿除了喜欢面带笑容、漂亮的教师之外，还会考虑教师的内在素质，已经能够把漂亮与人内在的素质结合起来了。与中班幼儿相比，大班幼儿更偏向于内在素质。

拓展阅读

### 幼儿眼中好老师标准的调查研究(节选)①

对小班幼儿，研究者准备了五张画：第一张画是教师面带微笑跟幼儿说话；第二张画是教师面无表情地对着幼儿；第三张画是教师眼睛瞪着，用手指着幼儿，正在发怒；第四张画是教师面带笑容，用手抚摸着幼儿；第五张画是教师两手抱在胸前，不理睬幼儿。

结果表明小班幼儿小班喜欢面带笑容和穿着整洁漂亮的老师。选择第一张画和第四张画的人数最多，分别占总人数的 35%和 23%，由此可看出，小班幼儿喜欢面带笑容的教师。在调查中还发现，当问及幼儿为什么选择面无表情、面带怒容和旁观的幼儿时，他们说“她穿的裙子好看”或“她梳着小辫”。可见，小班幼儿在观察图画时较易受形式因素的影响，反映出小班幼儿喜欢穿着整洁漂亮的教师。特别是女孩子对服装、外貌更关注，有 29%的女孩子选择了穿着整洁漂亮而面带怒容的画，只有 14%的男孩子选择了同样的画。

对中、大班孩子，研究者准备的问题是：你喜欢班上哪位老师？为什么？如果幼儿不能具体回答，研究者准备了以下问题：你喜欢老师对你们笑嘻嘻的吗？如果你犯了错误，你希望老师怎么做？如果孩子不能回答，可提示：是希望老师马上在班上批评你？还是悄悄地只跟你一个人说？你们班的老师最喜欢班上哪些小朋友？为什么？你喜欢长得好看的老师吗？

结果表明，教师的外貌是赢得幼儿喜欢的重要条件，当问幼儿：喜欢不喜欢长得好看、漂亮的老师时，中班 88%幼儿持肯定的回答，大班 86%幼儿持肯定的回答。当问及什么样的老师才是漂亮的？有的中班幼儿会回答“梳小辫”“穿裙子”，有的说“把头发披下来的”。中、大班幼儿还开始从内在素质上评价老师，如当问他们喜欢班上哪位老师，为什么喜欢这位老师时，有的幼儿回答：“我喜欢班上的

① 戴莉：《幼儿眼中好老师标准的调查研究》，载《学前教育研究》，2005(11)。

王老师，她对我们好温柔，说话小声，小朋友犯错误了，说一会儿就不说了，她不发脾气。”有的幼儿则回答：“老师教我们画画，她教我们知识。”从研究者对这些教师的观察来看，这些教师并不是像电影演员杂志封面人物那样漂亮，幼儿之所以认为她们漂亮好看，除了她们的确长得可爱之外，还因为她们对幼儿的良好的教育态度和行为。因此，教师良好的教育态度和教育行为是赢得幼儿喜欢的关键因素。

由此，我们认为受幼儿欢迎的教师一般具有这些特征：个性随和、具有亲和力；热情、外向、相处较轻松；情绪稳定而成熟的，易与人相处；具有良好的仪表、仪态；尊重幼儿，教育有方法；有爱心，公平公正地对待每位幼儿；愿意和幼儿做朋友，一起玩游戏。正如一位幼儿园教师在其博客里写的：

要想成为一名受欢迎的幼儿教师，要细心呵护每一个幼儿的自尊心。曾记得意大利教育家蒙台梭利说过“以儿童为中心，视儿童为有别于成人的独立个体”。孩子虽小，但自尊心已经萌芽，并且很脆弱。记得一次午睡过后，我选好动画片给孩子看，就开始整理床铺。整理着，我发现一床被子是湿的。抬头望向正在看电视的孩子们。突然我看到小华怯怯地看向我又忽而低下头，难道是她……整理完床铺，我拿起尿湿的被子走向室外，还没走到门口，就听见平时最调皮的胡楷瑶说：“老师，我知道，小华尿裤子了，尿床了。”话音刚落，又有几个小朋友应和着，所有的孩子看向小华，嘴里还嘟囔着“真臭”，“真没羞，又尿裤子了”，“真难闻”……头埋得更低的小华显得是那么无助。我赶紧走过去，抚弄她的头，面向班内的孩子说：“小华虽然不经意地尿了床，但是她为我们画了一幅好看的画。”孩子们疑惑地看向我。我神秘一笑，打开手中的被子，接着说：“发挥你们的想象，看看，湿的部分像什么？”孩子们非常积极地说“地图”“西瓜”“树叶”“大山”……我赶紧说“小朋友们，你们看得真仔细，真的很像啊，太阳一晒，你们所看到的图像就会消失的，还不快快地行动起来把它画下来呀”。听了我的话，孩子们迅速地行动起来。事后，在小华的眼中我读到了感激与依赖。孩子虽小，但是他们已经有了独立的人格，他们也有被尊重的权利。

要想成为一名受欢迎的幼儿教师，要关心幼儿的点点滴滴。我们每天都要面对缺乏自理能力的幼儿，虽然很辛苦，但是细节工作不能马虎。由于孩子的年龄小，更需要教师多呵护与帮助，更要细心、细致、周到地照顾好孩子们，孩子们哭闹着找爸爸、妈妈时，我就会临时充当一下妈妈，抱抱他们、亲亲他们，鼓励他们要勇敢、坚强。

其实，爱孩子很简单，一个鼓励的眼神，一句贴心的话语，一个灿烂的微笑……都能换取孩子对你的信任与崇拜，都会使你迅速成长起来，成为每一个孩子都喜欢的幼儿教师！只要用心，我们都会成为孩子每一天都喜欢的幼儿教师！

拓展阅读

## 美国3～8岁儿童教育优秀教师专业标准①

美国全国教学专业标准委员会(NBPTS)确定3～8岁儿童教育优秀教师专业标准的哲学基础是五条核心的原则：教师要对学生及其学习负责；教师要精通他们所教的学科，并且知道如何将这些学科知识传授给学生；教师要组织、管理和监督学生的学习；教师要对自己的教育教学实践进行系统的反思，并且能通过实践经验中的学习获得提高；教师要成为学习型组织中的成员。在这五条核心原则的基础上，NBPTS制定了优秀幼儿教师专业标准的具体内容。

**(一)理解儿童**

优秀幼儿教师运用他们关于儿童发展的知识，通过与儿童及其家长的互动，理解儿童是一个独立的个体，并且根据每一个儿童的独特需要和潜能来设计教育教学。

1. 教师拥有儿童发展和儿童学习的有关知识，了解当前关于儿童发展和认知方面的研究成果和相关理论。

2. 教师懂得儿童的一般需要和特殊需要，认识到创建一个有利于儿童发展和学习的物质与精神环境的重要性。

3. 教师熟悉所在社区和家长的文化、历史与价值观，并了解所教的每一个儿童的特点。

4. 教师拥有丰富的班级管理的经验，能根据儿童的兴趣设计课程和进行时间安排。

5. 教师知道何时需要适当地干预或支持、引导儿童的行为。

6. 教师认识到儿童有自我发展的潜力，儿童是在具体经验中建立起对世界的理解，教师的角色就是鼓励儿童自我发展以及给他们提供持续发展的机会。

7. 教师认识到“想象”在儿童成长中的重要性，并且为儿童提供大量的发展想象力的机会。

8. 教师知道儿童的社会性、个性、社会交往、智力等是如何发展的，并能够运用这些知识建立班级秩序，在教学活动及日常生活中与孩子形成良性的互动。

9. 教师意识到语言、文化、家庭和社会价值观等外在因素，以及儿童的特点与天赋等内在因素都会影响儿童的学习。

**(二)公正、公平与多元化**

优秀幼儿教师为所有的儿童创设安全、可靠的学习环境，欣赏和尊重每个儿童的个体差异和独特需要，并且鼓励儿童在人际交往中能够做到公正、公平及互相尊重。

---

① 易凌云：《美国优秀幼儿教师专业标准及其启示》，载《学前教育研究》，2008(10)。

1. 教师致力于理解和满足不同儿童的不同需要，能够根据儿童的不同需要调整教育方案和课程，并且能够关注有特殊需要的儿童。

2. 教师能够促进班级的平等与公平，让每个儿童都拥有平等的学习机会；能够在班级中建立一种公平和相互尊重的氛围，给每个儿童提供有效合作和交流的机会。

3. 教师重视语言和文化的多元性，致力于创建一个学习共同体来促进不同文化背景的儿童的互相交往，以培养儿童的好奇心及对他人和文化的尊重。

4. 教师能够创造一种针对所有儿童的、体现高期望与平等的学习环境，尊重和培养不同儿童组成的文化群体的多元性和丰富性。

**(三)评估**

优秀幼儿教师理解不同的评估方法的优点和不足，知道怎样有效地综合运用这些评估方法对儿童的行为、交往活动等进行系统的观察、监控和记录，并且将他们所获得的信息与儿童、家长及其他专业工作者分享，以共同改善教育的效果。

1. 教师经常在儿童游戏和学习时认真细致地观察儿童，并且使观察、评估儿童成为日常性的工作。

2. 教师运用不同的评价方式和一系列的评价策略评估儿童的发展情况、创造力、解决问题的能力、回答问题的能力、毅力与好奇心，以及与同伴、成人一起活动的能力。

3. 教师鼓励儿童对自己的学习和发展做出评价，培养儿童形成判断与评价自己的活动、他人的工作的能力，并且培养儿童对自己的学习和行为负责的精神。

4. 教师定期对每一个儿童的具体情况进行判断与评价，并据此确定每个儿童的阶段性发展目标，制订符合每个儿童实际状况的发展与学习计划。

5. 教师利用评估的信息改进和提高教学与学习的效果，把评估结果作为决定学习环境、选择学习内容与教学组织形式的重要信息资源。

6. 教师经常把评估的信息反馈给儿童、家长及其他专业工作者，并与他们进行交流。

7. 教师理解有些儿童的发展可能超出期望范围，并且能够用关于特殊儿童的评估方法与理论来对这些儿童进行评估和教育。

**(四)促进儿童的发展与学习**

优秀幼儿教师通过组织与创设有助于儿童发展和学习的环境来促进儿童的知识、技能、道德、个性、社会性等方面的全面发展。

1. 教师能够运用儿童发展与学习的理论来创设一个安全、有爱心、包容和需要智力参与的环境，并营造有利于获得知识、发展感情和形成生活技能的氛围。

2. 教师认识到游戏在儿童认知发展和社会性发展中的核心作用，有意识地给儿童提供各种游戏机会，并为儿童组织各种有积极意义的游戏。

3. 教师认识到早期儿童的学习应建立在实践基础之上，能够提供充裕的时间、丰富的资源、严格的要求以支持儿童建构复杂的思想，理解事物之间的关系，建立事物之间的联系，培养儿童的好奇心、想象力和创造力。

4. 教师尊重每一位儿童，让不同个性的儿童都充满自信。

5. 教师帮助儿童学会理解他们自己及他人的情感，并用健康的方式表达自己的愿望。

6. 教师帮助儿童学会保健、营养、安全知识，并且和保育员、营养师、心理咨询师等一起帮助儿童克服各种困难。

7. 教师培养儿童的学习方法和道德性向，为儿童的学习提供更多的资源和学习机会。

8. 教师知道语言是表达观点和问题的有利工具，儿童正处于语言发展的关键时期，儿童语言技能的习得是儿童发展的基本任务，并且教师懂得语言习得的步骤和阶段，支持儿童的语言习得，尽可能鼓励并促进儿童的语言发展。

9. 教师鼓励儿童发现问题，向周围世界质疑，学会用多种方法解决问题；教师鼓励儿童探究，帮助儿童识别问题，支持他们努力回答这些问题。

**(五)有关综合性课程的知识**

优秀幼儿教师在精通儿童学习理论、学科知识及各种评估理论的基础上，设计并实施紧密结合学科的发展适宜性教学。

1. 教师能够从不同的知识结构和学术概念中综合出新的关于儿童发展的知识与观点。

2. 教师的教育教学实践既不完全是“以儿童为中心”的模式，也不完全是“以学科知识为中心”的模式，而是二者的有机结合。

3. 教师知道儿童是通过在脑海中建构起广泛的联系来学习知识的，因此需要给儿童提供各种综合性的课程。这种综合可以是以一种物质(如植物)为中心加以组织的，也可以是以一个关键的概念(如变化)为中心加以组织的，还可以是以一个本质性的问题(如天气如何影响生物的成长)为中心加以组织的。

4. 教师对核心学科(包括语言和读写、数学、科学、社会、艺术、体育与健康)有广泛的理解，知道每一个学科的核心概念、思想及儿童对每一个学科需要掌握的具体内容，熟悉儿童学习不同学科的典型方法与策略，以及儿童在每一个学科中的初始概念和常见的困难，并能够根据这些理解来计划和综合运用各种经验。

**(六)促进儿童有意义学习的多种教学策略**

优秀幼儿教师通过实施多种多样的实践和提供充足的资源，促进每一个儿童在身心健康、有意义的学习以及社会合作等方面获得发展。

1. 教师能够通过多种渠道收集评估信息并且根据所收集到的评估信息进行教学实践，而不是只根据日常实践中所获得的经验来实施教学。

2. 教师知道早期儿童的学习方式多种多样，因而教师力争提供充足的时间和资源，运用多种技能进行教学，以适应儿童学习的多样性和满足每一个儿童的不同需要。

3. 教师能够通过各种途径帮助儿童发展他们的潜能，如仔细倾听儿童、发展儿童讨论技能、鼓励儿童开始形成问题和假设、让儿童谈论自己的想法和经历过的事情等，这些都可以帮助儿童形成、拓展和提炼他们的观点。

4. 教师认识到教育技术对促进儿童学习的重要性，并且能够适当地运用多种教育技术和教学资源(如计算机、软件技术、网络、录像和其他的新技术)为儿童的学习提供帮助。

5. 教师要坚信所有的孩子都能够通过学习获得相应的发展，并且在日常工作中真正为每一个儿童提供高期望、强有力的支持和投入，帮助儿童获得和体验成功。

6. 教师要把儿童看作独立的个体，懂得每个儿童有不同的学习方法和学习倾向，并且尽力培养儿童做出选择的能力和成为独立学习者的能力。

7. 教师能够敏锐地观察到儿童的互动、行动和提问，并进行积极的回应。

8. 教师能够成功地与特殊儿童相处，并且在必要的时候知道寻求他人的帮助以满足特殊儿童的特殊需要。

**(七)家庭和社区伙伴关系**

优秀幼儿教师和家庭及社区一起支持和促进儿童的学习和发展，三者是合作伙伴关系。

1. 教师要将家长视为教育孩子的合作者，尊重不同的家庭背景、家长的能力和兴趣，采取多种有效的策略鼓励家长参与孩子的教育。

2. 教师要意识到儿童对家庭的依赖性，并且认识到家长对教师所实施的教育实践的肯定与支持对于激发儿童学习的动机及更好地适应幼儿园生活具有重要的作用。

3. 教师能够通过与家长进行坦诚而有效的交流与合作，赢得家长对教学给予更多的支持，并且能够通过倾听、观察从家长那里学到有益于改进教学的各种策略。

4. 教师能够通过各种途径、运用各种形式向家长提供幼儿园课程安排的相关信息及儿童在幼儿园所取得的各方面进步的信息，并且定期邀请家长到幼儿园参观。

5. 教师需要激发家长对儿童教育的兴趣，并且通过各种方式协助家长在家庭中支持儿童的学习与发展。

6. 教师能够和家长、教育专家、社区志愿者等一起进行有效的合作，通过协商解决教育教学及幼儿园管理方面的一系列问题。

**（八）专业合作伙伴**

优秀幼儿教师在专业合作团队中充当领导者与合作者的角色，负责提出活动计划并且引导儿童及其家人进行实践。

1. 教师能够有效地与教育督导人员、实习生、同事、志愿者及其他领域的专业人员共同工作，并且积极寻求最有效的合作方式，以提供优质的早期儿童教育。

2. 教师懂得如何给予和接受他人的帮助、建议、反馈和批评，能够很好地化解与同事、家长和行政人员的冲突，并且能够运用专业知识和道德标准大胆挑战妨碍儿童发展的行为。

3. 教师能够客观公正地评价其他教师的知识、能力，通过各种有效的方式鼓励与促进同事的专业发展，并且支持整个合作团队的发展。

4. 教师能够很好地理解有关儿童发展的政策法规，并且积极参与影响儿童发展的政策的制定与实施。

5. 教师在实践和理论上理解早期儿童的发展规律，有机会时他们能够积极有效地参与决策。

6. 教师需要在儿童早期教育领域有所建树，通过参与专业发展、网络交流、专业化组织、协作等活动，全身心地投入早期儿童的教育中去。

7. 教师在早期儿童教育的合作团队中起着领导者的作用，参与当地社区教育方案的制定，进行课堂研究以发现新知识，参与评估其他教师的专业发展等。

**（九）反思性实践**

优秀幼儿教师定期分析、评估和总结自己的教育教学实践活动，以提高其工作的质量和有效性。

1. 教师认识到对自己的教育教学实践活动行定期反思是一个专业教育工作者的重要责任，通过实践反思能够扩展知识基础，提高教学水平，提炼自己的教育理论。

2. 教师能够根据儿童的需要、具体的教育情境及长远的教育目标综合有效地评估教育活动，并且明确指出优秀的教育实践的优点，对教育实践适宜性的判断具有情境性。

3. 教师能够通过与儿童的互动、倾听家长与同事的意见、观察其他教师的实践等方式获得有关自己教育实践结果的相关信息，并且对这些信息进行认真仔细的分析与判断。

4. 教师对新的儿童发展知识与早期儿童教育理论持一种完全开放的心态，并且希望通过有效的学习与反思不断改善自己的教育教学水平，促进自己的专业发展。

5. 教师通过各种方式促进自己对教育实践的反思，如阅读专业论著、参加专业培训班、参加各种教育专业团体的活动及参与各种教育项目研究等。

# 第二节　幼儿园保育员

**引导案例**

有人认为，幼儿园的保育员就是照顾孩子吃、喝、拉、撒、睡的保姆，是扫扫地、擦擦桌子的清洁员，工作很简单，只要曾带过孩子，就能应付得了，根本不需要什么专业培训，能吃苦，细心一点就可以了。

**思考：**保育员的工作真的是这么简单吗？在幼儿园教育中，保育员到底是个什么样的角色？承担着什么样的职责？一名合格的保育员该具备哪些基本职业素养？

## 一、幼儿园保育员与教师

我们都知道，幼儿园教育是保教合一的。“保”即“保育”，主要侧重对幼儿身体与生活的养护和照顾；“教”即“教育”，主要侧重对幼儿的心理机能与习惯的养成。“保”“教”各自侧重点的不同，表现为保育员与教师分工不同，工作重点也不同。

### (一)职责不同

保育员是指在托幼园所、社会福利机构及其他保育机构中辅助幼儿教师负责婴幼儿保健、养育和协助教师对婴幼儿进行教育的人员。① 新颁布的《幼儿园工作规程》规定保育员的主要职责如下：(1)负责本班房舍、设备、环境的清洁卫生和消毒工作。保育员要为幼儿创设安全健康的环境，保持幼儿园的清洁卫生，以保证幼儿的茁壮成长，这是保育员的基本职责。(2)在教师指导下，科学照料和管理幼儿生活，并配合本班教师组织教育活动。保育员要和教师一起组织孩子的教育活动，达到保教结合，促进幼儿的全面发展，此外，作为幼儿的生活老师，保育员对孩子的生活习惯养成应负有重要责任。(3)在卫生保健人员和本班教师指导下，严格执行幼儿园安全、卫生保健制度。(4)妥善保管幼儿衣物和本班的设备、用具。

幼儿园教师是履行幼儿园教育教学工作职责的专业人员，必须具有《教师资格条例》规定的幼儿园教师资格。幼儿园教师对本班工作全面负责，新颁布的《幼儿园工作规程》规定幼儿教师的主要职责如下：(1)观察了解幼儿，依据国家有关规定，结合本班幼儿的发展水平和兴趣需要，制订和执行教育工作计划，合理安排幼儿一日生活；(2)创设良好的教育环境，合理组织教育内容，提供丰富的玩具和游戏材料，开展适宜的教育活动；(3)严格执行幼儿园安全、卫生保健制度，指导并配合保育员管理本班幼儿生活，做好卫生保健工作；(4)与家长保持经常联系，了解幼儿家庭的

---

① 中华人民共和国人力资源和社会保障部：《国家职业技能标准(保育员)》，1页，北京，中国劳动社会保障出版社，2009。

教育环境，商讨符合幼儿特点的教育措施，相互配合共同完成教育任务；(5)参加业务学习和保育教育研究活动；(6)定期总结评估保教工作实效，接受园长的指导和检查。

拓展阅读

**美国劳工部对保育员的职责规定**①

为儿童准备餐饮、安排餐饮时间及准备点心；

帮助幼儿保持良好卫生；给婴幼儿换尿布；

组织活动帮助幼儿了解和探索世界；

排好时间表确保幼儿有充足的活动、休息及游戏时间；

发现幼儿在情感或发展上的问题并及时与父母沟通；

记录幼儿的成长及兴趣。

### (二)扮演的角色不同

幼儿园教师作为幼儿学习活动的支持者、合作者和引导者、课程建构者、资源整合者的角色出现在幼儿一日在园的学习生活中，主要是对幼儿进行教育引导。而保育员的角色根据其职责分工，可以定位如下。

#### 1. 幼儿身心健康与安全的守护者

幼儿期的儿童发展十分强劲，同时又最脆弱，极易受到伤害，各种风险对儿童产生的负面影响常常造成无法挽回的后果。幼儿园教育对象的这些特点就决定了承担保育工作是学前教育的基本任务之一。我国《幼儿园教育指导纲要(试行)》中也明确指出："幼儿园必须把保护幼儿的生命和促进幼儿的健康放在工作的首位。"因此，做好幼儿身心健康与安全的守护者，保护幼儿的人身安全，防止意外事故的发生，为儿童创设安全丰富的环境，确保幼儿快乐地生活、健康地成长，是保育员义不容辞的首要职责。

#### 2. 幼儿健康生活的组织者

保育员在幼儿一日生活的科学合理组织中发挥着关键作用，与幼儿一日生活联系最为密切。科学合理的组织应贯彻在日常生活的每一个环节，如盥洗、进餐、清洁、睡眠、锻炼、游戏等，时时处处渗透健康生活理念，实施健康生活教育。在盥洗、清洁时，保育员不单起督促、监督、帮助的作用，培养幼儿良好的卫生习惯也应该是其职责范围；进餐时，要更多地关注幼儿进餐的自理能力、进餐量变化的原因、进餐情绪等，而不能仅仅从组织管理出发，为了尽快收拾餐桌、餐具，只关注孩子是否定时定量吃完的情况。保育员是幼儿健康生活的组织者。幼儿生活的时时处处都需要保育员的精心安排与组织。

---

① 皮军功：《幼儿园保育员岗位涵义探析》，载《早期教育(教科研)》，2012 (12)。

### 3. 幼儿学习活动的协助者

在前面讲到的保育员工作职责中，有一条是“在教师指导下，科学照料和管理幼儿生活，并配合本班教师组织教育活动”。此职责要求暗含着保育员作为幼儿教育者的角色要求。因此，保育员也是教育工作者，对幼儿的成长和发展起着潜移默化的作用，与教师一样有履行教育职能的权利和义务，工作中要与教师分工合作，共同承担起班级管理工作，以促进幼儿的健康成长和发展。

首先，保育员应当结合生活中的各个环节实施教育，抓住一日生活中的保育契机，从中发挥教育作用，与教师密切配合，引导幼儿健康发展，做到“以保促教”。保育员对孩子既有保育的任务，对幼儿“实施教育过程中生理、心理和社会保健”，又有教育的责任，幼儿生活中“处处是教育，时时是教育”，做到保教并重。

其次，作为与儿童生活紧密联系的幼儿园课程，也应有保育员的参与。保育员应根据自己平日对儿童的了解和关注，提出相关的建议或意见，配合本班教师组织教育活动。如在教学活动物质材料准备方面，可以帮助教师改进玩教具的制作和摆放；在具体活动实施过程中，可以参与并协助教师完成教学活动，在活动中细心留意孩子们的状况，及时调整他们的状态；活动结束后，应及时向教师反映在活动中发现的问题，与教师交流自己的困惑，而不单单只负责收拾物质材料，这样才能在不断地总结和反思中成长。

**案　例**

起床吃完午点后，配班B老师带孩子们到户外活动。在孩子按小组站队时，由于B老师站在队伍前面，无法顾及后面的孩子，所以后面的孩子们唧唧喳喳地吵了起来。刚好他们站在保育员C老师面前，只见C老师用双臂揽住这几个孩子，问道：“昨天学的那首歌还记得吗？”“记得！”这几个孩子和C老师一起唱起了欢快的歌曲……不一会，整个队伍一边唱着歌一边向大型游戏区走去……①

此案例中C老师，在带班教师无暇兼顾所有幼儿的情况下，没有“我只是保育员，教学的事不归我管”的观念，而是主动融入教师角色，通过让儿童跟唱昨天学的歌曲，避免了活动秩序混乱的局面，既减少了过渡环节时间的隐性浪费，又很好地配合了带班教师的工作。

因此，在幼儿教育活动的各环节中，保育员都应发挥好幼儿教育的协调作用，成为幼儿学习活动的协助者。

## 二、幼儿园保育员的基本职业素养

正如本节引导案例所呈现，不少人认为当好保育员不需要经过专门的培训和教育，也不需要专业的知识和能力，关键是要细心、耐心，还有爱心。事实上保育员

---

① 任慧娟：《由“保育员就是教师”想到的——幼儿园保育员角色探析》，载《教育导刊》，2002(1)。

作为幼儿良好习惯养成、情感发展和心理健康的促进者，其自身专业素质养的高低对幼儿的成长有直接的影响。案例中所提到的要求还只是保育员职业道德方面的要求，除此之外，还有专业知识、专业能力的要求。

### (一)保育员的专业知识

#### 1. 婴幼儿生理、心理教育基本知识

具体包括婴幼儿生理学知识、婴幼儿卫生保健知识、婴幼儿心理保健知识、婴幼儿教育学知识。这是一名幼儿教育者的工作基础，了解幼儿身心发展的规律、掌握一定的身心保健常识，懂得以符合幼儿生长发育的规律和要求来进行保育，方式方法适应孩子的年龄特点。也只有真正地理解了生理、心理教育基本知识，把握幼儿生长发育规律的内涵，才能克服保育过程中的盲目性，并减少随意性。

#### 2. 婴幼儿常见病、常见传染病，以及安全与营养基本知识

作为幼儿生活的主要养护者，保育员还应该了解婴幼儿的常见病及常见传染病，了解常见病的基本特性与护理，能预防常见传染病，懂得采取相关的合理措施等；了解婴幼儿安全常识，知道如何防范并处理意外事故；了解婴幼儿的营养需求，知道婴幼儿常见营养问题及相关应对措施，能合理膳食。

#### 3. 与幼儿相关的环境知识

保育员是幼儿成长过程中的“重要他人”，也是幼儿生活环境的主要影响者，保育员应懂得如何调动幼儿园、班级的各种资源，创设积极的心理环境，与幼儿教师一起，跟幼儿展开良性互动，让幼儿在自我建构中健康成长。因此保育员应懂得如何创设学前教育机构的环境、班级环境及其利用的相关知识。

#### 4. 相关法律法规知识

保育员作为幼儿教育工作者，要能贯彻国家教育方针，遵守相关规章制度，按国家规定的保教目标，开展相应的保教活动，因此要懂得相关的法律法规知识，如《未成年人保护法》的相关知识、《劳动法》的相关知识、《教育法》的相关知识、《幼儿园工作规程》的相关知识等。

### (二)保育员的专业能力

#### 1. 卫生管理能力

卫生管理是保育员最基本的工作内容，主要包括清洁和消毒。清洁方面能够按程序擦洗活动室、卧室和盥洗室的设施，保持室内无垢、无味、无蚊蝇，地面干燥、洁净；能清洁、整理日常用品，并摆放整齐；能按时、按要求开窗通风。消毒方面能定期对婴幼儿活动场所、设施进行消毒与定期对日常物品和玩具、教具进行消毒两方面。[①] 工作看似简单，但需要保育员科学、严谨、专业，还有规范，保育员要熟练掌握相关的知识和程序，做到快速、有效、规范地操作，体现出在卫生管理方

---

① 中华人民共和国人力资源和社会保障部：《国家职业技能标准(保育员)》，8页，北京，中国劳动社会保障出版社，2009。

面的专业知识和技能。

**2. 生活管理能力**

生活管理是保育员在幼儿生活自理能力方面的指导，以培养幼儿良好的生活习惯。包括健康观察、组织进餐、组织饮水、组织盥洗如厕、组织睡眠及保管和使用物品等。如指导幼儿正确的用餐方式、指导幼儿养成饭前便后洗手的习惯等。在指导的过程中，保育员要了解幼儿的年龄特点，采取适合幼儿的方法，科学适宜地指导幼儿的生活，才能取得良好的效果。

**3. 配合教育活动能力**

保育员不仅仅是幼儿身心健康的守护者、生活的组织者，还是幼儿学习的协助者，这就要求保育员也应该具备一定的幼儿教师基本素养，要参与教育教学活动。具体表现在：在活动准备方面，能按照教学目标要求布置活动环境，也能按照教育教学要求摆放物品；活动过程中要能配合教师开展活动，如在游戏和学习活动中纠正婴幼儿的不良习惯，根据气温和活动量的变化随时提醒婴幼儿增减衣服，及时发现并制止婴幼儿的危险行为，做好室内、外教学和游戏活动结束后的整理工作等；积极参与到家长工作当中，能够主动与家长进行交流和沟通，适当地向家长提出一些保育建议等；最后还要能进行一日保育工作记录。①

## 三、幼儿园保育员工作的基本要求

### (一)有合理的角色定位

保育员首先要清楚自己的职责和任务，清楚自己在保教工作的主体地位。树立起现代保育观念，真正理解保教结合的含义并运用到实践中，明白保育员不仅需要承担保育幼儿的任务，还要肩负教育幼儿的责任。对自己所扮演的角色要进行思考并理解，真正认清自身的专业地位，对自身角色有一个清晰、合理的定位。众多的研究与实践表明，合理的角色定位或角色意识，对于保育员的成长、素质提高及幼儿的健康发展都起着重要作用。

### (二)加强专业知识技能学习，树立终身学习的观念

专业知识和技能是保育员从事保育员工作的先决条件，而要获得长足的发展，保育员必须具有扎实的专业知识和熟练的专业技能或技术。目前保育员队伍的专业知识和技能显然不足以满足现代幼儿教育发展的需要，保育员队伍的学习和培训活动也仅限于保育知识技能和卫生保健知识技能方面，之后便是在实践中不断摸索，其工作主要凭的是经验，而不是科学的知识技能，所以保育员有必要加强专业知识技能的学习。一直不断地接受教育和发展自己，树立终身学习的观念是对一名优秀保育员的基本要求。

① 中华人民共和国人力资源和社会保障部：《国家职业技能标准(保育员)》，10页，北京，中国劳动社会保障出版社，2009。

### (三)增强专业意识，获得专业自主权

事物发展的原因无非是内因和外因，但是内因才是事物发展的根本原因所在。就人的发展而言，自主意识起着重要的作用。一个人没有自主发展的意识就不可能有长远和持续的发展。保育员只有具有强烈的自主意识和专业意识，才能自觉地采取相应的促进自我发展的手段和措施，从而实现不断超越自我，提升自我价值、获得职业认同感和满足感，步入职业发展的高级阶段。

从目前的状况看来，大部分保育员还是习惯被动接受的学习方式，很少能主动地参与学习和进行探究，自我发展、学习、思考和探究的能力和意识还不强，这严重制约着保育员的职业发展，也是保育员师资队伍不稳定的一个重要原因。因此，保育员应树立和增强职业自主发展的意识，获得职业发展的自主权和主动权，进而提高自身的专业素养与职业水平。

拓展阅读

#### 保育员：为幼儿健康成长保驾护航①

通过学习新版《幼儿园工作规程》，对于保育员老师来讲，更加明晰了工作职责。作为一名保育员，在孩子眼中我们是老师，是他们学习的榜样、活动的伙伴、需要的支持者。我们身上的责任重大，必须尽心尽力做好本职工作，保护幼儿的健康和安全，助推幼儿的全面发展。

1. 确保幼儿健康是重要职责

保育员每天都会面临很多重复的工作，如做好班级活动室、午睡室及幼儿活动场所的清洁、消毒工作：消毒桌面、地面、保温桶、门把手等幼儿能接触到的地方；定期消毒幼儿的玩具、桌椅和室内空气；清洗茶杯、毛巾并消毒；清洗幼儿弄脏的衣物等，这些看似重复、琐碎的工作，与幼儿的健康和安全联系在一起，保障着幼儿的成长，看着孩子们每天在清洁卫生的环境中活动，我们能深深地感到职业带给我们的快乐，这是因为一个安全、清洁、有利于幼儿身心健康的温馨环境有多么重要。

2. 保教结合是必须坚持的原则

保教结合虽是老生常谈的问题，但的确值得再次强调。我们常说，保中有教、教中有保，保育员的主要工作是照料幼儿的生活，但我们的观念和行为科学吗？我们的行动是促进还是制约了幼儿的发展？这就需要我们不断学习，逐步了解幼儿的身心发展规律和年龄特点，通过一日生活来培养幼儿的自理生活能力、自我保护能力、良好生活习惯。如幼儿如何拿勺子吃饭，如何穿脱衣服，如何清洗小手，如何礼貌交往……这些都需要通过每日的幼儿生活，针对幼儿年龄特点，注重幼儿操作与体验，鼓励、支持幼儿在行动中学习、成长。

---

① 王小平：《保育员：为幼儿健康成长保驾护航》，载《中国教育报》，2016-03-20。

3. 保护幼儿生命安全是首要职责

《幼儿园工作规程》指出："幼儿园必须把保护幼儿的生命安全和促进幼儿健康成长放在工作首位。"在每一次活动前，检查幼儿的鞋子、场地很重要；根据天气的变化、幼儿活动量的大小，提醒或帮助幼儿适当增减衣服，鼓励幼儿自己表达身体情况，热了或冷了能主动告诉老师或寻求帮助；在流行性疾病多发季节，每日消毒活动室，保证开窗通风的次数和时间，督促幼儿多喝水。

作为一名保育员，我们要有学习和反思的意识，不仅要认真学习《幼儿园工作规程》，熟练掌握保育员职业培训中所学的内容，还要不断学习先进的教育理念，积极参与班级的课程活动。用爱心、耐心、细心和关心去照料每一个幼儿，用尊重、理解、欣赏去支持、帮助每一个孩子，做教师的好助手、孩子的好老师、家长的好伙伴。

# 第三节　幼儿与教师及保育员的相互关系

**引导案例▶**

学前教育专业的学生见习回来开总结会，谈到师幼关系时一个同学说："我看一个小班小朋友倒水弄得满地都是，就想帮他，没想到他甩开我说不要帮忙。"另一个同学也说道："我看到一个小朋友拿剪刀在剪个图形，都剪出线了，图形很不规整，我提醒他说要沿着线剪，慢慢小心地剪，没想到这孩子说我就喜欢剪成这样的。"……大家纷纷表示不知道该如何与小朋友们建立良好的互动，小朋友的反应有时候让人摸不着头脑。接着还谈到了跟班上其他带班老师的关系处理问题，大家都觉得这将是入职后的第一个难题。

作为对幼儿有重要影响的人——教师与保育员，我们该如何看待幼儿的种种行为，和幼儿建立一种什么样的关系，才能彼此之间展开良性互动呢？幼儿园教育活动是在幼儿、教师、保育员的相互关系基础上进行的，这一相互关系的质量直接影响着幼儿园教育的效果，那该如何正确理解幼儿、教师、保育员的相互关系？弄明白这些问题将有助于我们清楚地认识幼儿园教育过程中三者各自的地位、角色和作用，本节将围绕这些问题展开探讨。

## 一、作为社会成员的相互平等关系

作为社会成员的相互平等关系是幼儿园所有人际关系中首要而基本的关系，这也是彼此之间展开良性互动的基础。在社会大背景中，幼儿、教师、保育员三者都是社会的基本成员，是相互平等的社会成员关系，幼儿的弱小年幼也不影响这一关系的平等性，这也是幼儿园所有人际关系中首要而基本的关系，是三者相互关系的基础。

幼儿作为独立的社会成员，享有作为社会一员的地位和相应的权利，社会必须尊重和保障幼儿的合法权益。同时又必须认识到，幼儿的“独立”是就其人格而言，而不是指其生存能力。幼儿是与成人平等的社会成员，但其身心的不成熟，使他们必须接受成人的保护和教育，是社会的教育和保护对象，“平等”是就幼儿与成人的社会地位的关系而言。厘清以上这个关系后，再来谈幼儿园中这三者的相互关系。

## 二、在幼儿园中的相互关系

在社会的具体单位——幼儿园中，幼儿、教师、保育员因有了各自的角色定位，其相互关系便得以具体化为“师生关系”，社会保障幼儿地位和权利的责任也具体化为教师和保育员的义务和职责，教师和保育员成为幼儿生存、发展、学习等权利最主要的维护者、教育者，幼儿则作为“学生”而成为被教育者和被保护者。

### (一)教师的“教”与幼儿的“学”的关系

我们知道，幼儿园教育是由教师的“教”和幼儿的“学”这两类活动同时组成的双边活动，这其中既有教师“教”的作用，又必须看到教育影响归根到底要通过幼儿自身的“学”才能实现。同时也要重视幼儿的需要、兴趣、主体性，但又不能将幼儿园教育简化为幼儿个体自发的学习活动，等同于幼儿个体自然的发展过程。

因此，教师和幼儿在教育活动过程中是互为主客体的。在“教”的过程中，教师向幼儿施教，教师是“教”的活动的主体，幼儿则是被教育的客体；而与此同时发生的“学”的活动中，幼儿是学习的主体，而且幼儿自觉或不自觉地向教师发出反馈，影响教师，教师便成为幼儿作用的客体。因此，教育过程是教师和幼儿的相互作用，双方处于既为主体、又为客体的双重状态。由于“教”和“学”两种活动的交织状态，教师和幼儿任何时候都互为主客体。

同时也应看到，幼儿教师承担着教育幼儿的任务，教师与幼儿也是一种教育和被教育的关系。发展这种关系时，教师应成为幼儿学习活动的支持者、合作者、引导者。《幼儿园教育指导纲要(试行)》在这方面提出了一些指导性的建议，教师应耐心倾听，努力理解幼儿的想法和感受，支持、鼓励他们大胆探索与表达；敏感地察觉他们的需要，及时以适当的方式应答，形成合作探究式的师生互动；尊重幼儿在发展水平、能力、经验、学习方式等方面的个体差异，因人施教；关注幼儿的特殊需要，包括各种发展潜能和不同发展障碍。现代教师应认识到幼儿阶段教育的首要任务是培养儿童的内在品质与学习精神，为儿童的未来发展奠定良好的基础。

### (二)保育员的“呵护”与幼儿的“健康成长”的关系

幼儿园与中小学教育不同，它不仅是一个教育机构，还是一个社会公共育儿机构，具有福利性。我国 2016 年颁布的《幼儿园工作规程》中明确规定：“幼儿园是对

3周岁以上学龄前幼儿实施保育和教育的机构……实行保育和教育相结合的原则。”可见，幼儿园有责任保护和养育幼儿，同时面向幼儿家长提供科学育儿指导。而保育员则是保育工作的主要承担者，一方面他们要为幼小儿童提供生存与发展所必需的环境和物质条件，并给予精心照顾和培养，以帮助幼小儿童获得良好发育，逐渐增进其独立生活的能力。另一方面他们要精心保护和促进儿童身心两方面的发展，保证他们在幼儿园期间免受各种意外伤害。因此，他们是幼儿园保育工作的主要负责人，全面负责儿童的一日生活，照料幼儿的生活起居、饮食冷暖，指导孩子们进行体育锻炼，关心他们的身心健康。

**案 例**

在幼儿吃苹果的时候，保育员发现有个小朋友吃得很慢，大家早已经吃完了，他的苹果却只咬下了一点点，保育员见状，就来到他的身边，询问原因。当保育员得知这个幼儿乳牙已经脱落，正在换恒牙时，就帮他把剩余的苹果切成小薄片，使他吃起来方便一些。

以上案例可见，由于幼儿尚不能独立生活，保育员的保育工作需十分细致。此时，保育员更像是扮演“妈妈”的角色。她要为幼儿适时增减衣物，帮助幼儿养成良好的进餐和卫生习惯，细心观察幼儿的身体健康状况，帮助孩子建立有规律的生活节奏，敏锐地察觉他们的情绪变化，安定幼儿的情绪，等等。

幼儿正是这样在保育员的精心呵护下，学习生活自理能力、养成健康的生活习惯。在传统的教育观念中，保育员对儿童的保育是其首要责任。但现在不少幼儿教育工作者已经认识到，“保育的目的不仅仅是促进儿童身体健康，也包括促进儿童心理的健康发展，且在保育中也蕴含着教育”。① 比如，在保育的同时培养幼儿的生活自理能力、掌握基本的卫生常识等，这也是保教结合的意义所在。

对儿童的养护、保育是幼儿园教育工作中非常重要的部分，保教结合是幼儿园教育的显著特点，只有幼儿身心健康，情绪稳定，才能更好地学习与发展。可以说，保育员在促进幼儿身体发展、满足幼儿生理与生活的需要上发挥着重要作用，他们承担着幼儿发展中最基础性的任务。保育是幼儿教育工作的基础。基础不牢，就会对孩子的一生造成不良影响②。

### (三)教师与保育员相互协作的关系

教育与保育是相互渗透、相互联系、相互作用的。因此，作为教育活动主要实施者的教师与保育活动主要实施者的保育员，二者的工作也不能是截然分开来的，在实际操作中应做到保中有教，教中有保。

---

① 梁玉华：《师幼关系中幼儿教师的角色意识探析》，载《学前教育研究》，2006(3)。

② 仲伟秀：《我国幼儿园保育教师队伍现状及其建设》，载《学前教育研究》，2013(8)。

案例

## 自然角的小主人[①]

开学了，幼儿园要进行自然教种植园地评比，保育员王老师积极性很高，自己带来各种种子种植，自然角里顿时丰富了起来，她每天早早地来到幼儿园，打扫摆放植物架子，给动物换水，给植物浇水，忙得不亦乐乎。一个集体活动后，孩子们涌到了自然角，有些孩子高兴得用手触摸着植物。此时，保育王老师生怕影响了她的劳动成果，便大声地对孩子们说："用眼睛看，不要用手摸!""好了，不要看了，回教室玩吧。"孩子们在王老师的制止下不情愿地回到了教室……看似漂亮的自然角种植园地如何才能发挥作用呢?

主班张老师看在眼里，便和保育员王老师做了交流。讨论：如何带动孩子们一起进行种植探索，最终让自然角成为孩子们探索的"自然小乐园"。每个幼儿园教室里都有自然角的创设，创设的目的是让孩子们了解大自然赋予我们的很多东西，同时让孩子们知道身边常见的动植物的生活习性。引导孩子们去参与实践，开阔眼界，增长知识，激发好奇心，培育健康良好的情感、美感和品德。

第二天早上保育员王老师指导孩子们分工，建立值日制，让他们参与一些简单的劳动，比如给花浇浇水、给种子晒晒太阳、喂喂小乌龟等，指导孩子们擦一擦自然角的架子、花盆等，晚上回家时把怕冷的植物和小动物搬回活动室，孩子们通过亲自喂养、管理自然角中的动植物，体验到劳动的辛苦，从而更加关心、爱护自然角。

过了几天，保育员王老师又有意识地引导孩子们一起观察花、种子、水果和小动物。看看今天有没有开花，开了几朵，是什么花开了？为什么有些花到中午开，晚上又谢了呢？看一看种子在水中会发芽吗？看一看小乌龟在干些什么？孩子们对管理自然角、记录动植物的生长兴趣日渐浓厚。

从此案例中，我们可以看到保育员不仅要关注良好的物理环境的创设，而且要注重在一日活动中给予幼儿积极的教育影响，从而与教师形成合力，共同促进幼儿的发展。"培养完整的幼儿需要完整的幼儿教育。"因此，教师和保育员的角色不能有刻意的、机械的划分，这样"保教合一"的目标才能真正实现。

同时，教师与保育员之间是一种融洽和谐的协作关系，二者共同优化并创造一个良好的育人环境，教师与保育员之间应做到心理相容，彼此尊重，相互支持，最终形成与集体通力合作的良好关系。

---

① 尹坚勤、管旅华：《〈幼儿园教师专业标准（试行）〉案例式解读》，166－168页，上海，华东师范大学出版社，2013。

**小资料**

法国心理学家林格尔曼曾做过一个著名的“拉绳子”实验，他组织一些青年人分别以单独、两人、三人直到八人小组的形式拔河，用测力机测量并记录他们在不同群体下用力的情况，结果发现：当他们1对1拔河时，平均拉力为63千克，按力的平均叠加计算，两人组应是126千克，三人组应是189千克，八人组应是504千克。但实际上测出的平均值，两人组比叠加值少8千克，三人组比叠加值少29千克，八人组比叠加值少248千克。这项实验证明了群体力量的总数低于单个力量叠加的总和。林格尔曼将它解释为“责任分散”现象。他说，对某一件事，假如一个人在单独的情况下完成，会做出积极反应，但在群体去完成的情况下，往往有退缩和保留，因为前者独自承担责任，后者则期望别人多承担点责任。

幼儿教师集体是一个由共同的教育任务组成的复杂整体，要使这一集体能够作为一个统一整体有效地进行工作，所有成员力量的协调一致就显得尤为重要。以上案例中的实验给我们的启示是：要使群体力量的总和至少不低于单个力量叠加的总和，必须注意防止或减少幼儿教师与保育员合作中责任分散与内耗现象的出现。

## 三、幼儿与教师、保育员之间产生良性互动的建议

幼儿、幼儿教师、保育员这三者之间良性互动的核心在幼儿，目的都是为了促进幼儿健康和谐全面的发展。因此，要把握这三者之间更多积极有效的相互影响和沟通的策略，让幼儿与幼儿教师、保育员在幼儿园教育教学活动中产生良性互动，让教师、保育员对幼儿产生更积极、更适宜的教育影响，从而建立健康、良好的幼儿成长环境。由此，促进幼儿与教师、保育员相互作用的策略，可以从以下几个方面入手。

### (一)正确定位互动关系中各自的角色

由于幼儿的弱小和教育者地位的权威感，幼儿与教师、保育员互动关系的质量往往取决于作为教育者的教师与保育员。这就要求教育者需慎重思考自己在师幼关系中所扮演的角色，因为教师的角色定位将影响和幼儿之间的交往模式。交往模式一旦形成习惯，对幼儿教师的班级管理程序、教学效果、心理环境等都会产生影响。

作为教育者，在教育过程中应明确其主导作用，其主导作用是通过激发幼儿主动学习，引发和促进幼儿积极地与环境相互作用而体现出来的。教育者始终控制着教育过程的的方向，引导幼儿向着教育目标要求的方向发展。幼儿是自主学习的主体，教师可以通过创设与幼儿适宜的环境、通过调动幼儿的兴趣和经验、通过激发幼儿学习动机来引导幼儿积极地配合，从而让幼儿的学习很大程度上为教育者所控制，教育者与幼儿相互作用的质量主要是由教育者决定的，因此，应明确教育者的主导作用。教育者的主导作用主要体现在如何支持幼儿的学习上，如何满足幼儿自己选择、自主决定、自主活动和探索的需要上。也应注意的是，教育者如果对幼儿放任自流，或者忽视全局，一头栽进某个组或某几个幼儿的活动中，忘记了应担负的面向全体的任务，也是缺乏角色意识的表现。

同时，教师与保育员之间既要有分工，更要有合作，二者要相互支持、相互尊重、彼此相容，形成通力合作的良好关系，共同创造一个优良的育人环境。

### (二)创设自由宽松的教育环境

自由宽松的教育环境为幼儿与教师、保育员之间的良性互动提供了可行性空间，也是构建积极有效师幼互动的前提和基础。《幼儿园教育指导纲要(试行)》中也多次提及自由宽松的环境与氛围的建立，如“建立良好的师生、同伴关系，让幼儿在集体生活中感到温暖、心情愉快……”“发展幼儿语言的关键是创设一个能使他们想说、敢说、喜欢说、有机会说并能得到积极应答的环境”等。这充分说明宽松愉快安全的外部环境是构建师幼互动的前提，同时，积极、充分的情感支持和交流则是双方积极、有效互动的必要条件和心理环境。①

应关注情感交流，并建立在信任、尊重、相互关注的基础上，这种心理氛围是促进师幼积极互动的有利条件。“亲其师，则信其道”，教师把对幼儿的爱化为一个温柔的眼神、一个会意的微笑、一句暖心的话语、一个赞许的姿态、一个体贴入微的动作，都会使幼儿感到教师的关心、赏识，心理上就会产生一种说不出的愉悦与满足。这样才能促进他们积极上进，激发他们的求知欲，增添他们的勇气，鼓励他们的自信。②

**案 例**

**疯**③

说实在的，我和孩子们在一起简直成为了“疯”婆子。而恰恰就在这“疯子”游戏中，孩子们找到了安全港。找到了他们的“同龄人”，找到了他们所希望的生活。

记得在开学第一周，我们学习用毛巾的儿歌，我给每一个幼儿一块小毛巾，开始了我们的“疯子”游戏。毛巾可以藏猫猫，老师一声“喵呜”，小朋友快快用毛巾把脸遮住。几个来回，小朋友已经笑得弯下了腰。还记得我们玩“小演员”游戏，老师说哭，一会儿就哭，说大笑就笑，结果教室里出现了一片“哭”声，又迎来了一片哈哈大笑，又变化为带着羞涩的微笑，几个来回，“疯”孩子们的自控能力也都得到加强，留下的是情不自禁的欢呼雀跃。

“疯”使我和孩子的距离近了。“疯”可以给孩子带来一些发泄的机会。“疯”可以带动孩子不厌烦的学习，“疯”可以带给孩子满足感、安全感。你认为“疯”会使班级变成乱班吗？非也！我已尝到“疯”的甜头，要再“疯”下去，“疯”出水平来。

由以上案例可以看出，教育者真实的情感表露，通过自己的情感感染幼儿，有饱满的热情，幼儿也会以愉快、轻松、自信的情绪参与教育教学活动。同时要注意

① 张艳萍：《建构有效师幼互动的举措》，载《学前教育研究》，2005(3)。

② 冯夏婷、胡金娇、吴冬梅等：《建立新型师幼互动关系，促进幼儿社会性发展》，载《华南师范大学学报(社会科学版)》，2006(2)。

③ 肖全民、刘揖建：《学前教育原理案例教程》，41—42页，杭州，浙江大学出版社，2014。

在教育过程中充分发挥幼儿的积极性和主动性，体现幼儿的主体地位。教育者要成为师幼良好互动环节的创造者、交流机会的提供者、积极师幼互动的组织者和幼儿发展的支持者、帮助者、指导者和促进者。①

### (三)教育者尊重并不断了解幼儿

作为教育者的教师与保育员首先应尊重并不断了解幼儿的心理需要。幼儿身体和心理的柔弱，使他们极少有表达自己需要的机会或能力。因此，幼儿几乎是不能掌握自己的话语权的。作为一个社会群体，幼儿既不善于表达自己的喜、怒、哀、乐，也不会主张自己的种种权利。“尊重是和谐师幼关系的核心，它要求教师做到尊重幼儿已经形成和拥有的一切，包括知识经验、能力水平、个性风格、劳动成果，甚至是‘错误’。”②苏联教育家苏霍姆林斯基也说过：“教育技巧的全部奥秘也就在于如何爱护儿童。”因此，作为成人、作为教育儿童的教育者，更要尊重并了解儿童内心的种种需要，这样才能达成真正意义上的平等交流。

其次是理解幼儿独特的学习方式。对于一名成功的幼儿教育工作者来说，仅有对儿童的一腔热爱是远远不够的。如果不熟悉儿童心理发展的规律、不理解儿童独特的学习方式，在和幼儿交往时也常常会碰壁。因此，了解儿童的学习特点，是教师在教育活动中和幼儿有效交往的前提。儿童是怎样学习的呢？它应该具备下列基本特征：③

(1)幼儿通过动手操作来学习，感官和身体动作常常伴随其学习的过程；

(2)游戏是幼儿的主要学习方式；

(3)幼儿的学习是一个自我发现的过程，这一过程常出现重复的操作和模仿活动；

(4)幼儿需要丰富而适度的学习环境，高强度的技能训练不适合幼儿；

(5)幼儿学习时经常需要与人互动、交流；

(6)幼儿的学习内容应涵盖健康、认知、语言、艺术、社会性等各个层面，是均衡而整合的学习。

拓展阅读

#### 和幼儿沟通的技巧④

与人对话沟通，虽然是每天都要做的事，但并不是人人都可以做得好的，因为许多人往往忽略了沟通原来也需要有技巧，信息才能有效地传达。教师和幼儿说话时所持的态度、所使用的语言都是沟通的技巧。以下都是沟通时需要注意的

---

① 冯夏婷、胡金娇、吴冬梅等：《建立新型师幼互动关系，促进幼儿社会性发展》，载《华南师范大学学报(社会科学版)》，2006(2)。

② 陈绍瑄、林鹭：《浅谈适宜幼儿发展环境的建构》，载《学前教育研究》，2005(10)。

③ 桂景宣：《学前教育概论》，54—55页，北京，高等教育出版社，2007。

④ 同上书，56—57页。

事项：要熟记每个幼儿的名字；说话的语调和速度要恰当；要选用适当的语言；说话态度要友善；要注意与幼儿的目光接触；要善于倾听。

现逐项加以说明。

1. 要熟记每个幼儿的名字

和幼儿说话时，如能叫出他们的名字，幼儿会感到自己受重视，倍感亲切，从而对教师的话做出积极的回应。教师呼唤幼儿的名字时，应以他们在园中登记的名字为准，不要以绰号呼唤他们(绰号多少含有取笑成分，对幼儿不够尊重)，也不要以乳名呼唤他们，老师应该是有别于他们家里的人，幼儿也需要习惯自己的姓名。

2. 说话的语调和速度要恰当

说话的语调和速度都要恰当。音调自然，有时可以用高、低、缓、急等表达方式来使语言形象化；音量不要大得令人听起来不舒服或细微得听不到，在重要的地方要加强语气；有时也可以运用停顿，幼儿听到教师停下来不说话，会觉得好奇，这就达到了制造悬念，吸引幼儿注意的效果。

3. 要选用适当的语言

幼儿的语言仍在发展阶段，较难听懂复杂的语句，因此教师使用的语言要简单明确，用词生活化而不流于庸俗，容易被幼儿理解和接受；教师也要时常提醒自己，不要说得太多，说话太多，会使幼儿感到厌倦，无心听讲。

4. 说话态度要友善

教师说话时，态度要友善，尽量用言语表达自己对幼儿的支持。例如说“我很喜欢听你的描述，相信小朋友也会喜欢”，“小明这次说得比上次进步多了”，“你这次说得很清楚”，等等。当遇到幼儿有不好的行为时，切忌用说话去伤害他们的自尊心。例如不宜说“小伟的耳朵丢了，根本没听到老师说了些什么”。

5. 要注意与幼儿的目光接触

没有经验的老师可能因紧张而没有望向幼儿，切勿形成习惯。目光接触本身便是一种沟通方式，教师要保持与幼儿的目光接触，而且不要只停留在个别幼儿脸上，要使每一个幼儿都感觉到教师在注意他。和幼儿说话，要尽可能蹲下来，使彼此的目光接触保持同一水平。进行教学的时候，教师站立着就不太恰当，因为幼儿要仰起头，才能看到教师的脸孔，这会使他们感到不舒适。教师坐下来会较适合。

6. 要善于倾听

教师如能耐心地倾听幼儿的说话，幼儿便会乐意和教师沟通，也会对教师发出的信息做出积极的回应。例如用心听，并进行思索。事实上，教师如果期望幼儿用心听她的话，那么她便要以身作则，在幼儿面前树立个好榜样。

## 本章小结

1. 幼儿园教师的基本素养

幼儿园教师应具备的基本素养主要由幼儿园教师的师德、专业知识、专业能力三个部分构成。热爱幼儿教育职业，热爱幼儿，为人师表，有责任感、爱心、耐心和细心等是作为一名幼儿教师应具备的基本职业道德；幼儿园教师的专业知识由幼儿发展知识、幼儿保育与教育知识和通识性知识三部分组成；幼儿园教师的专业能力包括环境创设与利用、一日生活的组织与保育、游戏活动的支持与引导、教育活动的计划与实施、激励与评价、沟通与合作、反思与发展七大方面的能力。

2. 幼儿园教师的基本角色

现代幼儿园教师的基本角色有幼儿学习活动的支持者、合作者和引导者；幼儿园课程的建构者；幼儿教育资源的整合者。

3. 幼儿眼中的好老师

个性随和、具有亲和力；热情、外向、相处较轻松；情绪稳定而成熟，易与人相处；具有良好的仪表仪态；尊重幼儿，教育有方法；有爱心，公平、公正对待每位幼儿；愿意和幼儿做朋友，一起玩游戏。

4. 幼儿园保育员与教师的区别

主要表现为职责与所扮演的角色区别，幼儿园保育员是辅助幼儿教师负责婴幼儿保健、养育和协助教师对婴幼儿进行教育的人员，教师是履行幼儿园教育教学工作职责的专业人员，对本班工作全面负责，新颁布的《幼儿园工作规程》对二者的主要职责进行了规定。与幼儿园教师的基本角色有所不同，保育员的角色可以定位为幼儿身心健康与安全的守护者、幼儿健康生活的组织者、幼儿学习活动的协助者。

5. 幼儿园保育员的职业要求

除了基本的职业道德外，保育员的职业要求还有保育专业知识与专业能力这两方面。保育专业知识包括婴幼儿生理与心理教育基本知识、婴幼儿常见病及常见传染病，以及安全与营养基本知识、与幼儿相关的环境知识、相关法律法规知识。保育专业能力包括卫生管理能力、生活管理能力、配合教育活动能力。

6. 幼儿园保育员工作的基本要求

保育员自身要有合理的角色定位，加强专业知识技能学习，树立终身学习的观念，增强专业意识，获得专业自主权。

7. 幼儿、教师、保育员三者作为社会成员的相互平等关系

作为社会成员的相互平等关系是幼儿园所有人际关系中首要而基本的关系，这也是彼此之间展开良性互动的基础。在社会大背景中，幼儿、教师、保育员三者都是社会的基本成员，是相互平等的社会成员关系。

8. 幼儿、教师、保育员三者在幼儿园中的关系

在幼儿园中，幼儿、教师、保育员之间的相互关系得以具体化为“师生关系”，社会保障幼儿地位和权利的责任也具体化为教师和保育员的义务和职责，教师和保育员成为幼儿生存、发展、学习等权利最主要的维护者、教育者，幼儿则作为“学生”而成为被教育者和被保护者。具体表现为：教师的“教”与幼儿的“学”的关系；保育员的“呵护”与幼儿的“健康成长”的关系；教师与保育员的相互协作关系。

9. 幼儿与教师、保育员之间产生良性互动的建议

幼儿、幼儿教师、保育员这三者之间良性互动的核心在幼儿，目的都是为了促进幼儿健康和谐全面的发展。因此，要把握这三者之间有更多积极有效的相互影响和沟通的策略，让幼儿与幼儿教师、保育员在幼儿园教育教学活动中产生良性互动，让教师、保育员对幼儿产生更积极更适宜的教育影响，从而建立健康、良好的幼儿成长环境。可以从以下三个方面入手：正确定位互动关系中各自的角色；创设自由宽松的教育环境；尊重并不断了解幼儿。

## 本章检测

1. 思考题

(1)请说说如何理解幼儿园教师与保育员的角色定位。

(2)结合实际谈谈你打算如何成为一名优秀的幼儿教师。

(3)结合实际谈谈如何做好幼儿园保育员。

(4)如何看待“保育员是幼儿学习活动的协助者”这一角色？

(5)结合幼儿园教育的实际，谈谈正确的儿童观对幼儿园教育工作的意义。

2. 实践应用题

请分析一个幼儿园教育活动的实例，评价一名教师或保育员与幼儿相互作用的质量。

# 第五章　幼儿园生活活动中的保育与教育

## 学习目标

- 理解生活活动的基本概念和特点。
- 认识生活活动对幼儿发展的独特价值。
- 了解保教结合下幼儿园生活活动的实施原则。
- 掌握保教结合下开展生活活动的方法和途径。

## 本章导读

幼儿的学习、生活、游戏应是一个融合的整体，生活活动在其中处于基础地位，对幼儿整体发展具有独特的价值。生活活动渗透于一日活动之中，包括入园、盥洗、如厕、饮水、进餐、睡眠、离园等环节，是“保”与“教”的统一。生活活动多作为保育环节提出，经常会忽略其所蕴含的隐性教育价值，这需要我们重新审视幼儿园生活活动的价值内涵与特点，重新认识生活活动与教学、游戏的关系与融合，理解生活活动对幼儿整体发展的重要性，重视生活活动中的教育时机。依据生活活动的本体性、融合性、反复性及“教育生活化”的理念，要求实施者要做到尊重幼儿，从幼儿一日的生活出发，关注个体差异，满足其发展的需求，挖掘生活中本就存在的教育教学契机。同时，教师要采取积极鼓励的态度，利用启发式的提问与回应，运用环境的隐性作用等多种手段辅助生活活动的有效实施，让孩子成为会自我服务、自我管理的人，也让他们认识生活、学会生活、爱上生活，在生活中学习，在生活中游戏，在生活中获得发展，这样的能力与情感的累积将会成就孩子一生的幸福。

# 第一节　生活活动与幼儿发展

## 引导案例

表 5-1　某幼儿园半日活动安排表

| 小班 | 中班 | 大班 |
| --- | --- | --- |
| 7:40—8:00 | 7:30—8:00 | 7:30—8:00 |
| 晨间活动 | 晨间活动 | 晨间活动 |
| 7:50—8:00 | 8:00—8:10 | 8:00—8:10 |
| 餐前准备 | 餐前准备 | 餐前准备 |
| 8:10—8:40 | 8:10—8:30 | 8:10—8:30 |
| 美味早餐 | 美味早餐 | 美味早餐 |
| 8:40—8:50 | 8:30—8:40 | 8:30—9:00 |
| 餐后活动 | 餐后活动 | 集体活动 |
| 8:50—9:10 | 8:40—9:00 | 9:00—9:10 |
| 集体活动 | 集体活动 | 如厕饮水、户外活动准备 |
| 9:10—9:30 | 9:00—9:10 | 9:10—10:10 |
| 如厕饮水、户外活动准备 | 如厕饮水、户外活动准备 | 早操及户外活动 |
| 9:30—10:10 | 9:10—10:10 | 10:10—10:20 |
| 早操及户外活动 | 早操及户外活动 | 如厕饮水、整理活动 |
| 10:10—10:30 | 10:10—10:20 | 10:20—11:20 |
| 如厕饮水、整理活动 | 如厕饮水、整理活动 | 区域活动 |
| 10:30—11:10 | 10:20—11:20 | 11:20—11:30 |
| 区域活动 | 区域活动 | 如厕饮水、餐前准备活动 |
| 11:10—11:30 | 11:20—11:30 | 11:30—12:00 |
| 如厕饮水、餐前准备活动 | 如厕饮水、餐前准备活动 | 美味午餐 |
| 11:30—12:10 | 11:30—12:00 | …… |
| 美味午餐 | 美味午餐 | |
| …… | …… | |

**思考：**什么是幼儿园的生活活动？生活活动有什么特点？

## 一、幼儿园生活活动的概念

### (一)生活活动渗透于一日活动之中

狭义的生活活动是指来园、离园、进餐、喝水、睡眠、盥洗、如厕、自由活动、间隙活动等内容的统称，不包括教学活动、游戏活动和户外活动。它将生活活动的指向更加细化和明确化，通过有规律性的生活活动内容让幼儿在各环节中养成良好的卫生习惯和行为常规，具有一定的自理能力、自我保护能力和自我服务意识。

广义的生活活动是指幼儿在园的一切活动，包括教学活动、游戏活动、户外活动、生活活动等。由于幼儿园的一切活动都是在幼儿生活中进行，“一日生活皆课程”的理念指明了幼儿期教育与其他年龄段教育的不同，只要是培养幼儿生活自理、交往礼仪、自我保护、环境卫生、生活规则等能力及优良品质的活动都属于生活活动。课程与教学的实施、各项活动的开展不仅已经成为幼儿生活的内容，更成为幼儿成长的土壤。因此，从广义的角度看幼儿园所开展的一切活动都属于幼儿生活活动的范畴。

对于生活活动的认识无论是广义还是狭义，不能只停留在生活活动本身上，其中更深刻的内涵是通过幼儿与生活的互动，培养幼儿初步的生活能力、自理能力，让幼儿能认识生活、学会生活、适应生活，培养规则意识和健康生活习惯，这是幼儿园教育的基本方向和根本目标。生活活动渗透于一日活动之中的内涵价值更让我们明确幼儿期的学习、游戏与生活是不可分割的，“生活即教育”“教育即生活”的体现尤为突出。

### (二)生活活动与保教结合

**案 例**

在小班户外活动之后，幼儿回到教室正在洗手喝水，强强打开水龙头，水突然喷洒了出来，溅到身上、地板上。旁边的小志看到后突然笑了起来，也学着强强的样子将水龙头的水开到最大。此时王老师进来看见了，装作没有看见两人玩水打闹，故意大声说：“哎呀！水怎么都到地板上了，多浪费呀！那我得用少点水洗手才行。”边念着儿歌边洗起手来。“水龙头轻轻开，小小水不浪费，湿好手擦肥皂。哎呀，后面是什么了呀?”佯装问他俩。“手心先搓，再搓手背。”强强连忙说道。小志见强强抢着回答，也急忙说“还有指缝呢！是这样搓的。”一边说一边比划着。王老师接着说“那我们来比赛看谁洗手洗得好。”强强和小志跟着王老师洗完手，王老师还引导他俩把洗手台上的水擦干净。

图 5-1　幼儿洗手

**案 例**

大班幼儿午睡刚起床，妍妍正在学习自己叠被子，可是由于折叠不对称，被子还是显得乱七八糟的。妍妍尝试了好几次都没有成功，她生气地将被子一踢，大声说："妈妈带来的被子太难叠了。"于是坐在床边看着旁边正在叠被子的洋洋和小婉。忽然，她站起来学着洋洋和小婉的样子扯着被角抖了抖，把被子全部摊开在地上，她拿起一个角放到另一边的角上重合，又拿起一个角重合另一边，抓住重合的两个角继续折起来。几番周折被子总算折得有些模样了。

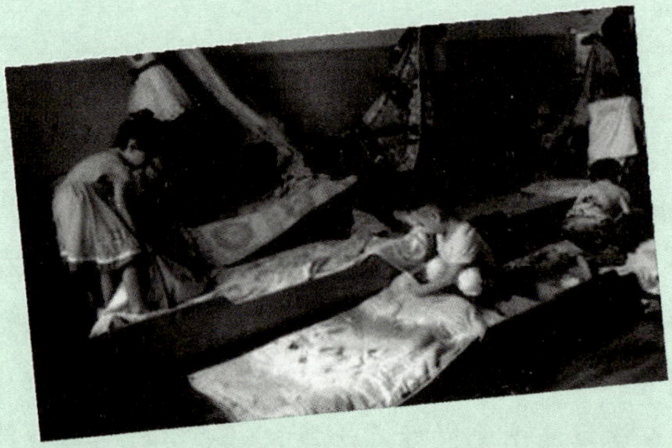

图 5-2　幼儿叠被子

图 5-3　叠被子中的合作

**案例**

在一节小班语言活动“拔牙”中，幼儿欣赏理解故事情节后引发了小老虎为什么要去拔牙的讨论，然然说：“他肯定喜欢吃糖，吃太多糖牙齿会长虫的。”多多也跟着说：“吃完饭要漱口的。”唐唐也跟着说：“要给医生检查牙齿，我妈妈就带我去检查的。”幼儿你一句我一句开始停不下来，教师灵机一动让他们将自己知道的保护牙齿的方法告诉小老虎，并且将孩子们说的方法都记录了下来。

图 5-4　孩子们畅所欲言保护牙齿的办法

**思考：**上述三个案例呈现出生活活动怎样的特点？生活活动的保教合一体现在哪儿？

### 1. 保教结合是生活活动本体性的体现

幼儿园生活活动首先具有本体性的特点，它分为两个层面的含义：一是人作为生命个体，生活活动是其生存的内在需要；二是生活活动根据幼儿的年龄特点呈现出不同的设置。

幼儿园生活活动渗透于一日活动之中，它既满足幼儿基本生活需要，又贯穿一日活动的各环节，如同链条串联起教学活动、游戏活动和户外活动等。同时，各年龄班根据年龄特点，在生活活动的次数和时间上会有略微变化，小班的生活活动会占据更多的活动时间，生活活动内容也成为其年龄段保教工作的主要内容。

### 2. 生活活动的融合性反映保教结合

在本节第一个案例中，教师以幼儿的角色进入，从洗手环节当中正在发生的问题出发，对幼儿玩水打闹进行生动而有效的教育。这样的教育是隐性的，更是价值斐然。幼儿在生活中学习发展，幼儿阶段的生活活动与学习活动不能清楚划分开，可以说，生活的过程就是学习的过程，生活与教学、游戏是相互融合的。在生活活动中，幼儿感知接触真实的物品，产生困难与冲突，经过思考探索、自我尝试、模仿合作等方式去解决。这是最具有幼儿精神的学习过程。通过这样的过程幼儿真实理解各种抽象的概念，深奥的现象与知识，学会克服困难、解决问题，习得一定的动作技能，掌握一些生活技巧，学会与他人沟通交流、合作分享。如同第二个案例中妍妍通过观察、模仿、尝试，从不会叠被子到可以简单地折叠，这就是她学习的一种过程，在叠被子中幼儿还能感受、认识到边和角，了解折叠与重合的概念。第三个引导案例中体现出在教学活动中也能触发幼儿生活教育的契机点，故事、绘本中往往有许多培养幼儿生活习惯、生活技能的内容，以及对自我的认知和心理健康领域的内容，教师在教学活动的设计中也会关注这点，并作为教学环节的一部分呈现出来。在幼儿游戏活动中更是如此，例如游戏中收拾整理玩具和材料，对物品进行分类摆放等不仅是游戏活动的具体要求，也是生活活动的教育目标。

#### 3. 保教结合有效弱化生活活动的反复性

生活活动的反复性体现在两个方面：一是许多生活活动在一日活动中会多次出现，其相对应的内容与要求亦是如此，需要幼儿一遍遍地反复操作；二是在生活活动的过程中，幼儿会出现能力习得的反复，例如某个幼儿今天能按要求进行洗手、喝水，但第二天也许会看到他又忘记喝水，洗手时仍然会玩水，这些都是生活活动反复性的体现。只有通过保教的有效结合才能给予幼儿反复学习和锻炼的机会，在过程中逐渐习得，同时也能给予更多的时间让教育者认识到幼儿的差异，寻找出问题反复的渊源，弱化幼儿之间差异性的影响。

长久以来，生活活动都被片面地归于保育的内容，出现了许多保教脱离的问题，例如幼儿园只重视教学活动，轻视幼儿生活活动，把生活活动单纯看作是为了满足幼儿生理需求而忽略幼儿心理需求，教师要求行为多而忽略幼儿自我管理的形成，等等。随着幼儿教育理念的不断更新，越来越多的专家和学者认识到生活活动的重要性，并且越来越聚焦于生活活动质量的提升。例如，幼儿园中出现的“娃娃家”“小厨房”这类生活活动区，幼儿通过操作区域中的材料逐步掌握生活技能，激发自我服务的兴趣。又如幼儿园中出现的生活技能操作墙面，“扣扣子”“扭瓶盖”“扎辫子”等都能让生活活动融入保教整体中。从某个角度而言，生活活动也是幼儿园课程的组成部分，它与教学活动和游戏活动同样重要，只是更具有隐形性，这样的隐性课程必将是“保”与“教”融合与统一的载体，保教并重是生活活动最突显的内涵与价值特点。

## 二、生活活动是幼儿发展的基础

### （一）生活活动是幼儿园开展一日活动的基础

案　例

#### 教师的苦恼

教师一：这学期我带小班，刚入园的孩子在生活上不适应，分离焦虑比较明显，很难按时开展一些集体活动、区域活动。例如早上入园时，班上几乎三分之一的孩子都在哭闹，当安抚好孩子并吃完早餐后，时间都已经到八点五十分了，根本没办法开展集体活动。

教师二：我们班的孩子进餐比较慢，个别孩子都有含饭发呆的不良习惯，每次其他班都收餐了我们班都不行，好几次影响了午睡时间。

教师三：在一次绘画活动中要使用颜料进行涂色，有些孩子将颜料弄到身上、地板上，我让他们去洗洗手。班上个别孩子的洗手习惯不太好，到洗手间随意打开水冲洗了一下，手也没擦就跑了出来。这下更加糟糕了，地板上到处都是水，也弄湿了画纸。我一直都要处理各种突发问题，根本没办法继续指导孩子们创作。

**思考：**三位教师的苦恼产生的原因是什么？反映出怎样的问题？

幼儿在一日活动的各环节都需要孩子们有一定的规则和习惯，这样的常规正是在生活活动中不断培养形成的。个体年龄越小，行为的可塑性就越大，其动力定型就越容易。一日常规的形成能保证孩子按照一定的安排与要求进入游戏活动、教学活动和户外活动中。如果没有形成生活的常规与习惯，就会产生如上述教师们的困惑与问题，会影响其他活动环节的组织。因此，生活活动是幼儿园一日活动开展的保障，它为活动做铺垫，为活动效果的达成奠定基础。

**案　例**

某幼儿园中一班的蒋老师正在组织数学操作游戏，她请幼儿分别到桌子上拿一个喜欢的图形，话音刚落就有几名幼儿直接起身，兴奋地朝桌子冲去，其他的孩子也受到感染，纷纷开始涌向桌子。教师这才发现不对劲，连忙说道："不要着急，一个接着一个轮流来。"可是，幼儿的注意力已经完全在拿图形的事情上，活动现场喧闹了起来。蒋老师是一名新手老师，通过观察她发现班上孩子们只要是拿取物品都会出现混乱、争抢的情况，她对这个问题束手无策。

**思考：**孩子拿取物品出现混乱问题的原因在哪里？蒋老师应该如何利用生活活动环节实施教育呢？

图 5-5　幼儿有序取物

幼儿的秩序感是在生活环境中潜移默化逐步养成的，生活中更需要秩序和规则的存在。面对班上孩子无序争抢的情况，并不是教师苦口婆心的说教或者权威压制就能解决的。案例中的蒋老师应该分析班上幼儿秩序感弱的原因并且结合幼儿生活一步步改善。例如观察班上幼儿在喝水拿水杯、进餐拿食物、洗脸取毛巾等环节是否也存在拥挤争抢的现象，并由许多个别案例引发幼儿的关注、讨论和思考，帮助幼儿寻找不拥挤也能快速完成任务的方法，以此不断强化幼儿的秩序规则。其实幼儿的无序行为也许与其生活环境密切相关，例如幼儿是否生活在一种杂乱无章的环境中，物品摆放没有规律或过于集中等都有可能影响幼儿秩序感的形成。可见，生活活动中逐步养成的秩序意识，将会促进各类活动中秩序与规则的实现，如图 5-6 所示。

图 5-6　有序的环境、有序的活动

### (二)生活活动是幼儿发展的重要保障

马克斯·范梅南认为“教育学不能从抽象的理论论文或分析系统中去寻找，而应该在生活世界中去寻找，教育学存在于极其具体、真实的生活情境中”。自然主义教育代表卢梭就崇尚自然，提倡让教育走向儿童的自然生活，隐含着生活教育的思想。杜威从“教育即生长，教育即生活，教育即经验的不断改造与重组”出发，强调儿童本身的社会生活互动是学校科目相互联系的真正的中心。陶行知生活教育理论也提出“生活的教育，用生活来教育，为生活而教育”。

生活活动首先为幼儿成长提供生存所需能力，保障幼儿健康，这是幼儿要获得发展的最大前提；其次生活活动本身就具有育人的功能，从某种意义上来说，生活活动是幼儿园的“第一课程”“唯一课程”，是幼儿园教育教学的重要组成部分；最后幼儿大部分学习是生活化、游戏化的教育活动，教育原本就在幼儿生活之中。因此，生活活动不仅是幼儿园保育关注的环节，也更是幼儿园“教”中不可忽视的内容。同时，幼儿园教育教学本身就应该来源于幼儿的生活，生活中的教育契机又正是幼儿感兴趣的内容，是正发生于幼儿身边的情境与事件，这本身就是最具有价值的学习，也是能真正实现幼儿发展的重要内容与保障。

### 1. 生活活动中有丰富的隐形课程资源

生活中的教育是无处不在的，幼儿在生活中时时刻刻都在学习，这样的学习不仅是动作技能上的，更是一种习惯与心性的养成。即使是喝水、进餐、洗脸这些平常的生活环节都存在教育的时机。例如在洗手时，教给幼儿正确的洗手方法，加入七步洗手法的图片和关于洗手的儿歌。同时也让幼儿明白为什么要洗手、手的作用和卫生，以及细菌与人体健康之间的关系。可见，生活活动中的每个内容都可以成为幼儿学习、教师教育的一项内容，都可以作为幼儿园课程资源中的一部分。

生活活动各项不同的内容都蕴含着丰富的课程内容，如表 5-2 所示。

**表 5-2　生活活动部分隐性课程资源**

| 生活活动内容 | 隐性课程内容 | 生成活动 |
| --- | --- | --- |
| 入园 | 礼仪教育 | “老师早上好”“高高兴兴上幼儿园” |
| 如厕 | 健康教育 | “男孩与女孩”“我的身体信号” |
| 进餐 | 健康教育、科学教育 | “食物去哪儿了”“我爱蔬菜” |
| 洗手 | 科学活动、环境保护 | “我的小手”“我爱水宝宝” |
| 喝水 | 科学活动、健康活动 | “身体里的水”“水的秘密”“水和饮料” |
| 漱口 | 健康活动、科学活动 | “我的牙齿”“牙齿宝宝生病了” |
| 午睡 | 社会教育、健康活动 | “轻轻地”“睡觉觉” |
| 离园 | 语言教育、安全教育 | “我的快乐一天”“放学路上” |

### 2. 生活活动能促进幼儿多方面的发展

生活活动在培养幼儿良好行为习惯方面有着其他活动无法替代的优势，为幼儿提供了更多的交往机会，幼儿通过生活活动与周围同伴和教师发生互动，提高了幼儿的交往能力和社会适应力。在生活能力的习得中幼儿发现问题、解决问题，通过观察进行思考和判断，互相学习并总结归纳，这些思维力的发展也在生活活动中默默进行。

总而言之，生活活动在幼儿阶段有着不可取代的地位与作用，如图 5-7 所示。

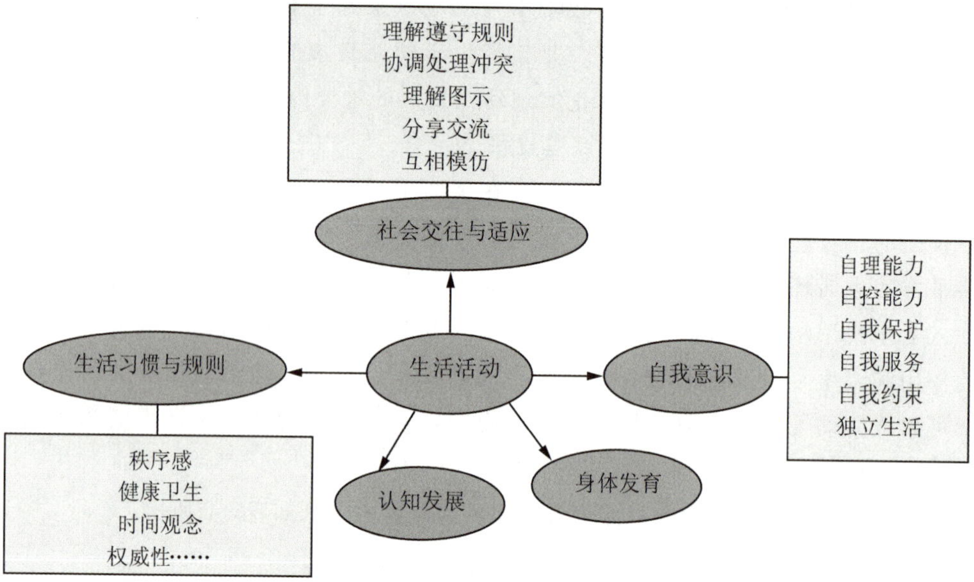


**图 5-7　生活活动价值说明思维导图**

## 学后反思

1. 一日生活活动中各内容的教育要求是什么？请分别罗列出来并说明它对幼儿发展的价值。

2.“生活活动是保与教的统一”，如何理解这句话？

**拓展阅读**

### 生活活动的教育性和迁移性

从幼儿的角度看，幼儿园生活活动中的随机教育又具有教育性与迁移性的特点。在幼儿园生活活动中，教师抓住偶然性的教育契机，在真实情境中对幼儿进行即时即刻的教育，使幼儿获得了身临其境的情感体验，这当然体现了其教育性的特点。幼儿在真实的情境中获得的深刻感受和体验，这种真实情境中的体验生动鲜活，不仅仅影响现在，对幼儿以后的发展也会有一定的影响，这就体现了其迁移性。有人认为，迁移是“在一种情境中技能、知识和理解的获得或态度的形成对另一种情境中的技能、知识和理解的获得或态度的形成的影响”(J. M. 索里，C. W. 特尔福德，1982)，或者简单地说“一种学习对另一种学习的影响”。当然，在生活活动中如果教师对幼儿进行了随机教育，那么幼儿获得的体验和理解，同样会有所迁移，而这种迁移应该是正迁移。正迁移即一种学习对另一种学习的积极影响，包括一种学习使另一种学习具有了良好的心理准备状态，一种学习使另一种学习活动所需的时间或练习的次数减少，或使另一种学习的深度增加或单位时间内的学习量增加，或者已经具有的知识经验使学习者顺利地解决了面临的问题等情况。因此，幼儿园生活活动中的随机教育，不仅具有教育性，还具有迁移性，而且应该是正迁移。例如，在用餐环节，教师抓住契机教育幼儿爱惜粮食，珍惜农民伯伯的劳动成果，这对幼儿是具有教育性的，而且这一教育还会对幼儿以后的发展产生有益的影响，因而其又具有迁移性。

# 第二节 保教结合下的生活活动实施

**引导案例▶**

大A班的幼儿正在进餐，带班教师正在为班级周末的亲子运动会的“跳筐”进行准备，教师为了保证制作的筐子符合幼儿不同的跳跃难度，请了三个正在用餐的幼儿出来试跳，三个幼儿连续试跳几次后回到座位上继续用餐。不一会儿，教师调整完筐子后又陆续请多名幼儿从餐桌上到走廊试跳。

**思考：**教师的行为是否合适？体现了教师怎样的观念？

## 一、生活活动的实施原则

### （一）尊重本体性

人存在在宇宙世界中都具有本能的生命冲动，就如同人饿了会找东西吃，累了要睡觉补充精力一样，是出于本能的行为。在生活活动中，教师本身对生活活动的认识和态度会传递给幼儿，幼儿所习得的预期与非预期、计划与非计划的知识，价值观念、规范与态度都与教师本身的生命观、人生观、价值观相关。因此，教师在生活活动时要改变观念，不能从“我要孩子遵守规则”的观点出发，将生活活动变成了一条条教师制定的规矩，用规则弱化了幼儿生命个体自我需求、自我生长、自我发展的动力机制，呈现出教师高控的状态。教师应用生活活动的实施激发每个生命个体本能的生存欲望与力量，应珍视生活活动的特殊价值。例如引导幼儿认识到吃饭、睡觉、喝水这些生活活动不是幼儿园的要求、教师的要求、父母的要求，而是自己生存所必需的，强化生命本体性的存在。同时，教师更要尊重这种本体性，从幼儿需求与个体差异出发，突显出不同生命体的发展轨迹。

引导案例中教师只关注运动会的正常开展，对正在进行的生活活动“进餐环节”并不重视。教师不顾幼儿正在用餐，随意中断让幼儿进行试跳。首先，从生理卫生方面不符合要求，对幼儿的健康不利。其次，教师对生活活动的漠视态度会影响幼儿正确对待进餐环节，有可能导致幼儿用餐不专心、边吃边玩的不良习惯，更不利于班级进餐常规的形成。

**案例**

**片段1：** 早餐时间，中一班幼儿陆续入园，保育教师将早餐的粥一份份盛在了碗里。今天吃鹌鹑蛋，教师又开始一个个把蛋壳剥了下来。

**片段2：** 午睡起床准备吃水果，今天吃的是香蕉，教师将香蕉一个个剥好皮，切成了若干块放在了碗里，等待洗漱好的幼儿吃。

**思考：** 教师的做法好吗？为什么？

在生活活动的教育中，培养幼儿动手能力、自理能力是一项基本目标，案例中的教师无意中剥夺了幼儿自己动手的机会，全包办完成，幼儿失去了在生活中探索的机会，这样的现象在幼儿园中屡见不鲜，教师变成了“保姆”，殊不知这样的帮助会对幼儿造成隐性伤害，一个个具有学习和成长价值的契机正在丢失。我们应该提倡尊重与回应式的保教策略，多给予幼儿动手的机会，相信他、等待他，即使犯错也是正常的，这是生活成长必须经历的过程，让孩子在尝试中学习、在模仿中提升才能让他们真正成为自己生活的主人。

### （二）注重系统性与节律性

**思考：** 生活活动的系统性和节律性体现在哪些方面？

幼儿在园三年的生活教育应形成一个统一的整体，即幼儿生活教育的完整系统。在这样的系统中，教师开展生活活动应有清晰的目标和阶段性的计划。

#### 1. 系统性一：具体化和可操作性的统一

教师在思考生活活动的教育过程中往往缺乏具体的指向性目标，例如大、中、小班幼儿在生活能力培养上都会出现“养成便后洗手的习惯”，这样的目标笼统、操作性不强，教师无法检验是否达到目标。应该根据洗手要求进行细化，例如“洗手时能不玩水，保持地面干净”“洗手能使用肥皂”等。

#### 2. 系统性二：计划性和适宜性的统一

对于每项生活活动的技能和要求，教师心中要有三年目标、学年目标、学期目标、月目标，甚至周目标、日目标，这样才能实现层层递进、逐步养成。毕竟生活能力与习惯的形成不是一朝一夕间可以完成，它是一个长期积累和演变的过程。同时，目标只能作为一个大的框架，呈现出的应该是阶段的递进性和层次性，一切以基于幼儿的需求和发展为衡量和评价的标准。

#### 3. 系统性三：层次性与连贯性的统一

生活活动时时都在发生，它是个连续性的过程，从现阶段幼儿园常见的生活活动目标可见，教师缺乏对生活活动层次性的考虑，幼儿的生活与学习时间是间断性的，有时候甚至是教师的一时兴起，这不利于培养幼儿良好的生活习惯。

通过对幼儿园一日活动安排表的分析可以看到，生活活动也有其特殊的节律性，例如进食前必须洗手，餐后必须漱口，户外活动后必须喝水补水等，有一定的规律。幼儿在有节律的生活中获得一种安全感和舒适感，保证了幼儿情绪的稳定和身心的健康发展。

### (三)关注个体差异性

**案例**

快到吃水果的时间，中三班的秦老师组织幼儿如厕洗手，秦老师说："请小朋友们全体起立到老师这里排队，男孩子站一排，女孩子站一排。"所有幼儿都动作迅速地按照秦老师的要求排好了队伍。秦老师将幼儿全部带入盥洗室，让幼儿排队如厕再排队洗手，没请到的幼儿靠书包柜站着等。这时两个小男孩开始为争夺书包柜里的玩具打闹起来。正在上厕所的一个小女孩因为不懂解背带裤上的扣子而不知所措，后面的女孩子互相推搡，顿时厕所内混乱了起来。

**案例**

快到午睡时间了，中三班的秦老师让所有幼儿脱好衣服排好队，等待进入隔壁寝室。许多幼儿动作快速地将衣服脱下折叠好并排起了队伍，朵朵却怎么都脱不下来衣服。原来今天妈妈给她穿了一件连衣裙，拉链解开比较复杂，朵朵拉不了。刚开始朵朵请人帮忙，可是试了几次都打不开。此时还有几名幼儿跟朵朵一样都还没有完成"任务"，其他排队的孩子在冷风中等待着。

**思考：** 两则案例中，秦老师的做法虽能很好地使班级建立常规，让幼儿有秩序有规则地进行各项活动，但是否存在问题？如果你是秦老师，会如何帮助以上遇到困难的幼儿？

幼儿在个体发展上会存在差异，这样的差异也同样在生活能力上体现出来。在幼儿园中我们经常会看到，有上大班仍然不会区分左右脚穿鞋的孩子，上中班不会自己用餐具吃饭的孩子等。由于幼儿个体的先天动作发展、养育环境、亲子照顾方式等因素不同，幼儿在生活能力方面呈现出较大的差异。教师在组织幼儿进行生活活动时要留心观察，关注个体差异性，针对不同生活能力的幼儿进行不同程度和次数的指导，不能用一个标准对待全体，特别在活动环节中尽量减少不必要的集体行动和过渡环节，减少和消除消极等待的现象。

教师的职责和价值就在于关注每个幼儿个体，并且针对不同个体的情况做出适当的教育行为。从案例中可见，教师的行为较多指向培养幼儿良好的秩序与规则，以建立良好的班级常规，虽然达到一定效果，但存在根源性的问题。案例中秦老师对规则的要求过于刻板，过分要求统一，忽略了幼儿在能力发展上会存在差异，幼儿在严谨的规则中存在消极等待的现象，花费幼儿大量时间，这无异于是对幼儿生命的浪费。

**相关链接：** 冯晓霞教授在研究中指出，过于整齐划一的集体行动和固定不可改变的时间表是造成时间浪费的主要原因，长久的等候容易导致幼儿做出不当的行为，幼儿的不当行为又会招致教师的责备，形成一种不愉快的心理氛围，造成幼儿做事拖沓、缺乏主动性，不会合理利用时间。缺乏对个别幼儿的关注则不仅对幼儿本身的发展无帮助，更有可能影响幼儿的个性发展，使幼儿形成胆怯、害怕困难的心理。

**学后反思**

本段中提到的生活活动实施原则有什么？你认为还应该有什么原则？原则中提到尊重幼儿个体差异的必要性，但在实际幼儿园带班中班级幼儿人数多，如何才能将尊重个体差异落实到位？

## 二、保教结合下的生活活动如何实施

### （一）善用榜样示范的激励

**相关链接：**班杜拉的社会学习理论指出人的行为习得有两种不同的过程：一种是通过直接经验获得行为反应模式的过程，即通过反应的结果所进行的学习，也就是我们所说的直接经验的学习；另一种是通过观察示范者的行为而习得行为的过程，即通过示范所进行的学习，也就是我们所说的间接经验的学习。行为习得中也提到了人类的观察学习模式，不同的示范形式具有不同的效果，用言语难以传递图像及实际行动所具有的同等量的信息，而且图像和实际行为的示范形式在引起注意方面也比言语描述更为有力。这些论述充分说明了“身教重于言传”的理念。

学前儿童以模仿为主要学习手段，其可塑性很大，父母与教师的一言一行都会影响着幼儿，对幼儿起到表率作用。在幼儿园生活活动中，教师就是幼儿心目中的“权威”与模仿对象，教师的行为也随之成为幼儿的榜样行为。例如想让孩子养成整理物品的习惯，教师也要注意物品的规整摆放，养成物归原处的习惯。善用榜样的示范作用，可以很好地促进幼儿生活行为的塑造。

**案 例**

在午餐时间，陆老师对幼儿提出要求“吃饭的时候要拿好碗，不能说话”。教室里的幼儿都能按要求安静进餐。忽然，蒋老师走了进来，拿着刚借到的舞台服装说：“陆老师，你看看这件衣服怎么样?”顿时打破了教室的宁静，幼儿全部被蒋老师吸引，开始发出窸窸窣窣的声音。

**思考：**你如果是陆老师，此时会怎么办?

幼儿园生活活动各环节都要有相应的规则与要求，这就是我们常说的班级常规、公约，当教师或师生共同制定好规则后，教师应该身先士卒，首先成为约定的服从者和守护者。案例中蒋老师恰恰成为了破坏规则的人，这会对幼儿造成不良的影响，使幼儿认为打破规则也没关系。此时陆老师应该很好地示范如何遵守规则，提示蒋老师要轻声说话，给予幼儿正面的示范。当规则变为了幼儿的日常习惯，那将会内化为孩子们不易改变的行为、性格、品质。

### (二)以幼儿需要为出发点

**案例**

在离园时，张老师要求幼儿安静等待父母来接，可是当家长们聚集在教室门口后，幼儿开始躁动起来，有些幼儿趴在窗口，有些幼儿开始追逐起来，有些幼儿进到了活动区摆弄玩具。张老师忙于与家长们进行交流无暇顾及教室里的孩子。突然，一阵哭声传来，原来是幼儿A和幼儿B在追逐中不慎跌倒，幼儿A撞到了桌角，额头擦伤渗血。

**思考：**离园时幼儿的表现体现了他们怎样的需求？如果你是张老师，你会怎么避免此类事件的发生？

案例中幼儿在离园时处于比较焦急、盼望的心态，教师让幼儿安静休息造成了孩子无所事事的状态，此时幼儿需要急切地看到父母并且自由地游戏。教师可以根据幼儿需要，在离园时提供幼儿自主游戏的机会，避免幼儿打闹产生安全隐患，也可以在离园时组织一些谈话和轻松的游戏活动，或者将一日中的教学内容进行缺漏补充和回顾，让幼儿以平和、自然的心态等待父母。凸显保教结合的教育理念，还可以针对幼儿在生活中出现的状况实施教育，借助相关内容的教学素材，引发幼儿对出现的问题进行讨论和探讨。例如案例中针对孩子放学的“失控现象”，教师可以组织孩子进行谈话活动“放学时我可以做些什么?”，通过主题讨论提升幼儿的语言表达能力，也促进幼儿离园生活环节的有序进行。教师也可以寻找一些相关的故事和素材，让孩子通过学习内容，认识到不当行为的影响和危险，以此获得更优化的活动方式。

作为教育者要以幼儿需要为出发点，首先要转变自己的儿童观和教育观，承认幼儿是独立且有思想的个体，尊重他此时此刻的需要，创造条件有选择性地予以满足。其次要转变自己的教育行为，多看多观察，少命令少要求。无论是在生活环境的创设，还是在生活课程的实施中都要结合幼儿发展的需要，以此考虑生活活动的实施。

**案例**

佳佳是班上午睡时最让教师头疼的孩子，无论教师采取怎样的方法佳佳就是不肯睡觉，每天中午佳佳都会在床上翻来覆去，有时还会干扰到其他孩子入睡，教师束手无策。

**思考：**面对佳佳这样的孩子，你会如何根据幼儿需要解决问题？

在幼儿园里经常会看到一些像佳佳这样的孩子，由于家庭生活环境和教养方式的区别没有形成午睡习惯。而当进到幼儿园，午睡是一日活动中不可替代的环节，它可以很好地帮助幼儿用睡眠补充一个上午消耗的精力，让幼儿有更饱满的能量投入下午的活动中。在佳佳没有养成午睡习惯时，首先，我们可以根据她的需要给予其一个过渡和建立的过程。例如，可以设计一些安静的活动让她做，避免她在床上影响其他幼儿的睡眠。其次，逐步调整佳佳安静活动和上床入睡时间的比例，从半小时开始，让佳佳逐渐拉长上床入睡的时间。最后，采取一些陪睡、安抚的手段，帮助佳佳尝试进入睡眠，逐步形成午睡习惯。同时，在平常的教学活动中，可以针对像佳佳这样不喜欢睡午觉的孩子选择一些素材进行教育，也可以安排佳佳进入班级“娃娃家”区域玩耍，将区域游戏中获得的经验进行迁移。

### （三）采取启发式的提问和鼓励式的回应

作为教育者应该随时观察和思考幼儿在生活活动中的现状，以问题为启发搭建脚手架，激发幼儿探索和学习相关的生活技能。

**相关链接：**美国著名心理学家和教育学家布鲁纳提出了脚手架理论，他借用建筑行业的术语，提出“在教育活动中儿童可以凭借父母、教师、同伴及他人提供的辅助物完成原本自己无法独立完成的任务。一旦儿童能独立完成某种任务，这种辅助物就会像建筑竣工后的脚手架，被逐渐撤离。维果茨基的最近发展区理论也能很好的说明脚手架存在的意义与价值，维果茨基认为个体存在两种发展水平，第一种是现有发展水平，第二种是儿童在其发展的现阶段还不能独立解决问题，却能借助成年人或其他具有相关知识的同伴的指导与合作达到解决问题的水平。这两种水平的差异决定了儿童的最近发展区，脚手架正是以儿童最近发展区为基础，为幼儿发展的实现提供方法。

模拟、示范、暗示、提问、降低难度、游戏活动、小组活动、合作学习等都是脚手架的策略，而其中提问启发在生活活动中更具有效果，更易于调动幼儿的主动性和参与性。教师可以利用提问激发幼儿参与的兴趣，让幼儿产生主动学习的欲望，寻求解决问题的办法。

**案 例**

某大班幼儿刚起床，由于天气比较冷教师要求孩子们在寝室穿好衣服，班上的男孩子牛牛把外套翻到身后，但弄错了正反，怎么伸手都没办法将手穿进衣袖里，只见他弄得满脸通红。此时，带班教师王老师看见了，走到他的旁边说：“牛牛，你穿好衣服了吗?”牛牛回答说：“没有，我的手伸不进去。”王老师看了看说：“呀！真的呢，怎么办呢？我来穿穿看。”王老师接过衣服故意将衣服按照牛牛错误的办法披在了肩上：“哎呀，我也穿不上，找不伸手的口呀，牛牛你看看是怎么回事?”牛牛左看看右瞧瞧，突然惊声说：“袖子不见了!”王老师接着问：“那袖子去哪了?”牛牛又找了找，若有所思地说：“这个反了吧！袖子都到里面去了，怎么伸呀!”王老师接着说：“是呀！那怎么才能让袖子不会翻到里面去呢?”于是，王老师跟着牛牛反复试了几次，后来牛牛发现了原来穿衣服时要先检查袖子有没有翻好，披衣服在肩上时要看清衣服的内侧不能对着自己再穿，可以看商标区分衣服内、外侧等。

教师层层递进式的提问如同帮助幼儿搭建的脚手架，引发幼儿步步思考，掌握正确的生活技能，如案例中的王老师看到幼儿的困难并没有直接帮他穿好，也没有直接告诉他穿的方法，而是通过提问让孩子观察、思考、发现、总结，这样的习得更真实更有效。教师的提问要注意以下三个原则：一是提问语言清晰，指向性明确；二是多以开放式提问为主，引发幼儿生活探究；三是提问要层层深入，引发幼儿自主习得。在生活活动中教师不是权威者，不充当说教的角色，而是如同幼儿的同伴共同去发现问题、解决问题，这是对幼儿最大的尊重，尊重式的教养理念让教师能真正成为与孩子共同生活、成长的人。

**案　例**

某幼儿园中班幼儿午睡起床时，带班教师给予了幼儿以下回应：

“快点穿上衣服，你怎么动作这么慢。”

“我都说了不要这样叠被子了，会掉在地上弄脏的。”

“你是中班的孩子了，怎么还尿床呢?”

“怎么连鞋子都穿反了，我们上次不是学过了吗?”

**思考：** 该教师对孩子的回应是否合适？请说明原因并试一试、改一改。

成人的积极鼓励与回应对幼儿生活能力的习得也是非常必要的，鼓励与回应不是一味的表扬，也不是一味的讲要求。恰当鼓励与回应的前提在于教师对孩子“走心”的观察。有观察才有了解和理解，才会在适合的场合表扬孩子，不打断他在生活活动中的专注；才会找到对应不同孩子的差异性表扬，而不是使用千篇一律、缺乏个性的经典句型，例如“你真棒”“你真能干”等；才会显示出教师的表扬是具体并发自真心的，不会让孩子觉得生硬、唐突；才会将孩子生活活动中的连续性发展放在心里，把孩子的已有水平作为基础，不会在孩子之间做无谓的横向比较。可以说，每次回应应该是属于每个孩子的“私人订制”，教师应该用好这一方法，让孩子养成生活习惯的同时，更加获得成就感、建立自信心，更能让孩子爱上生活，成为一个快乐生活的人。

**现场点击**

**情境一**

早晨晨检时一个孩子问候道“老师好”“谢谢”“老师再见”。

教师回应：“你真有礼貌！”

改变：“宝贝，你来的时候和走的时候都能跟我打招呼，真有礼貌！”（“有礼貌”的范围比较宽泛，具体性不够，孩子不太能理解。将语句改为具体的“来的时候和走的时候打招呼”能让幼儿清晰知道教师鼓励和表扬的点在哪，利于幼儿养成礼貌的习惯。）

**情境二**

户外活动回到教室，有两个孩子互相帮助垫汗巾。

教师回应：“你们真能干！”

改变：“你们能想办法互相帮忙垫汗巾，太棒了！下次遇到困难也可以试一试请好朋友帮忙的办法。”（教师回应的改变能很好地帮幼儿总结自己的方法，并且指导幼儿能在下次遇到困难时采取恰当的策略。回应不单单只针对本次事件及情境，更对幼儿的后续发展有利。）

### （四）注重实际操作

**课堂讨论**：某幼儿园区域教研中，中班的“宝贝之家”区域中，教师提供了真实的水果、蔬菜让幼儿切、洗、装盘、榨汁等。观摩后，教师们产生了争论。

观点一：材料选择得很好，中班幼儿已经有了一定的生活经验和能力，应该多给他们接触真实的物品，让他们尝试动手做一做，积累他们的生活技能。

观点二：“宝贝之家”的创设是为了让幼儿了解家庭的社会分工并且尝试角色游戏，让孩子用真实物品游戏，首先从卫生方面就存在问题，而且会让孩子们都专注在玩弄这些蔬果上，根本没有发挥这个区域想达到的作用。

**思考**：你认为哪个观点是正确的，说一说你的看法。

幼儿园在区域游戏中经常会渗透生活活动的内容，幼儿在游戏中模拟生活场景，进行生活操作，习得生活技能，然后迁移到日常生活中。生活活动需要在不断的操作和尝试中进行，教师要注重幼儿的操作，不能扼杀孩子动手的机会。有些教师在生活活动中会采用说教的方法，例如让幼儿学习漱口就不停让孩子朗读漱口的儿歌，让幼儿学会洗手就不停让孩子背诵洗手的要求。这样的生活教育不仅毫无意义，还会破坏孩子对待生活的热情。《3～6岁儿童学习与发展指南》中明确指出幼儿的学习方式和特点是直接感知、实际操作、真实体验。而真实性也是生活活动本身存在的特点，它与其他的活动不太一样，教师应该尽量提供真实的生活情境、场景，多以真实的生活材料让孩子进行操作。让孩子回归生活，而不是生长在我们创设的虚拟环境中，根据幼儿的年龄特点和能力发展不断过渡。如全部只是单纯的以不真实替代真实，以仿真替代实物，这是生活教育中要避免的误区。

### (五)与环境相渗透

**思考：**环境对生活教育产生怎样的影响？怎样的环境有助于生活活动的实施并具有生活教育意义？

生活活动属于保教的范畴，其与其他保教内容一样都会受到环境的影响，具体而言，生活活动的环境主要指生活各环节所能涉及的空间规划、设施设备、环境装饰和生活用品等。《幼儿园教育指导纲要(试行)》中指出："环境是重要的教育资源，幼儿教师创设、提供的生活活动环境不仅要与幼儿相适应，能促进幼儿的发展，同时还要让幼儿在其中获得有益的生活经验，以完成保护和促进幼儿身心健康成长和发展这一基本使命。"《幼儿园保育教育质量评估指南》指出："幼儿园要积极创设丰富适宜、富有童趣、有利于支持幼儿学习探索的教育环境。"环境如"无声的教师"，引发幼儿的自发行为，让幼儿在无意识中学习，而这样的学习往往比有意识的学习效果更持久。我们在组织和实施生活活动时要注重环境的创设，考虑环境的影响因素，把生活教育渗透到环境之中，达到"无声胜有声"之效。

#### 1. 暗示与引导

**案　例**

某幼儿园班级的饮水设备安装在盥洗室里的一角，每次幼儿喝水都需要教师先组织然后再有序地进入盥洗室才行，如果教师没有组织，幼儿不会主动到盥洗室喝水，甚至会出现有些幼儿一直没有饮水而教师并不知情的现象。

**思考：**饮水设备应该如何设置才能便于幼儿养成按需喝水的习惯？

生活教育中要培养幼儿良好的饮水习惯，按自己的需要不定时地多次补水。如案例中的班级环境设置，饮水机安放在幼儿不经常活动的盥洗室中，明显出现了空间规划上的问题，这不仅容易被幼儿忽略，也不符合便于幼儿随时饮水的要求。园所中的很多空间设置是由园所和教师自行设计和改造的，必须尽量以符合幼儿生活活动的需要来规划。如将饮水区设计在班级活动室内，便于幼儿随时补给，将大大增加幼儿饮水的主动性和积极性。有些园所还巧妙地利用饮水区的环境布置，激发孩子养成定时定量饮水的习惯。

环境对人有强烈的暗示与引导，如同我们走进粉红色房间感觉温馨，走进白色房间觉得空荡一样，环境的暗示与引导不仅让人内心产生"环境感受"，也让人在不同的环境下出现相应的"环境行为"。例如有研究表明幼儿在空荡的房间内更容易发生奔跑、打闹的行为，这是由于环境的空荡不自觉传递着一种信息"没有东西，可以跑"，所以教师认为"幼儿过多的冲撞发生是由于教室的狭窄所造成"的认识不一定正确。行为学派的行为理论认为改变幼儿所处的环境其行为也会发生变化，幼儿的行为塑造源于其与环境之间的互动，改变幼儿行为最有效的方式就是改变幼儿周围的环境。环境在园所保教实施中具有隐形暗示和指导作用，不合理的环境将会影响幼儿教育效果的达成。

图 5-8　今天你喝水了吗

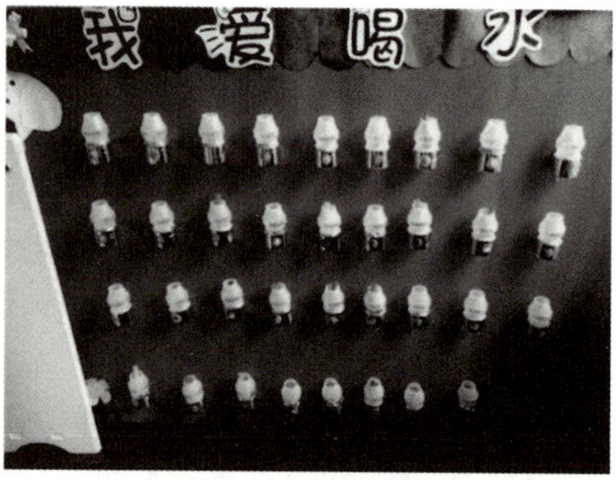


图 5-9　我爱喝水

**案　例**

某幼儿园由于园舍设备的增添，部分原本用来摆放区域材料的玩具柜被淘汰了出来，园所为了节省资源将淘汰的玩具柜用作新小班的书包柜。开学一个月就发现了问题，小班的幼儿每次在更换衣物时都找不到自己的书包，教师在柜子上贴上了对应的号数标签，但情况只稍有好转，大部分幼儿都是随意将书包乱塞到一个位置，为班级教师的生活活动组织造成了很大的阻碍。

**思考：**书包柜发生了什么问题、为什么幼儿取放书包出现了混乱？遇到了这样的问题你应该如何改善环境？

案例中的园所虽然出于节约资源和开支的角度，巧妙地将玩具柜变成了书包柜，但从孩子们的使用情况看显然是不合适的。玩具柜与书包柜有本质上的不同，玩具柜为了便于幼儿取放物品，设计的内部结构相对而言隔断较少，如果将它用作书包柜，就会出现一个空格需要放几个书包的情况，这不利于幼儿区分自己书包的位置。特别是对于刚进入幼儿园生活的小班幼儿，一切规则和要求都很陌生，本身还处于生活习惯和常规的养成期，即使贴上号数也不一定能认对，所以就会出现如案例中取放书包混乱的现象。书包柜作为生活环境之一，其本身的设计应该符合“一人一格”的要求，便于幼儿管理自己的物品，与其他人的物品区分开来。使用不恰当的玩具柜没有合适的空格，仿佛就在告诉孩子“随便放就行了”，不利于幼儿规则的形成。

### 2. 功能与美感

幼儿园生活活动用品、材料基本是由幼儿园或者家长在统一的要求下购买配置，它在具有相应的使用功能之外，还要带给幼儿美的享受，提升幼儿的审美能力。充满美感、多样性的生活活动材料能提高幼儿的使用兴趣和活动的坚持性，把原来他们不感兴趣的事情变为感兴趣的事情，从而使幼儿形成对生活积极向上的态度。因此幼儿园里除了提供方便幼儿使用的生活用品、材料外，更应该考虑物品的美感，激发幼儿操作和使用的欲望，让幼儿在充满美感和多样化的生活环境中成长。

**案 例**

某幼儿园王园长在上学期通过观察园所幼儿的进餐情况发现了许多问题，例如食物浪费比较多，幼儿进餐慢，进食量少等。王园长组织教师们集体讨论，针对如何改善幼儿进餐情况进行专题的研讨。通过长期观察发现孩子们对于部分菜品的兴趣点不高，但在“六一儿童节”的自助餐时幼儿的进食量和积极性却有明显的不同。讨论组专门将自助餐与平时餐点进行了对比研究，发现有以下三方面的差异。

一、食物不同。自助餐时食堂提供给幼儿的部分食物是幼儿在平时的餐谱中没有的，同时就算常见的食物也会在自助餐那天增添了不同的花样。例如平常的白馒头变成了用各种蔬菜汁混合的彩色馒头，包子变成了可爱的鸭子、蘑菇造型等。

二、餐具、餐桌不同。自助餐为了便于自主，教师让孩子们从家中带来自己喜欢的餐具使用。孩子们带来的餐具各式各样，有些图案艳丽，有些造型各异，孩子们都被餐具所吸引，极大地激发了幼儿参与进餐活动的兴趣。自助餐时教师还为孩子们铺上了清新雅致的桌布，桌上还摆放了一盆假花。孩子们兴奋起来，仿佛在花园中吃饭一样。进餐过程中大家都舍不得将这些美美的餐具乱放，也舍不得将餐桌弄脏，一切都更有条不紊、井然有序。

三、进餐形式的不同。以往餐点都是教师分好饭菜幼儿上来取，或者统一到分餐桌前排队等待领取，幼儿吃的种类、多少都有隐性的要求。而自助餐强调幼儿自选、自取，根据需要和喜好自主进食，给予了幼儿宽松的进餐氛围，幼儿在愉悦的心情下进食有利于食量的增加。

**思考：**通过对比，你认为应该如何改善该幼儿园的进餐环节？

食物、餐具、进餐形式都会影响进餐活动的效果，多样且具有童趣的餐点，充满美感的餐具都给予了幼儿积极的环境暗示“进餐是件快乐而美好的事情”，这比在教师的要求与强制下进行要强得多。可见，生活活动中的环境处处给予幼儿暗示和指导，教师需要幼儿养成的行为习惯和规则应该蕴含在创设的环境、材料中，让孩子自然习得，这会达到事半功倍的效果。就如同餐具、餐桌的改变也会让幼儿知道如何规范自己的行为不去破坏这种“美好”。

### 3. 标识与规则

**案 例**

中二班的郭老师在这个学期对班级的进餐环节进行了改变，她将班级的进餐分为三个区域，分别是“快快桌”“进步桌”“加油桌”，让幼儿在用餐前根据自己今天的进餐情况进行预判和选择。如果你今天胃口不太好，不想吃太多东西，你可以坐在“加油桌”，反之可以坐在“快快桌”。如果你认为自己可以比昨天吃得好一些，能有些进步，你可以坐在“进步桌”得到鼓励。在班级的一个墙面上制作了吃饭规则流程图以及“今天你选择坐哪”的标识，幼儿可以将自己的小照片放进三个不同的桌子图片上，教师可以通过看标识了解幼儿今天的身体状况和饮食情况。

**思考：**三个不同桌子的设计能如何促进幼儿进餐习惯的养成？

标识的存在本身就代表着规则，三个饭桌的标识体现了该班级幼儿进餐的规则要求，更体现了教师教育行为尊重幼儿，以幼儿实际需求为出发点的规则。通过标识让幼儿能看到自己今天进餐情况并与其他幼儿进行对比，与自己进行比较，深层次地透露着要争取坐快快桌的规则，可以改善幼儿在进餐中注意力不集中、发呆、含饭等不良习惯。同时，郭老师在这个规则中也可以做进一步思考，三个桌的内容可以根据幼儿出现的问题进行调整。一味要求幼儿吃饭速度快不一定是合理的。当幼儿吃饭速度有所提升后，教师要观察幼儿进餐环节的新问题来设计不同的规则，例如“干净桌”“不挑食桌”等。

生活活动区域中有许多教师设计制作的充满童趣的图片、文字、卡通等标识或指示图，用于指导幼儿行为、传递知识信息。例如常见的水杯、毛巾上有个人标识，以避免幼儿拿错或者放错，防止传染性疾病的传播。标识本身具有直观、形象、活泼、有趣的特点，符合幼儿的年龄特点和认知水平，又容易引起幼儿的注意，达到提醒、教育的作用。可以说，一种标识传递出一种规则，培养幼儿的一种习惯。生活活动巧用标识能潜移默化地让幼儿在过程中时刻得到提醒和教育，同时也能帮助幼儿建构合理、有序的生活环境。

图 5-10　冲水狮子鼻子

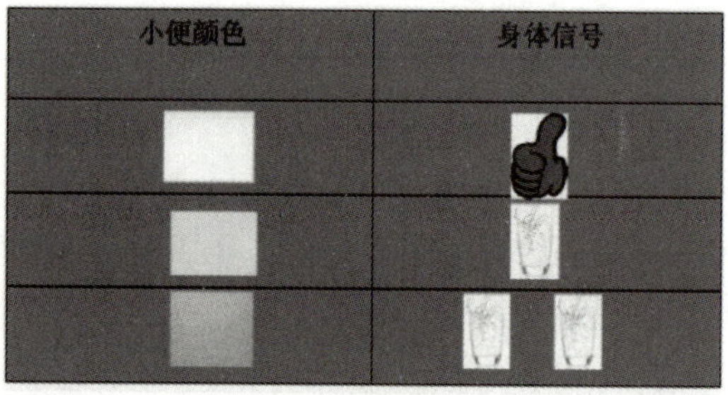


图 5-11　你的身体信号

### 4. 需求与便捷

**案例**

幼儿园要求幼儿在户外活动后、饮水进餐前进行洗手，预防细菌和疾病的侵入。特别是在每年的手、足、口病高发期时，洗手变成了幼儿一日活动中不可缺少的部分，甚至会增加洗手的次数。某班级在盥洗室中给幼儿准备了肥皂，让洗手达到更好的清洁、消毒效果。但班级中的洗手台上只放置了两块大肥皂，每次洗手时幼儿都要排队轮流擦肥皂，造成了无意等待和时间的浪费。

**思考：**盥洗室中肥皂的摆放数量和方式如何改善更利于幼儿洗手环节的进行?

对于班级30多名孩子而言，两块肥皂的轮流使用无疑将让孩子耗费大量的时间去等待，甚至在过程中隐性地造成孩子们的争抢与拥挤。肥皂的数量应该根据幼儿人数进行确定，并且尽量将肥皂放置在利于幼儿取放的位置。比如洗手台的前方，距离不应过远，幼儿湿手后可以直接拿取，避免洗手台积水过多。有部分幼儿园教师还会采取一些巧妙的方法，例如将大块肥皂切割成幼儿小手方便拿的大小；薄纱布包裹肥皂挂在水龙头上，幼儿不仅方便取用，避免幼儿拿肥皂玩，同时纱布也比较容易打泡，从一个侧面节约了肥皂的使用量。

生活环境的本身就是为了满足幼儿不同的生活需求所创设的，其环境要便于幼儿使用与操作。首先便捷是第一位的，方便幼儿更好地生活是我们进行生活教育与生活环境创设的初衷，这样的便捷会涉及空间的规划、生活用品大小、数量、种类的设置。需要教师在过程中善于观察、发现、调整，根据幼儿的年龄发展特点、幼儿数量、幼儿现状出发，没有固定不变的模式。

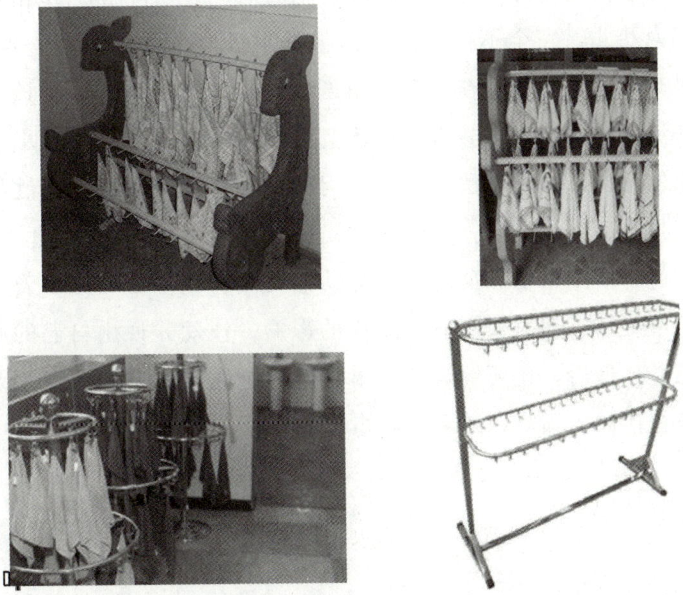

图 5-12　幼儿园毛巾架

**特别提示：**毛巾架是为了悬挂毛巾，避免交叉感染，也方便于毛巾的干燥和晾晒。所以，选择的毛巾架应该在幼儿取放毛巾时不互相干扰，毛巾之间不容易碰触，不会打结，也不容易掉落，这样才能有效果。

### 5. 互动与指导

**请思考：**教师在生活环境中的互动指导应注意避免哪些问题？

教师作为生活活动环境的一部分，师幼互动将影响着在环境中指导的成效。教师要注意两个方面的问题：一是慎用否定性评价语言，教师否定性的评价会打击幼儿成长的自信心，使幼儿失去对生活探索的兴趣，甚至对生活美的感受；二是避免消极态度影响，在生活活动中尽量让幼儿处于积极向上的状态，避免幼儿产生消极心理，影响生活活动的正常进行；三是善于借用环境的指导作用，创设对幼儿生活习惯养成有积极影响的环境与空间。

**案 例**

大班户外活动结束后，老师让幼儿开始洗手，大多数幼儿一拥而入、互相推挤，忽然，有两名幼儿因为用力过大把毛巾架挤倒，挂毛巾的扣扣断裂开了。老师见状立刻大声说道："都叫你们别挤了，大班了都不会排队吗？你们两个把它重新装好！如果不行就让你们的父母来给换新的！"两名幼儿只有默默地"修理"毛巾架，可是根本就修不好了，半小时过去了，其他幼儿准备开始区域活动了，两个孩子着急了，委屈地跟老师说："老师，修不好了。"老师仍然严厉地说："修不好也得修，谁让你们弄坏了！"

部分教师在生活活动环节习惯用严厉苛刻的语言去强行制止幼儿的行为，命令、训斥、甚至嘲讽幼儿，完全不把幼儿当作与其平等的个体来看待。当幼儿犯错误，教师不应只是高声斥责，不站在平等的角度去看待和解决问题，应该耐心地与幼儿进行沟通和交流，达成理解与共识。上述案例中，教师本想让幼儿明白自己的错误，承担错误带来的后果，这种想法是好的，但方式方法出现了问题，她的这种语言严厉而又苛刻，是不适宜幼儿的，不能让幼儿知道其行为到底错在哪里，为什么错了，应该怎样做。此时应用亲切和蔼的语言与幼儿交流，让孩子明白要爱护幼儿园的每一件物品，毛巾架坏了会对大家造成怎样的影响。让幼儿说出自己的心声，表达自己的想法和感受。最后，还要针对这一事件教育全体幼儿在生活中不要拥挤，要懂得谦让，甚至包括如何预防踩踏和危险事故的发生。

### (六)探寻随机性生活教育的契机

**案 例**

在数学操作游戏活动中，教师让幼儿到桌子前拿操作材料，幼儿 A 不小心撞到了幼儿 B，一袋材料掉在了地上，他回头看了一眼并没有捡起来，拿着手上其他的材料回到了座位。接着，又有几位幼儿也上来拿材料，他们也只是看了看掉在地上的材料，没有捡起来。正在这时幼儿 C 去拿材料，将掉在地上的材料捡了起来放回到桌子上。

**思考：**如果此时正是你在组织本次活动，你看到了上述的情境会怎么做？说一说你的看法。

生活活动的开展不是只有在生活环节中才存在，它会融入幼儿的一日教学活动、游戏活动、户外活动等各环节中，教师要保持敏锐的洞察力，保持对幼儿要求一致，让幼儿能将常规与要求内化为习惯。上述案例就是一个生活教育的良好契机，教师应该通过观察到的一幕及时对幼儿进行教育，例如在幼儿都拿到材料后故意将一袋材料遗留在地上，描述刚才的情况，问问幼儿应该怎么办，让幼儿都表达一下自己的看法，然后对其进行随机教育。抓住教学活动中存在的契机，能实现幼儿活动场景的有效结合，这有助于生活习惯和常规的内化。

**案 例**

在户外活动中，中一班的幼儿正在沙池区玩沙，幼儿 A 和幼儿 B 互相堆沙砌城堡，突然幼儿 C 介入进来将沙子撒在了幼儿 A 的头上，幼儿 A 和幼儿 B 也拿起沙子扔向幼儿 C，三人互相扔沙打闹起来。带班教师见状大声佯装沙子进到了眼睛："哎呀！我的眼睛好疼呀！"幼儿都被教师突然的叫声吸引了过去，大家纷纷问道："王老师，您怎么了？"王老师揉着眼睛说："刚才不知道是谁扔沙子，沙子进到我眼睛了。"幼儿都关切地看着王老师："王老师，你还疼吗？""王老师，我刚刚看见是他们三个扔的。"王老师并没有马上责备说教幼儿 A、B、C，反而问道："我们能扔沙子吗？"幼儿纷纷议论起来，"不能，会进眼睛很疼的。""沙子进到鼻子里面会有危险的。""沙子弄到头上很脏，衣服也会脏的。"三个扔沙子玩的幼儿虽然没有说话但都不好意思起来。

户外活动中容易出现安全问题，应该让幼儿懂得自我保护的一些方法，这也是生活活动的一项教育目标。幼儿户外活动中的各种事件为生活教育提供了丰富的素材，幼儿在过程中会出现许多行为问题，教师正好可以抓住此契机让孩子通过讨论、思考去学习自我保护、安全游戏的方法。案例中的王老师巧妙地将自己融入幼儿的游戏情境中，引起了幼儿关于玩沙安全的讨论。她没有大声呵斥三名玩沙的孩子，而是通过情境让孩子去了解，避免了当众批评幼儿，损伤幼儿自尊心，造成排斥心理，也给其他孩子进行了一次生动的生活教育。

## 学后反思

结合本章内容谈一谈生活活动区域创设应注意的一些问题，应该如何创设该区域？

### 拓展阅读

## 把《指南》的实施融入一日生活中①

李季湄

《3～6岁儿童学习与发展指南》(以下简称《指南》)对各年龄阶段的幼儿的学习与发展提出了目标，试观幼儿在园生活的每一个环节，不难看到《指南》各领域的目标与幼儿的生活是密切相联的，生活的每一个环节都蕴含着实现《指南》各领域目标的机会，具有极大的教育价值。如果有意识地活用的话，每一个环节都能够帮助幼儿向着《指南》的目标迈进。下面试以一些生活活动环节为例说明。

• 入/离园环节

健康领域——如：情绪安定愉快(经常保持愉快的情绪；表达情绪的方式比较适度，不乱发脾气)；具有一定的适应能力(能较快适应人际关系环境中发生的变化；能较快融入新的人际关系环境)；具有良好的生活与卫生习惯(养成每天按时睡觉和起床的习惯)；具有基本的生活自理能力(能将玩具和图书放回原处；能自己穿脱衣服、鞋袜、扣纽扣)。

语言领域——如：认真听并能听懂常用语言(能听懂日常会话；听不懂或有疑问时能主动提问)；愿意讲话并能清楚地表达(能大方地与人打招呼；愿意表达自己的需要和想法；愿意与他人交谈)；具有文明的语言习惯(能在成人的提醒下使用恰当的礼貌用语；别人讲话时能积极主动地回应)；喜欢听故事，看图书(主动要求成人讲故事、读图书；专注地阅读图书)；具有书面表达的愿望和初步技能(愿意用图画和符号表达自己的愿望和想法；能正确书写自己的名字)。

社会领域——如：愿意与人交往(愿意和小朋友一起游戏；愿意和长辈交谈，有事愿意告诉长辈)；能与同伴友好相处(想加入同伴的游戏时，能友好地提出请求；学习轮流、分享、合作等)；关心尊重他人(长辈讲话能认真听，能听从长辈的要求；会用礼貌的方式向长辈表达自己的要求和想法；能关注别人的情绪和需要，并能给予他人力所能及的帮助)；喜欢并适应群体生活(对幼儿园的生活好奇，喜欢上幼儿园；愿意并主动参加群体活动；在群体活动中积极、快乐)；遵守基本的行为规范(感受规则的意义，并能遵守规则)；具有初步的归属感(喜欢自己所在的幼儿园和班级，积极参加集体活动)。

---

① 李季湄、冯晓霞：《〈3～6岁儿童学习与发展指南〉解读》，250页，北京，人民教育出版社，2013。

## 本章小结

1. 生活活动与幼儿发展

(1)生活活动有狭义和广义之分，它既满足幼儿基本生活需要的活动，又贯穿一日活动的各环节。培养幼儿的生活能力、生活习惯，形成幼儿对生活的积极情感才是生活教育的根本内涵与价值。

(2)生活活动渗透于一日活动之中，具有本体性、融合性、反复性的特点，是保教合一的必然。

(3)生活活动是幼儿发展的基础，有助于其整体发展与成长。

2. 生活活动的实施原则

(1)生活活动组织与实施三原则：尊重本体性、注重系统和节律性、关注个体差异。

(2)生活活动实施的系统性体现在三个方面：具体化与可操作性的统一、计划性与适宜性的统一、层次性与连贯性的统一。

3. 保教结合下的生活活动实施方法与途径

(1)善用榜样示范激励；

(2)以幼儿需要为出发点；

(3)采取启发式提问和鼓励式回应；

(4)注重实际操作；

(5)与环境相渗透；

(6)探寻随机性生活教育的契机。

## 本章检测

1. 思考题

(1)什么是生活活动？生活活动渗透于一日活动之中的内涵与价值是什么？

(2)为什么说生活活动是保教合一的必然？

(3)生活活动中的保与教分别是什么？如何实现保教合一？

(4)生活活动的实施原则是什么？

(5)保教结合理念下生活活动实施的方法和途径有哪些？

(6)教学活动与游戏活动中是否渗透有生活活动的内容？如果有，有哪些？请举例说明。

(7)生活活动如何通过教学与游戏活动实现目标？请举例说明。

2. 实践应用题

幼儿园生活活动现状调查研究：制订幼儿园生活活动观察记录表，分小组合作分别对某所幼儿园的大、中、小三个年龄班的生活活动环节中的问题进行观测，结合本章内容形成研究案例并进行论述。

# 第六章　幼儿园游戏活动中的保育和教育

## 学习目标

- 了解游戏的概念。
- 理解“以游戏为中心”理念下保教结合的意义。
- 掌握幼儿园游戏中保教结合的原则。
- 在幼儿园游戏活动组织中运用保教结合的原则。

## 本章导读

游戏活动是幼儿园教育活动的重要组成部分，而幼儿园游戏活动中的保育与教育则是幼儿园保教结合工作的重要体现，若要实现高质量的幼儿园保教工作，则首先要了解幼儿游戏的概念，明确游戏在幼儿园的地位，掌握幼儿园游戏中保教结合的原则，最后才能在实践中正确开展幼儿园游戏活动的保育与教育。

## 引导案例

每到饮水环节，琪琪总是表现得非常不情愿，有时候甚至偷偷将水洒到地上。周老师在与琪琪家长沟通中得知，琪琪在家习惯饮用饮料，她觉得白水没有味道，因此不愿意喝。为了培养琪琪的饮水习惯，周老师一方面请家长在家中督促琪琪少喝饮料多喝水，另一方面也在幼儿园为琪琪的饮水设计了专门的游戏。首先，周老师通过观察发现琪琪最喜爱的游戏是角色游戏，于是她设计了一个妈妈带孩子看医生的情节，由琪琪扮演妈妈，周老师扮演医生。“医生医生，你看我的宝宝是不是生病了?”琪琪抱着玩具娃娃到周老师面前，周老师摸了摸玩具娃娃的额头，查看了玩具娃娃的嘴巴，对琪琪说：“宝宝上火了，嘴巴会疼的，妈妈要多给宝宝喝开水。”说完，琪琪在周老师的指导下使用了旁边的饮水机，给玩具娃娃倒水、喂水。另外，周老师还在饮水机旁边的墙上给每个幼儿都贴上了一个属于自己的鱼缸图案，当幼儿每喝完一杯水，就可以在鱼缸里贴上一只小鱼，在离园前比一比谁养的小鱼最多，这成为孩子的乐趣所在。

**思考：** 周老师为什么要通过游戏培养琪琪的喝水习惯？周老师为琪琪设计了哪些类型的游戏，她为什么要这样设计？通过游戏，琪琪会得到哪些方面的发展，周老师的保育和教育在其中如何体现？

# 第一节　以游戏为中心的保教结合

幼儿园是有目的、有计划、有组织地对学前期幼儿身心施加影响的教育机构，其主要任务是对幼儿实施保育与教育。幼儿园的保育与教育要以游戏为中心，这是由游戏活动在幼儿园教育活动中的地位所决定的。《幼儿园工作规程》第二十一条明确指出“幼儿园的教育工作以游戏为基本活动”，第二十五条表示“游戏是对幼儿进行全面发展教育的重要形式”。《幼儿园教育指导纲要（试行）》提出“幼儿园应以游戏为基本活动形式”。《幼儿园管理条例》第十六条显示“幼儿园应当以游戏为基本活动形式”。因此，以游戏为中心的保教结合有利于幼儿游戏的开展与保教质量的提高。

## 一、游戏的概念

### （一）游戏

游戏是一种在人类社会广泛存在的活动现象。从时间上看，自人类诞生之初，游戏便已自然而然地出现，并伴随着人类社会的发展而不断发展。从空间上看，游戏遍布于人类出现的每一个角落，无论城市还是山村，无论儿童还是成人，但凡有人类的地方就有游戏。相较于游戏漫长的历史，人们对游戏的研究却稍显短暂。直到 19 世纪，才有学者试图将游戏作为专门的科学研究对象进行探究，尤其是频繁发生于人类童年期的儿童游戏才逐渐成为人类学、社会学、教育学等科学领域的重要课题。

对游戏概念的界定是所有游戏研究都无法回避的首要问题，但游戏本身的复杂性与研究背景的多样性导致学术界尚未对游戏的定义和本质形成一个统一的观点，不同的学者对游戏有着不同的理解。

国外学者通常从游戏的本质来对游戏进行定义。赫伊津哈认为游戏是一种完全有意置身于日常生活之外的、非真实的、与物质利益无关的、但同时又强烈吸引着游戏者的自由活动。福禄贝尔认为游戏是儿童内部存在的自我活动的表现，反映了儿童的内心世界，是一种本能性的活动。席勒和斯宾塞认为游戏是一种为消耗剩余精力而进行的无目的的娱乐活动。霍尔提出游戏是一种延续和再现过去生活习惯的活动。艾里康宁表示游戏是在真实条件之外，借助想象，利用象征性的材料，再现人与人关系的活动。维果茨基认为游戏是在真实的实践之外，在行动上再造某种生活现象，儿童在其中拼接预演，以角色为中介，了解、学习和掌握基本的人与人的社会关系的活动。

我国学者黄人颂认为游戏是幼儿喜爱的、主动的活动，是幼儿反映现实生活的活动。丁海东认为游戏是发生在一定情境中，外部有可观察的行为表现，内部有特定心理体验的儿童主动、自愿、自主、自由的活动。虞永平认为游戏是一类行为的总称，从一般意义上说，是指行为主体在消遣性活动中得到生理、心理的满足，这种活动不具有直接的功利目的，但有潜在的功利性。

从上述学者对游戏的解释可以看出，游戏具有虚拟性、主动性、愉悦性等特征，是一种游戏者在假想的情境中，主动进行的愉悦的活动。尽管游戏的定义难以统一，但人们在判断游戏行为时，可以根据游戏的特征进行判断。

#### (二)幼儿园游戏活动

幼儿园游戏活动与幼儿在自然生活状态下进行的纯粹游戏不同，是教师根据一定的教育目的，有计划、有组织地开展的游戏活动，不仅能让幼儿得到愉悦体验，而且还能确保幼儿得到某一方面的发展。

## 二、以游戏为中心的保教结合的意义

#### (一)游戏是幼儿的基本活动

游戏是幼儿的基本活动。有学者指出，所谓“基本活动”具有两层含义：一是在一日生活中除满足基本生存需要的活动(如进食、睡眠等)之外发生次数和所占时间最多的活动；二是对活动主题的生活或幼儿发展具有重要影响的活动。[①] 而游戏正是幼儿生活中出现频率最高，最适合幼儿年龄特点，对幼儿最具发展价值的活动。

#### 1. 游戏是幼儿生活中出现频率最高的活动

幼儿的生活需要游戏，游戏是幼儿生活中出现频率最高、所占时间最长的活动。对幼儿而言，生活中大部分的时间都在游戏，不论是吃饭、洗手、睡觉、劳动或者学习，时常有游戏穿插于其中。

**案　例**

**洗手时的游戏**

吃晚饭的时间到了，妈妈让小白到卫生间里把小手洗干净，小白站到小矮凳上开始洗手。他打湿了双手，挤了挤洗手液，搓出了许多白色的小泡沫。小白无意间发现，双手合十再慢慢打开，可以出现一个彩色的泡泡，他兴奋地重复了很多次，还试着用嘴巴去吹……妈妈来到卫生间，寻找小白迟迟没有出来的原因，小白在向妈妈演示过五彩泡泡产生过程后，跟着妈妈轻哼洗手儿歌：“小宝宝，爱洗手。洗前先卷衣袖口，打开龙头湿湿手，抹点香皂搓搓手，手心手背都要搓，再用清水冲冲手，冲干净，甩三下，一二三，去擦手。”小白重新快速地把小手洗干净了。

---

① 刘焱：《我国幼儿教育领域中的游戏理论与实践》，载《北京师范大学学报(社会科学版)》，1997(2)。

### 2. 游戏是最符合幼儿年龄特点的活动

发展心理学研究显示，游戏是人类幼儿期(3～6 岁)的主导活动，在这一年龄阶段中，人类的认知、学习、社会化等活动通常以游戏的形式而实现。这是由处于该年龄阶段幼儿的身心发展特点所决定的。一方面，由于幼儿骨骼中的胶原纤维含量较大，磷酸钙和碳酸钙比重小，骨骼虽较成人柔软，但容易发生变形。因此，幼儿不能长时间地保持某一种姿势，需要通过不断地活动舒展骨骼，刺激感觉器官，增高中枢神经系统的觉醒水平。另一方面，该时期幼儿的思维水平处于具体形象思维阶段，运用事物的具体形象、表现及对表象的联想进行思维，通过对物体的感知来了解事物的属性和特点。因此，这决定了幼儿必须通过操作和互动来认识周围世界，而非通过学习抽象概念来掌握知识。幼儿的身心发展特点使游戏成为了最适合幼儿的活动形式。

### 3. 游戏是对幼儿具有发展价值的活动

幼儿的发展在游戏中得以实现，游戏对幼儿身体、智力、社会性、情感等方面的发展具有重要促进作用。第一，游戏可以促进幼儿的生长发育。在游戏活动过程中，幼儿的骨骼肌肉得到锻炼，神经系统得到刺激，基本动作和基本技能得以建立和发展。第二，游戏可以促进幼儿的智力发展。游戏对幼儿有着强烈的吸引力，通过对游戏环境及游戏材料的观察和反复操作，幼儿的观察力、注意力得到提升。游戏中的假想和象征的情节，发展了幼儿的想象力和记忆力。游戏进程的推进要求幼儿的思维一直处于一种活跃的状态，通过与同伴的交流和合作，积极地解决一个又一个的问题，在此过程中，幼儿的思维力和语言能力得到发展。第三，游戏可以促进幼儿的社会性发展。游戏给幼儿提供了与同伴交往的机会，要求幼儿克服自我中心，运用适当的交流技巧，遵守游戏的规则，使游戏在和谐友爱的气氛下顺利进行。另外，游戏，特别是角色游戏还有利于幼儿认识和体验社会角色。第四，游戏可以促进幼儿情感的发展。幼儿在轻松的游戏中，获得积极的情感情绪体验，自由地表达自己的情感态度，通过支配和操作材料获得成就感和自信心。

**案 例**

#### 害羞的明明

明明是一个内向的小男孩，平常在幼儿园里，他只和玩得较好的小超说话，与其他小伙伴交往时，他总是显得胆怯。为此，李老师一直留意着他。李老师发现，明明在结构游戏上具有很强的天赋，他的建构水平明显高于其他人，在形状、结构和颜色的运用上，明明都很有自己的创意。因此，李老师经常组织小朋友们观看、评论明明的作品，也让明明来为大家讲述自己的思路。刚开始，明明说话非常小声，而且断断续续，但李老师还是不断地给明明发言的机会。另外，李老师还让明明扮演结构游戏小设计师的角色，其他小朋友出现问题时可以去寻求明明的帮助，明明也要对每个小朋友的作品进行点评。在这个过程中，明明不仅提高了自己的结构游戏水平，还增强了自信心，增加了与同伴的交往，提高了社会性发展水平。

### (二)游戏是幼儿园的基本活动

#### 1. 游戏活动贯穿于幼儿园一日生活的始终

在幼儿园里，不管是生活活动、教学活动、游戏活动，还是其他的过渡环节，幼儿园的一日生活都离不开游戏的渗透。教师在生活活动中采用游戏的形式培养幼儿的生活技能和常规习惯，使幼儿能够积极愉悦地进行进餐、睡眠、排泄、盥洗、整理等生活活动。教师在教学活动中采用游戏的形式呈现教学内容，吸引幼儿的注意力，使其在轻松的气氛下学习。此外，幼儿园还有专门的游戏活动，幼儿在教师精心创设的环境与投放的材料下获得愉悦的体验和发展。

案　例

**盥洗时的音乐游戏**

午餐前，韦老师组织小朋友们洗手，由于人数较多，时间花费较长，洗完手的小朋友在等待的过程中很容易又把手弄脏了。对此，韦老师特地设计了一款音乐游戏来减少幼儿这种无谓的等待。

首先，韦老师将幼儿分为几组，每一组扮演一个卡通角色，每一个卡通角色都拥有自己的主题音乐，当播放到属于自己的主题音乐时，小朋友们要到洗手池里边唱边把小手洗干净，而其他的小朋友则要跟随着音乐进行律动。

这个音乐游戏很好地维持了幼儿盥洗时的秩序，使幼儿在过渡时间有游戏可做，手也不会在洗完后因为到处摸而弄脏了。

#### 2. 游戏活动有利于幼儿园教育目的的实现

幼儿园游戏与幼儿自然状态下的游戏不同，它是在有教育目的的幼儿园环境中进行的游戏，兼具教育性和游戏性双重因素。幼儿园教育的根本目的在于培养幼儿的主体性，游戏正是发展幼儿主体性，表现幼儿主动性、独立性、创造性的有效途径。以游戏为基本活动的幼儿园教育，能够在满足幼儿游戏需要的同时，对幼儿进行教育价值引导。

### (三)以游戏为中心的保教结合的意义

#### 1. 以游戏为中心的保教结合有利于创造适宜幼儿的幼儿园生活

游戏是幼儿园的基本活动，以游戏为中心的保教结合，就是要为幼儿创造一个适合游戏的保育和教育环境。在这种游戏环境中，幼儿以游戏的方式进入学习、进入生活，这不仅能满足幼儿现实生活的需要，同时可为幼儿未来的生活奠定发展基础。

#### 2. 以游戏为中心的保教结合有利于提高幼儿园保教工作的质量

以游戏为中心的保教结合就是要将游戏融入保教工作中去，游戏是幼儿天然的生活方式，以游戏的形式对幼儿进行保育和教育，能够更有效地在保证幼儿身心健康的基础上，实现幼儿的全面发展。

拓展阅读

## 日本以游戏为中心的保育[①]

什么是以游戏为中心的保育？

“自由保育”这个词，虽然经常被人们使用，但是定义并不十分明确，不同的人理解也不尽相同。为了清晰地说明为什么不能将“以游戏为中心的保育”混同于“自由保育”，下文中将对比“自由保育”与“集体保育”这两个概念的用法。

在一次以幼儿园教师为参与者的研究大会上，其中某一分会场的主题是“丰富保育的团队保育”。头两个发言者的讲话内容分别是来自两个不同幼儿园的实践报告。两个幼儿园的实践都很有意思，报告生动展现了教师为了丰富幼儿的生活，一边协助指导一边实施保育的情形。有趣的是先发言的幼儿园的教师开头就强调：“我们幼儿园实施的是自由保育。”而第二个园的教师则说：“我们园是集体保育的幼儿园。”很明显，在教师的认识中，存在对幼儿园类型的划分。但是事实果真如此吗？

前一个幼儿园教师报告说，孩子们的游戏是在保育室中的班主任教师和户外的自由教师的共同监督下进行的。第二个幼儿园报告则展示了在开展班级集体体育游戏时，活动指导教师和助理教师是如何相互协助的。正如两人在报告中所表述的，两个幼儿园的保育形态是截然不同的。但事实上，虽然保育形态不一样，但是在关于教师如何援助和支持幼儿实现自己的愿望这一点上，无论怎么看两者都具有共同点。可是，作为当事人的两位教师却没有意识到。笔者认为，教师自身由于受到了所谓“自由”或“集体”形态的限制，因而无法从幼儿最根本需要出发去发现和解决问题。表 6-1 是所谓“自由保育”幼儿园和“集体保育”幼儿园一日流程的安排。

**表 6-1 “自由保育”幼儿园和“集体保育”幼儿园的一日流程举例**

| A 园 | B 园 |
|---|---|
| 8:40 来园，游戏 | 8:30 坐班车来园的幼儿换上体操服自由游戏 |
| 11:15 休整 | 10:00 班级活动(英语会话、体操) |
| 11:30 吃自带盒饭(每日)，吃完盒饭后幼儿开始游戏 | 11:30 吃自带盒饭(周三、周四幼儿园供应午餐) |
| 13:15 休整 | 13:00 鼓笛指导 |
| 13:30 班级集体活动 | 13:50 坐班车离园 |
| 14:00 离园 | 14:00—18:00 自愿延长保育项目(钢琴班、英语会话、足球、体操班等由校外团体主办的幼儿教室) |

① [日]河边贵子:《以游戏为中心的保育》，3—5 页，上海，华东师范大学出版社，2009。

A园代表“自由保育”幼儿园，B代表“集体保育”幼儿园，两者生活状态的不同令人惊讶。A园确保幼儿有大量的自由游戏时间，只有午饭和离园前的短暂时间是班级集体活动。B园的幼儿多数各自乘坐班车来园，大家到园的时间并不一致。全体到齐后才开始班级集体活动，在此之前都可以自由游戏。十点前最后一班班车到园，那么乘坐最先一班班车到园的幼儿可以有一个小时以上的自由游戏时间，但是最后到达的幼儿换好衣服就要马上进入班级集体活动了。从全员到齐直到吃午饭都是所谓的“集体活动”时间。根据保育形态特征将幼儿园划分为“自由保育”和“集体保育”已经是目前日本幼儿园的现状，很难消除人们对这些词语的固有理解和使用。但是，用这两个框框来划分幼儿园，存在很大缺陷。正如上述研究大会中的例子，看似形态不同的幼儿园，却在某些重要方面具有共通点。应当从“不同形态特征下适宜幼儿生活是什么”这一视角，来探讨相应的教育方式。

所谓“适宜幼儿的生活”，最重要的一点即是幼儿的能动性获得尊重。自由形态的保育需要引发幼儿的自发性，集体形态的保育也同样需要重视幼儿的自发性。

虽然“集体保育”的定义是“以教师为中心，同一年级的幼儿进行同一活动的保育”，但“理解教育情境中每一位幼儿，重视其自发性和创造性，实现和幼儿的心理沟通，使幼儿之间形成连带感的保育，完全不同于按照教师单方面的意图开展的集体活动，这是两种不同的集体保育”。如果实施像前者一样的集体保育，幼儿从中获得的经验将增强下次游戏的动机，发挥自身的能动性自发地展开活动。“自由保育”如果完全是对幼儿生活的自由放任，幼儿实际上无法积累游戏所必需的经验。幼儿有时会感觉到在游戏中碰壁而难以前进或者不自由，此时教师需要进行必要的指导。

“以游戏为中心的保育”，不是指简单地按照“自由”和“集体”这类保育方法或保育形态来划分的“自由”的保育，而是基于以适宜幼儿发展为目标的保育理念，将思考幼儿发展所必要的经验是什么放在首位的保育。

其中，幼儿自发的活动无疑是最重要的，自由活动时间将得到充分保证。同时，为了积累必要的经验，提高自我成就感，也可以根据需要适当地增加班级或小组的集体活动。

以游戏为中心的保育不是简单地给予幼儿自由游戏时间的保育，而是指在教师适当的援助下，在以自发活动为中心的生活中，幼儿必要的经验得到积累的保育。这也正是笔者对于以游戏为中心的保育的理解。

## 三、幼儿园游戏活动中保教结合的原则

保教结合是幼儿园教育工作的根本原则，若要将保教结合落实到实际工作中去，必须通过游戏活动展开。而游戏活动中的保教结合工作，则要求教师遵循愉悦性、教育性、主体性和寓教于乐等原则。

### （一）愉悦性原则

愉悦性是幼儿游戏的本质特征，也是幼儿园游戏活动中保教结合的原则之一。愉悦是一种积极的情绪体验，处于愉悦状态的幼儿通常表现得十分兴奋，能够保持集中的注意力和高度活跃的思维，有利于游戏进程的推动。当幼儿在游戏中获得满足，人类趋乐的本性会促使幼儿不断地重复游戏行为，再度重现当时的快乐。因此，幼儿会主动进行游戏，获得学习发展。保教结合中的愉悦性原则首先要求教师营造一种轻松的游戏气氛，幼儿在这种气氛中不会产生任何心理负担，不必担心游戏外的任何奖惩，脱离了日常生活的束缚，能够全身心地投入游戏之中。其次要求教师提供有趣的游戏环境和有趣材料，激发幼儿的兴趣，使幼儿专注游戏。最后要求师幼间形成良好有益的互动，最大程度地给予幼儿愉悦的体验，确保游戏带给幼儿生理和心理上的双重享受。

**小资料**

#### 幼儿愉悦的游戏性表现

利伯曼认为游戏性是判断某一活动是否为游戏的标准，也是反映个体性格特征的指标，他将游戏性分为五个维度，分别是身体自发性、社会自发性、认知自发性、明显的愉悦性及幽默感。① 巴尼特在此基础上为每个维度划分了具体的操作定义，制定了幼儿游戏性量表。以下是“明显的愉悦性”的具体指标：

(1)儿童在游戏中经常表现得很兴奋；

(2)儿童在游戏中经常表现得精力充沛；

(3)儿童在游戏中通常表现积极、专注；

(4)儿童在游戏中能够表达情绪，如微笑、嬉笑、大笑等；

(5)儿童在游戏中经常又说又唱、手舞足蹈。

### （二）教育性原则

幼儿园作为一个对幼儿实施有计划、有目的的教育影响的教育机构，其游戏活动作为教育活动的组成部分而存在，因此教师在进行保教工作时，应充分把握教育性原则。这要求教师首先明确游戏的目的，游戏目标必须与教育目的相一致，即能使幼儿通过游戏获得生长发育和动作发展，习得一定的知识和技能，养成良好的品德习惯和行为，发展初步感受美、表现美的情趣和能力，使幼儿身心和谐发展。在游戏内容的选择上需符合幼儿的年龄特点，积极健康。在游戏的实施过程中要注意观察幼儿，及时地进行介入和指导，帮助幼儿达到更高的发展水平。最后，在游戏评价时要客观公正，以鼓励、赞扬等正面评价为主。游戏结束后，反思工作得失，研判幼儿表现，重新进行下一轮游戏目标的确定。

---

① 刘焱：《儿童游戏通论》，248页，北京，北京师范大学出版社，2004。

案例

## 大班体育游戏：花样玩梯子①

**【设计意图】**

户外活动时，有的孩子会悄悄把墙边干零活用的梯子放在地上踩着玩。几次活动下来，竟然看到他们在梯子上跑跑跳跳，很有兴趣，于是我就把梯子搬到宽敞的平地上，鼓励孩子按自己喜欢的方式去玩，一时间，有的爬、有的倒着走、有的两个朋友手拉手……根据幼儿的年龄特点和幼儿的活动技能，精心设计了这节先易后难的闯关游戏，目的是引起幼儿对活动的兴趣，激发他们的探究欲望。

**【活动目标】**

1. 喜欢参加体育活动，培养幼儿勇敢、合作、不怕困难的精神。

2. 会主动尝试探索梯子在不同难度下的玩法。

3. 幼儿在一定高度物体上走、爬、跑、跳、平衡等能力，促进身体的协调发展。

**【活动准备】**

1. 梯子 2 架，轮胎 6 个。

2.《去郊游》音乐。

3. 闯关示意图。

**【活动过程】**

1. 师："今天的天气真好，想去郊游的小朋友上车。"放《去郊游》的音乐，幼儿做准备活动进入活动室。

师："郊外的空气真新鲜啊，赶快下车了。"

幼："哇！这里有梯子呢，还有轮胎。"

师："这是附近工地上的叔叔送给我们的，轮胎咱们都了解。你们知道梯子是干什么用的吗？"

幼："工地的叔叔登着梯子刷涂料、安吊灯，消防员叔叔能登着梯子爬到楼上去救人、灭火，农民伯伯用来上房顶拿东西。我们可以在上面玩。"

师："今天我们就用梯子玩一个'闯关'的游戏，共有四关，每一关都有不同的要求和规则。大家要齐心协力按闯关示意图把梯子放好，进行闯关，还有一定要注意安全。想玩吗？（想！）闯关开始。"

2. 幼儿按图把梯子平放在上。老师宣布规则："想出至少五种不同方法从梯子的这端到另一端。"

幼儿用自己喜欢的方式玩梯子（在梯子上面走、跑、爬、跳、倒走、单脚跳、双脚跳等），高高兴兴顺利通过第一关。（这一关主要是让幼儿熟悉一下梯子的基本玩法，为下一关做热身准备。）

教师与幼儿交流："刚才我们闯关都用了哪些方法，哪种方法是小朋友刚想出来的，希望下一关增加难度的时候，大家能想出更多更好的方法。"

---

① 康训云：《大班体育游戏：花样玩梯子》，http://www.doc88.com/p-270833759718.html，2012-07-12。

3. 幼儿按示意图放好梯子，梯子两头各放两个轮胎，然后把梯子放在轮胎上面。第二关规则，大家共同努力至少想出四种方法通过梯子，即为闯关成功。

师："大家有没有信心闯过第二关？"

幼："有！"

师："好，出发。"

幼儿开始用自己喜欢的方法过梯子，有的走，有的爬，有的扶着梯子的两侧跳，慢慢地幼儿胆子大了些，能自如地在上面玩。有两个小朋友手拉手结伴一起走，先过梯子的幼儿要站在梯子两侧保护过梯子的幼儿。如果有新想法，可以再次尝试，直到幼儿说没有其他想法了，才能进行小结。（有了第一关的练习，孩子们应该很有信心过第二关，但也可能有胆小的孩子，先鼓励她，然后让她寻求小朋友的帮助，这样孩子们会感受到合作的愉快和帮助别人的自豪感。提醒幼儿要注意安全，教师时刻在孩子周围保护孩子，鼓励他们要勇敢可以用肢体语言进行表扬，可能孩子会更高兴。）

师幼交流："刚才咱们大家齐心协力，想出八种方法，已经顺利通过第二关，在活动中，有的小朋友主动去帮助不敢自己过梯子的小朋友，鼓励大家向他学习，总结第二关经验，孩子们稍作休息，准备进入第三关。"

4. 幼儿按示意图摆好梯子，中间放三个轮胎，然后把两架梯子的两端放到轮胎上，第三关的规则，大家用三种方法通过梯子，即为闯关成功。提醒小朋友第三关难度要大一些，大家除了要更加勇敢，更加要注意安全，尽量把胳膊伸开，保持平衡。活动中要鼓励幼儿想出和别人不同的方法。

师幼交流："小朋友真是勇敢聪明，已经闯过三关。老师和孩子相互鼓励、庆祝，给孩子充分的信心，稍作休息，准备进入第四关。"

5. 第四关，梯子是立在墙上的，规则：幼儿要爬到梯子顶端拍到上面的气球，然后钻到梯子那一面跳下，即为闯关成功。

这一关主要是鼓励幼儿要勇敢，有创新的精神。让平时胆子大些的幼儿先试试，其他的幼儿就有了信心，提示爬梯子的幼儿老师和小朋友都在保护他，大胆通过。最后闯关成功，老师和幼儿共同庆祝，随音乐高兴地跳起来做做放松活动。

教师和幼儿共同小结："今天咱们小朋友想出了许多梯子新玩法，而且大家都很勇敢，还会主动地去帮助别的小朋友，自己不敢过的小朋友会主动寻求别人的帮助，老师看到小朋友的进步感到很高兴，所以老师要奖给小朋友勇敢智慧星、互助合作星，希望咱们小朋友以后在活动中也要发扬团结互助、不怕困难的精神。"

6. 放音乐，开着梯子火车回幼儿园喽！

**【活动反思】**

本次活动的活动对象是幼儿感兴趣的梯子，幼儿一般对有一定难度和有挑战性的游戏感兴趣。在活动中，幼儿的钻、爬、跑、跳、平衡等方面都得到了练习，而且在探索中寻找不同的玩法，这激起了他们很大的兴趣，整节活动，幼儿情绪很高，玩法很多，满足了孩子们好玩、好动、好奇的想法。

本次活动体现的教学思想如下：

1. 幼儿的活动安排由易到难，梯子先是放在平地上，然后下面加上由少到多的轮胎，让幼儿有成就感，激发了他们的兴趣。

2. 照顾到每个幼儿的想法，每个幼儿都可以按自己的想法去玩，在心理上得到满足。鼓励幼儿尽量想出和别人不同的玩法，又激发了他们的探究欲望。通过本次活动，幼儿不但在活动技能上有了提高，而且在整个活动过程中勇敢团结、互相帮助，培养了他们良好的品质，这是更大的收获。

**思考：**

1. 该教案的活动目标制定是否与大班的教育目的相一致？

2. 在活动过程与活动反思中如何体现保教结合的教育性原则？

3. 你认为该教案中存在哪些问题？应该如何改善？

### （三）主体性原则

幼儿在游戏活动中的主体性指的是幼儿在游戏过程中表现出的自主性、积极性和创造性，幼儿可以按照自己的意愿选择游戏内容、游戏方法和游戏材料，任意支配游戏材料，并在此过程中积极主动地建构自己的经验世界。以游戏为中心的保教结合需要遵循主体性的原则，这要求教师要根据幼儿的发展水平选择幼儿适合的游戏内容，给予幼儿一定的挑战但又不至于无法胜任。教师在准备游戏材料时应重点考虑材料的安全性，须符合国家安全标准，适合幼儿稚嫩的身躯，在游戏开始检查材料并向幼儿强调使用方法。在游戏过程中，教师应有意识地引起幼儿的兴趣，给予幼儿自行探索、操作的空间，增强幼儿在游戏中的成就感和自信心，鼓励幼儿进行创造。

**案 例**

#### “手快”的顾客

中班的小朋友们正在进行小餐馆游戏。今天，立立是大厨，凡凡是服务员，而小云是来参观吃饭的顾客。“这位客人，今天想吃点什么呢?”服务员凡凡热情地将这位小顾客引到大厨前面的餐台上点餐，小云犹豫了很久，最终指了指汉堡，说：“我要吃这个……”“好的，汉堡一份!”凡凡马上将汉堡递给大厨立立进行“加工”。这时，小飞来了，比起小云的犹豫，他则是非常快速地将目标锁定在了牛排，“来份牛排!”小飞边说边把牛排往大厨立立手里塞。这时候，在一旁观看的梁老师说话了：“小飞！你是顾客，怎么能直接把东西给厨师呢？你应该先给服务员，再由服务员拿给厨师呀。快，再来一次!”

**思考：**你认为梁老师的干预正确吗？

### （四）寓教于乐原则

寓教于乐原则指的是在幼儿园的各种保教工作中，以游戏为手段激发幼儿的兴趣，使幼儿始终在乐于接受的状态中进行学习。寓教于乐的原则要求教师在教育活动中将幼儿的情绪调节为快乐或感兴趣的状态，而游戏正是能满足幼儿求知与探索需要、成功需要、创造需要、娱乐需要的活动，可以直接引发幼儿的兴趣和快乐情绪。因此将游戏活动贯穿于幼儿园保教工作之中，有利于幼儿园保教工作的质量的提高。

案例

小樱的积木快要搭建完成了，谁知道这时候一向调皮的小钟风风火火地跑进结构区，结结实实地撞到了小樱身上，小樱倒在地上哇哇直哭，即将竣工的小城堡也散落一地。保育员吴老师看到这一幕，刚要开口责备小钟的冒失，却看见小钟满脸通红，着急地把小樱扶起来，嘴里止不住地道歉。吴老师转念一想，走过去检查并询问了小樱的身体，发现并无大碍后，对一旁的小钟说："还不快把她带到小医院里看看！"小钟把小樱送到角色区的小医院里，并对医生小秦说："医生快把小樱看看，我撞到她了！"小秦像模像样地帮小樱检查了一番，对小钟说："小樱伤得严重！你怎么撞了她，以后要小心一点！快去把医药费结了！"小钟愧疚地点点头，说："我以后一定不会再撞到她了！"吴老师说："那以后进出区域要怎么样？"小钟回道："不能跑，要慢慢的。"最后，小钟再次诚恳地对小樱道歉，并与她一起重新建起了小城堡。

**思考：**保育员吴老师并没有直接批评小钟，而是用游戏的方式让小钟认识到了错误，你觉得吴老师做得对吗？如果是你会如何做呢？

拓展阅读

## 游戏中的保育与卫生①

《幼儿园教育指导纲要（试行）》指出：幼儿园教育应尊重幼儿的人格和权利，尊重幼儿身心发展的规律和学习特点，以游戏为基本活动，保教并重。

《幼儿园工作规程》指出：游戏是对幼儿进行全面发展教育的重要形式。应根据幼儿的年龄特点选择和指导游戏。应因地制宜地为幼儿创设游戏条件（时间、空间、材料）。游戏材料应强调多功能和可变性。应充分尊重幼儿能力和个性的全面发展。

游戏活动可分为室内和室外游戏活动。室内游戏活动要保证活动室通风良好，空气新鲜，采光和照明充足，有较大的活动空间，游戏材料要丰富、卫生、无毒、无害。室外游戏活动场地要平整、清洁、无污染、无噪声、周围环境安全，游戏活动设施不存在安全隐患。

在游戏活动前，应根据幼儿的年龄特点、游戏活动的内容及气温情况及时给幼儿增减衣服，以免着凉或受热。在游戏活动中，要为幼儿游戏提供充足的时间，

① 邓祖丽颖：《学前儿童保育学》，102页，郑州，郑州大学出版社，2015。

要经常观察幼儿游戏情况，适时适宜照顾幼儿的活动，满足幼儿在游戏中的各种需要，如适时地对材料进行调整、补充，照顾幼儿小便，喝水等。对游戏中幼儿的不安全行为要及时制止。游戏结束后应与幼儿一起收拾、整理玩具和材料，归类摆放好。

**幼儿园保育员的职责与工作细则①**

游戏活动：

(1)游戏前配合教师准备游戏场地和玩具材料；

(2)保持游戏环境的安全与卫生；

(3)教师组织集体游戏时，照顾个别幼儿参加游戏活动；

(4)配合教师在游戏中观察幼儿，有针对性地给以帮助和教育。

## 第二节　幼儿园游戏活动中保教结合的组织与实施

依据不同的标准进行划分，幼儿园游戏可以被分为不同的类型。根据幼儿的认知划分，游戏可以被分为感觉运动游戏、象征性游戏、结构游戏和规则游戏；根据幼儿的社会性行为划分，游戏可以被分为独自游戏、平行游戏、联合游戏和合作游戏；根据幼儿在游戏中不同的体验划分，游戏可以被分为机能性游戏、想象性游戏、接受性游戏、制作性游戏；而我国学前教育工作者由于长期受到苏联教育理论的影响，通常以游戏的教育作用作为划分依据，将幼儿园游戏分成创造性游戏和规则性游戏。创造性游戏是幼儿主动地对现实生活进行反映的一种游戏，其规则是内隐的，幼儿拥有较大的自由度，如角色游戏、结构游戏、表演游戏等。而规则性游戏则是由成人根据幼儿的年龄发展特点，为实现某种教育目的而编制的游戏，其规则是外显的，幼儿的自由度较创造性游戏小，如体育游戏、音乐游戏、智力游戏等。以游戏为中心的保教结合工作，就是要通过这些游戏活动，使幼儿获得保育和教育上的双重支持。

### 一、通过创造性游戏开展幼儿园的保教活动

#### (一)通过角色游戏开展幼儿园的保教活动

**1. 角色游戏**

(1)角色游戏的概念。

受苏联心理学、教育学家的影响，我国学前教育界普遍认为角色游戏指的是幼儿根据自己意愿，借助相关的材料，通过模仿和想象来扮演角色，创造性地再现周

① 邓祖丽颖：《学前儿童保育学》，105页，郑州，郑州大学出版社，2015。

围生活的游戏。有学者认为角色游戏等同于皮亚杰提出的象征性游戏，也有学者认为象征性游戏主要强调的是思维的“表征性”，从这个角度来说，角色游戏、表演游戏、结构游戏都属于象征性游戏。

(2)角色游戏的特点。

角色游戏有着与其他游戏不同的四个特点。第一，角色游戏的内容来源于实际的社会生活，幼儿自身社会经验的丰富程度影响着游戏内容的丰富程度。第二，角色游戏以想象活动为支柱，角色游戏对生活的反映不是机械地照搬，而是通过幼儿的想象来推动情节的发展。第三，角色游戏以“角色扮演”为表征手段。第四，角色游戏突出表现了幼儿在游戏中的主体性地位，不论是否有成人介入，幼儿都可以自愿、主动地进行角色游戏。

(3)角色游戏的要素。

角色游戏由人物、物品、情节、规则四项基本要素构成。首先是角色游戏中的人物，这类人物通常是幼儿熟知的角色，如父母、老师、售货员、厨师等，幼儿通过扮演这些人物来反映其对该社会角色的认识。其次是游戏角色中的物品，这些物品可能是真实的，也可能是假象的替代物。再次是角色游戏中的情节，包含对游戏动作与游戏情景的假想。最后是角色游戏的规则，这种规则包括预先规定的规则，也包括随着游戏发展而不断产生的新规则，反映了幼儿对社会角色关系的认识和理解。

### 2. 角色游戏中保教工作的任务

通过角色游戏展开的保育教育工作，应将工作重点落实在幼儿的社会性发展和语言发展上。实施幼儿的社会保健是新保育观的重点内容，角色游戏正是培养幼儿良好的社会适应能力和同伴交往能力的途径之一。教师和保育员可以通过引导幼儿进行角色扮演，使其认识和学习各种社会角色，掌握社会规范，加强社会适应能力。在游戏过程中，幼儿受到丰富的语言刺激，不断模仿、使用和创造语言符号，倾听与表达的语言能力得到大幅促进。

### 3. 角色游戏中保教工作的具体展开

(1)角色游戏实施前的保教工作。

在展开角色游戏活动前，保教工作的重点应该放在幼儿生活经验的调查、游戏环境和材料的创设及投放，游戏时长和游戏时机的选择上。首先，教师应当有意识地丰富幼儿的生活经验，可以将幼儿一日生活融入游戏开展中，也可以通过实地参观、阅读资料等形式拓宽幼儿的视野。幼儿生活经验的丰富程度与角色游戏主题和情节的新颖程度成正比。其次，要为幼儿提供适宜的游戏场地和游戏材料，在此过程中，保育员应遵循安全性和适宜性原则，保证游戏场地、材料的安全，选取固定的、面积适宜的游戏场地，为幼儿提供适合年龄阶段发展特点的丰富的游戏材料。最后，教师需选择适宜的游戏时机，在幼儿相关经验储备充足的情况下开展角色活动，并且计划给予幼儿一段较长的游戏时间，确保幼儿有充足的时间确定游戏主题、分配游戏角色、开展游戏情节，形成较高水平层次的角色游戏。

案　例

### 大润发游戏

中班的小朋友最近开始了大润发游戏，孩子们从家里带来了很多洗发水瓶等小货物，将超市装扮了起来。蓝蓝毛遂自荐成为了收银员，帮助小顾客们结账。但是游戏玩了没多久，蓝蓝这个收银员就引起了小山的不满："这个面包为什么你卖给达达 2 元钱，卖给我就要 5 元钱?"蓝蓝小声说："我的面包我想怎么卖就怎么卖!"小山委屈道："你这样不公平，我要告诉老师!"保育员吴老师发现幼儿在争吵，先是安抚了大家，让小朋友们自行商量定价的问题，后来她将这个问题反映给了主班老师李老师，李老师又组织大家到真实的超市进行参观，回来后小朋友们一致同意给每一个货物贴上价格标签，公平地进行买卖。

这样又玩了一阵过后，李老师发现蓝蓝对收银的兴趣越来越低，收银员这个角色换了好几个小朋友，但没有谁能做得长久。李老师通过观察才明白，原来是收银对幼儿的计算能力有着较高的要求，一旦算错，收银员很容易被责怪。这时候，周老师决定把"钱"都换成 1 元的面额，这样收银员便不再需要找零，而是数好张数即可。错误率降低了，幼儿们对扮演收银员的兴趣也回升了。

**思考：**幼儿为什么会出现案例中的问题？教师在进行角色游戏的保教工作中哪个环节没有做好？

(2)角色游戏实施中的保教工作。

在角色游戏开始时，教师应鼓励和启发幼儿根据自己的想法确立游戏主题、选择游戏材料，自由分配角色，确保幼儿的主动性得到最大程度的发挥。在角色游戏开展过程中，教师应带有明确的观察目标，认真观察幼儿的游戏表现，并采用笔记、录音、录像等多种方式进行记录，保育员则应当从旁辅助记录工作。当出现某些幼儿无所事事，游戏内容贫乏无趣，游戏情节无法正常展开，幼儿产生游戏之外的冲突等情况时保育员需及时介入。教师应根据幼儿的年龄特点和角色游戏水平展开具体的保教工作。

**表 6-2　幼儿角色游戏的游戏特点与保教重点表**

| | | 小班 | 中班 | 大班 |
|---|---|---|---|---|
| 游戏特点 | 水平 | 独自游戏、平行游戏 | 合作游戏 | 合作游戏 |
| | 主题 | 主题单一，情节简单 | 主题稳定 | 主题明确，情节丰富 |
| | 兴趣 | 操作材料，模仿他人 | 自身的扮演角色 | 角色扮演的逼真程度 |

续表

| | | 小班 | 中班 | 大班 |
|---|---|---|---|---|
| 保教重点 | 目标 | 培养规则意识，丰富游戏经验 | 解决游戏冲突，掌握社会规则和交往技能 | 培养幼儿语言能力发挥幼儿创造性 |
| | 材料 | 种类少，数量多的成型材料 | 丰富而有变化的材料 | 加入幼儿自制材料 |
| | 指导 | 教师以游戏者的身份参与游戏，引导幼儿进行合作游戏 | 教师以游戏者的身份参与游戏，拓展故事情节 | 教师进行直接指导，用语言提示幼儿 |
| | 评价 | 情感性评价为主，诱发幼儿的游戏兴趣 | 吸引幼儿参与评价 | 对游戏结果进行评价，引导幼儿反思 |

(3)角色游戏实施后的保教工作。

在角色游戏的结束环节，教师需把握结束的时机，在幼儿对游戏仍抱有一定兴趣时提醒幼儿，使幼儿能对游戏感到意犹未尽，以便对下次游戏活动的展开抱有期待。游戏结束后，保育员引导幼儿收拾游戏场地和游戏材料，培养幼儿的整理习惯。随后，师幼应对本次游戏情况进行讨论，这种讨论可以是集体讨论，可以小组讨论，也可以由个别幼儿发言，讨论的内容围绕游戏中出现的问题，游戏中的情绪感受或游戏行为的评价等，以此进一步了解幼儿的心理活动，培养幼儿解决问题能力，确定下一次角色游戏方向的目的。

### (二)通过结构游戏开展幼儿园的保教活动

#### 1. 结构游戏

(1)结构游戏的概念。

结构游戏是指幼儿按照自己的兴趣和意愿，操作各种如积木、积塑、雪花片等建构材料，沙、石、水、雪等自然材料，纸盒等废旧物品材料而进行的物体构造的活动。

(2)结构材料的特点。

结构游戏有三个主要特点。第一，结构游戏以材料为物质基础，没有各种建筑、结构材料，结构游戏无从玩起。第二，结构游戏以造型为基本活动。幼儿凭借自身对周围社会生活的感受来操作材料，将零散的部件组合成一个富有意义的整体。第三，结构游戏反映了幼儿的智力发展水平。结构游戏对幼儿的物体操作技能、空间知觉和想象力等有所要求，幼儿的智力发展水平决定了其结构游戏水平。

(3)结构游戏的要素。

结构游戏由材料、主体、建构、建构物功能四项基本要素构成。首先是结构游戏的材料，材料的类型、多寡会对幼儿的结构游戏产生影响。其次是结构游戏的主题，不同年龄阶段的幼儿对游戏主题的构想时间不同，有的幼儿会根据预设的主题选择结构材料，有的幼儿在建构活动的过程中才能逐渐明晰主题。结构游戏的第三个要素是幼儿的建构，这是四项要素中的核心要素。最后是建构物的功能，是对建构出来的物品如何使用的假设和真实使用的效果。

### 2. 结构游戏中保教工作的任务

通过结构游戏展开的保育教育工作，应将工作重点落实在幼儿的动作发展和审美水平上。在结构游戏过程中，教师和保育员应重视幼儿手眼协调能力的锻炼，使幼儿能进行一些绘画、剪贴等的美工活动，保证活动材料的安全性。教师还可以通过结构游戏使幼儿获得材料性质、大小、颜色、触感、形象等知识，习得空间方位和数学概念，有利于其认知发展水平的提高。另外，幼儿的建构物还体现了形式、对称、协调等美感，培养和发展了幼儿感受美、表现美、创造美等能力。

### 3. 结构游戏中保教工作的具体展开

(1)结构游戏实施前的保教工作。

在开展结构游戏活动前，保教工作的重点应放在丰富幼儿的对周围环境的认知，选择适合的游戏空间和时间，适当购置和存储的游戏材料上。首先，教师需在日常生活中注意引导幼儿对周围建筑等环境进行观察，如利用周围资源带领幼儿实地体验，获通过幻灯片、照片进行间接展示，加深幼儿对建筑物的印象。其次，教师和保育员应为幼儿选择适当的结构游戏空间，因结构游戏所需材料较多，对场地面积的要求较大，空间选择应远离人来人往的过道，为幼儿营造一个安静思索的环境。结构游戏场地可以与角色游戏、表演游戏场地相邻，以便相互融合，深化主题。再次，在时间要求上，幼儿需要较长的思考和操作过程，教师应给予幼儿充足的游戏时间。然后，在购置游戏材料时，保育员需首先确保材料的质量安全，不能因贪图便宜而购买卫生条件差、易脱落甚至有毒性的玩具材料，这不仅会影响幼儿对结构游戏的兴趣，更会对幼儿的健康造成威胁。最后，关于材料的存放问题，应分门别类地放置在幼儿可以自行收放的地方，积木等材料应做好打蜡等保护工作。

(2)结构游戏实施中的保教工作。

在结构游戏的开始环节，教师首先要引导幼儿认识结构材料，对材料的大小、颜色、形状、凹凸槽等有所了解，激发幼儿对建构的兴趣，并在此基础上学习排列组合、穿插、拼搭等操作技能。随后，教师和保育员应引导幼儿进入结构游戏活动，允许幼儿自选游戏材料，看护幼儿安全使用材料，如提醒幼儿不能将积木搭得过高，以免倒塌压到他人；积木不能乱扔，以防绊倒他人；玩沙时不能用手揉眼睛，不得扬沙；玩水时不能故意往他人身上洒水等。接下来，教师和保育员需观察幼儿的游戏表现，根据其年龄特点及结构游戏水平展开具体的保教工作。

表 6-3　幼儿结构游戏的游戏特点与保教重点表

| | | 小班 | 中班 | 大班 |
|---|---|---|---|---|
| 游戏特点 | 计划 | 无计划，无目的 | 有一定计划性、目的性 | 计划性、目的性强 |
| | 主题 | 游戏后期出现主题，不稳定 | 主题稳定 | 主题新颖 |
| | 兴趣 | 建构动作 | 建构动作、建构结果 | 用建构物进行表征 |
| 保教重点 | 目标 | 认识结构材料，培养建造兴趣 | 增强建构技能，尝试根据平面图建构 | 分工合作，共建精美的大型建构物 |
| | 材料 | 少量材料 | 中等数量材料 | 大量材料 |
| | 指导 | 示范讲解，引导幼儿模仿建造简单物体 | 以建议、启发为主 | 用语言传授建构知识与技巧，鼓励幼儿进行创造 |

(3)结构游戏实施后的保教工作。

在结构游戏的结束环节，教师应提前提醒幼儿结束时间，给幼儿以心理准备；对幼儿的游戏成果进行展示和保存，请幼儿相互欣赏和评价，吸取他人灵感，增加自身信心。最后保育员请幼儿收拾和整理游戏材料，按照大小或类型放回原处。

案 例

**跟老师一起搭积木**

搭积木的时间到了，小班的乐乐正在试图拼搭，保育员邓老师走到他身边亲切地问道："乐乐，你想搭什么呀?"乐乐低着头没有回答，不知道是否听见，邓老师便走开了。过了一段时间，邓老师又巡视到乐乐身边，发现乐乐不小心把自己的积木弄倒了，正乐呵呵地指着积木跟旁边的小朋友说些什么，邓老师马上过去跟乐乐说："积木倒了，来，跟邓老师一起再搭起来!"乐乐收敛了笑容，与邓老师一起搭积木。

**思考**：保育员邓老师在游戏中的干预行为正确吗？为什么？

### (三)通过表演游戏开展幼儿园的保教活动

#### 1. 表演游戏

(1)表演游戏的概念。

表演游戏是幼儿以儿童文艺作品或生活故事为线索，通过扮演其中的角色，用对白、动作、表情等再现故事情节的游戏活动。

(2)表演游戏的特点。

表演游戏有两个突出的特点。第一，表演游戏的内容来源于文艺作品。有别于同样以扮演角色为手段的角色游戏，表演游戏的内容已有一定的框架，而角色游戏的内容是根据幼儿的想象展开，是幼儿社会生活经验的反映。第二，表演游戏是一种幼儿主动进行的创造性游戏活动。与戏剧表演不同，表演游戏是幼儿的一种娱乐活动，以愉悦体验为主要目的，情节、词语可适当替换，而戏剧表演则是要在教师指导下，严格按照剧本进行编排，以向观众表演为最终目的的活动。

(3)表演游戏的要素。

表演游戏由角色、情节、材料三项基本要素构成。首先是表演游戏的角色，幼儿通过表情、语言、肢体来表达角色的思想感情，加深对故事的理解程度。然后是表演游戏的情节，情节以文艺作品为依据，也可以由幼儿自行创作。最后是表演游戏的材料，这些材料包括舞台布景、服装配饰、道具等，可以购买成型的材料，也可以由教师、幼儿制作。

### 2. 表演游戏中保教工作的任务

通过表演游戏展开的保育教育工作，应将工作重点落实在幼儿语言发展和胆量锻炼上。在表演游戏中，教师和保育员通过引导幼儿模仿、运用、创造与表演相关的词句，丰富其语言经验和语言体系，幼儿在与同伴不断地交流、商议中，同样也可在互动中进行语言建构。同伴合作是表演游戏的有机组成部分，在分配角色、订立规则、商量细节等部分，幼儿必须以真实的身份与同伴进行交往，其社会性水平也随之得到发展。另外，幼儿表演需要勇气与信心，教师和保育员通过鼓励幼儿进行表演，锻炼了幼儿的胆量，使其有大方展示自我的机会。

### 3. 表演游戏中保教工作的具体展开

(1)表演游戏实施前的保教工作。

在表演游戏实施前，保教工作的重点应落在选择适合的作品、创设物质环境、帮助幼儿熟悉故事上。在选择作品的时候，应遵循教育性、适宜性和表演性三个原则。作品内容首先要积极向上，富含教育意义，实现游戏的潜在教育功能；作品的内容还要以幼儿的生活经验为基础，符合幼儿的身心发展特点，令幼儿产生兴趣。作品要具有可表演性，角色性格鲜明，情节生动起伏，可以通过对白、动作、表情等方式进行演绎。在选择了适合的作品后，教师和保育员应根据作品创设物质环境，包括对舞台的布置和道具的安排。舞台应选择一个相对空旷的地方，布置需简洁大方但又不失舞台感，不会过多吸引幼儿的注意力，却又让幼儿有舞台意识。道具由师幼共同完成，可以进行专门的制作，也可以安排在其他的区域活动中进行，以确保幼儿的主动性和创造性得到最大程度的发挥。在表演游戏开始前，教师和保育员可以以各种形式帮助幼儿熟悉故事内容，如在日常生活中提醒幼儿注意观察各种人物、动物的行为特点、言语特征，在其他区域贴上相关的图示，或请家长在家中帮助幼儿体验某类情节等。

(2)表演游戏实施中的保教工作。

在表演游戏的开始环节，教师和保育员要鼓励幼儿按照自己的意愿选择角色，共同商量分配角色，让每个幼儿都有机会参与表演。

案例

### 我是小兔子

这次韦老师为小朋友们准备的是小兔子的表演游戏，游戏开始时，韦老师站在舞台上问道："谁要扮演小兔子？""我要！"小欧举手喊道。"我要当小兔子！"涵涵也举起来手来。这时候其他小朋友也为小兔子这个角色争了起来，台下吵成一片。韦老师看着这种情况并不说话，看看幼儿能否自己解决这个问题。过了好一阵，韦老师催促大家快速做决定，不然游戏的时间都要结束了。最后还是涵涵做出了妥协，把这次机会让给了第一个举手的小欧，约定下次再由她扮演小兔子。

在游戏过程中，教师和保育员应观察幼儿的游戏表现，记录幼儿的游戏行为和游戏成果，根据幼儿的年龄发展特点和表演游戏水平，进行具体的保教工作。

**表 6-4　幼儿表演游戏的游戏特点与保教重点表**

| | | 小班 | 中班 | 大班 |
|---|---|---|---|---|
| 游戏特点 | 水平 | 表演意识差 | 有一定表演意识 | 表演意识强 |
| | 计划 | 无计划性、目的性 | 计划性、目的性差 | 计划性、目的性强 |
| | 兴趣 | 专注于自己的动作，与游戏本身关系不大 | 按照自己的兴趣扮演角色，多嬉戏打闹行为 | 专注于表演技巧 |
| 保教重点 | 目标 | 培养游戏兴趣 | 培养幼儿表演的语言、动作技巧 | 鼓励幼儿探索，塑造生动的角色形象 |
| | 情节 | 简单 | 生动 | 起伏 |
| | 道具 | 形象、方便、简单 | 2～4 种材料 | 多种材料，鼓励幼儿自制 |
| | 指导 | 示范，师幼共同表演 | 示范，提醒，商讨 | 少量间接指导 |

（3）表演游戏实施后的保教工作。

在表演游戏结束的结束环节，教师需提前告知幼儿结束时间，与保育员一同引导幼儿收拾和整理游戏材料。然后师幼共同对本次表演游戏时的行为表现、情绪体验等进行讨论。教师还要对幼儿在表演游戏中展现出的计划性和目的性、角色表现能力、模仿能力、想象力，以及自身工作得失进行评价和反思，为日后开展表演游戏活动打下基础。

## 二、通过规则性游戏开展幼儿园的保教活动

### （一）通过体育游戏开展幼儿园的保教活动

#### 1. 体育游戏

（1）体育游戏的概念。

体育游戏指的是以促进幼儿生长发育、发展基本动作与技能为目的，在一定的情节、规则下，满足幼儿运动器官快感的游戏活动。

(2)体育游戏的特点。

体育游戏的五个主要特点分别如下：第一，体育游戏具有健身性，通过发展幼儿的基本动作与技能，锻炼幼儿身体，促进生长发育；第二，体育游戏具有规则性，是幼儿在体育游戏开始前制定并一致认同的较为严格的规则；第三，体育游戏具有竞赛性，在体育游戏中，幼儿不仅注重游戏的过程，同样重视游戏的结果，这种竞赛性可以满足幼儿争强好胜的心理；第四，体育游戏具有趣味性，体育游戏通常设有一定的情景，幼儿在轻松愉悦的气氛中，进行灵活多变的游戏环节，带来积极的情绪体验，深受幼儿喜爱；第五，体育游戏具有教育性，体育游戏是幼儿园健康教育的重要方式。

(3)体育游戏的要素。

体育游戏由任务、内容、规则、结果、游戏条件五项基本要素构成。首先，体育游戏的任务主要以促进幼儿身体健康发展为主，不同形式的体育游戏具有不同的具体任务。其次，体育游戏的内容是对幼儿体育游戏的动作，包括如何开始、如何进行、如何结束提出的具体要求。再次，体育游戏的规则是在体育游戏开始前，就游戏过程中允许和禁止出现的行为，及胜利的标准进行的一致认同的规定。然后，体育游戏的结果是幼儿在体育游戏过程中所追求的目标。最后，体育游戏的游戏条件是物质条件，包括游戏的场地、器材等。

### 2. 体育游戏中保教工作的任务

通过体育游戏展开的保育教育工作，应将工作重点落实在幼儿生长发育、智力发展、培养良好品质上。在体育游戏中，教师和保育员通过引导幼儿进行各种身体运动，锻炼了幼儿的各种身体机能，使幼儿的基本动作与技能得到进一步发展。户外的阳光和空气也提供了幼儿所需的维生素 D 等物质，有利于幼儿的生长发育。体育游戏加快了幼儿的血液循环，促进了幼儿大脑的发育，游戏中的竞赛性培养了幼儿思维力和创造力，使幼儿的智力得到发展。此外，教师和保育员还能通过体育游戏培养幼儿坚持、互帮互助的良好品质。

### 3. 体育游戏中保教工作的具体展开

(1)体育游戏实施前的保教工作。

在体育游戏实施前，教师应当根据幼儿园健康教育的要求选择体育游戏任务，编制适合幼儿年龄特点的体育游戏。保育员根据体育游戏选择游戏场地和游戏器材，着重检查场地和器材的安全性。选择适合的体育游戏时机，如上午 10 点与下午 3 点是阳光照射、空气较为清新的时间，雾天、烈日和饭前饭后不适宜进行体育游戏活动。

(2)体育游戏实施中的保教工作。

在体育游戏的开始环节，保育员首先要检查幼儿的着装，体育游戏运动量较大，幼儿应着宽松的衣裤，柔软的运动鞋。然后，教师和保育员需带领幼儿进行准备活动，使幼儿的身体由安静状态逐步过渡到运动状态。随后，教师帮助幼儿进入体育游戏活动，以小组讨论、情景探究或直接讲解等方法帮助幼儿明确游戏的任务、内容、规则等。在幼儿游戏的过程中，保育员需监测幼儿的生理负荷程度，如观察面色、出汗量等，询问幼儿的感受，及时调整游戏，做到适度运动。另外，教师和保育员需观察并记录幼儿的游戏表现，根据幼儿的年龄特点和体育游戏水平展开具体的保教工作。

**表 6-5　幼儿运动量观测表**

| | 适度运动 | 大量运动 | 过度运动 |
|---|---|---|---|
| 面色 | 稍红 | 相当红 | 非常红、苍白 |
| 出汗量 | 少量 | 较多 | 大量 |
| 呼吸 | 中速、稍快 | 显著加快 | 呼吸急促、节奏紊乱 |
| 动作 | 动作协调 | 协调性降低 | 动作失调 |
| 注意力 | 集中 | 不稳定 | 分散 |
| 反应力 | 正常 | 减弱 | 迟钝 |
| 精神 | 愉快 | 略显倦意 | 十分疲惫 |
| 心率 | 130～150 次/分 | 150～170 次/分 | 170～190 次/分 |

**表 6-6　幼儿体育游戏游戏的游戏特点与保教重点表**

<table>
<tr><th></th><th></th><th>小班</th><th>中班</th><th>大班</th></tr>
<tr><td rowspan="4">游戏特点</td><td>体力</td><td>弱</td><td>增强</td><td>充沛</td></tr>
<tr><td>动作</td><td>协调性、准确性差</td><td>协调性、准确性提高</td><td>灵活自如</td></tr>
<tr><td>兴趣</td><td>喜爱模仿，专注于角色、动作、情节</td><td>专注于角色、情节、结果</td><td>专注于游戏结果</td></tr>
<tr><td>注意</td><td>不集中</td><td>较集中</td><td>集中</td></tr>
<tr><td rowspan="6">保教重点</td><td>目标</td><td>激发游戏兴趣</td><td>遵守游戏规则</td><td>学习游戏策略</td></tr>
<tr><td>情节</td><td>简单</td><td>游戏情节与竞赛情节兼具</td><td>复杂的游戏情节，竞赛情节较多</td></tr>
<tr><td>角色</td><td>少量</td><td>增加</td><td>多个</td></tr>
<tr><td>动作</td><td>一种基本动作</td><td>多种动作</td><td>多种动作</td></tr>
<tr><td>规则</td><td>简单</td><td>较复杂</td><td>复杂</td></tr>
<tr><td>指导</td><td>教师担任主要角色</td><td>教师适量参与、示范</td><td>以语言讲解、示范为主</td></tr>
</table>

(3)体育游戏实施后的保教工作。

体育游戏的结束环节，教师提前提醒幼儿结束时间，安排幼儿做适当的整理运动，减轻幼儿的心理负担。保育员请幼儿收拾和整理游戏材料。回到活动室后，控制幼儿的饮水量，引导幼儿正确使用毛巾擦汗，更换出汗较多幼儿的衣物。最后，师幼共同对刚才进行的体育游戏进行讨论和评价。

案例

### 失误的保育员①

潮安县浮洋镇林泉幼儿园，2000年11月2日下午4点左右，许辉鹏的母亲接到学校打来的电话，说许辉鹏在学校跌倒，她赶紧骑车奔往学校。在幼儿园，班主任为许母讲述了事故发生的经过。

在做游戏的时候，许辉鹏被朝他跑来的另一小朋友许润澎撞了一下，当时保育员和老师误认为他跌倒起不来，是扭到脚，但当拉他起来时，辉鹏满身大汗，已不会说话。

心急如焚的许母将已经昏厥过去的儿子赶紧送往医院。在市中心医院，医生及时为辉鹏做了手术。经医生诊断，许辉鹏与许润澎相撞倒地时头部正好撞在坚硬的水泥板上，造成重度颅脑外伤，出现颅内血肿，脑疝症状，伤情十分严重。

**思考：**保育员和老师在体育游戏中的职责是什么？

## (二)通过音乐游戏开展幼儿园的保教活动

### 1. 音乐游戏

(1)音乐游戏的概念。

音乐游戏是在音乐伴随下，以发展幼儿音乐能力为目的而进行的有规则的游戏活动。按照游戏的主题划分，音乐游戏可以被分为有主题游戏与无主题游戏，有主题的音乐游戏指的是幼儿在音乐的伴随下，做出符合某一种情景或情节的形象动作。无主题的音乐游戏指的是幼儿在音乐的伴随下，以音乐的标志音为信号做出动作。按照游戏的内容划分，音乐游戏可以被分为歌唱游戏、律动游戏、演奏游戏与欣赏游戏。

(2)音乐游戏的特点。

音乐游戏具有以下两个特点：第一，音乐游戏以音乐为基础，幼儿在游戏中的情节、动作等都伴随着音乐，感受、学习音乐是音乐游戏的目的之一；第二，音乐游戏具有愉悦性，音乐游戏的旋律生动优美，游戏形式多种多样，幼儿可以在音乐中感受美、表达美、创造美，获得愉悦的情感体验。

(3)音乐游戏的要素。

音乐游戏具有音乐、玩法、规则、游戏条件四个要素。首先是音乐游戏的音乐，音乐游戏必须伴随着音乐进行，游戏的指令通常通过音乐的乐句、歌词、节奏或其他标志音实现。音乐游戏的玩法指的是音乐游戏的游戏形式。音乐游戏的规则是游戏过程中每个幼儿都必须遵守的规定，确保了游戏的公平性。音乐游戏的游戏条件则是音乐游戏的物质基础，如游戏场地、游戏材料等。

---

① 吉的堡教育集团：《游戏时五岁儿童与小朋友相撞致残》，http://www.doc88.com/p-9186608400438.html，2015-08-12。

### 2. 音乐游戏中保教工作的任务

通过音乐游戏展开的保育教育工作，应将工作重点落实在幼儿听觉器官发育、音乐能力、审美能力上。在音乐游戏中，教师和保育员通过引导幼儿进行各种音乐活动，锻炼幼儿音乐的感知力、表现力、创造力，通过律动、打击乐等游戏锻炼幼儿手眼协调能力。此外，音乐游戏提高了幼儿的审美能力，幼儿在音乐游戏中倾听音乐，得到了愉悦的情绪体验，音乐独具的艺术魅力陶冶了幼儿的情操。

### 3. 音乐游戏中保教工作的具体展开

(1)音乐游戏实施前的保教工作。

在音乐游戏实施前，教师的保教工作应落实在丰富幼儿的音乐经验、编制适合的音乐游戏、提供良好的物质基础上。首先，教师应该有意识地在日常生活中丰富幼儿的音乐经验，让幼儿对音乐有基本的接触。其次，教师要为幼儿编制适合的音乐游戏，对所选音乐进行深入了解，并为幼儿选择适宜的情节、角色、动作和规则。最后，教师和保育员教师应选择适合音乐游戏的场地和材料，如较为空旷的场地、小舞台等，材料则应选择幼儿喜爱的道具、打击乐器等，重点确认场地和材料的安全。

(2)音乐游戏实施中的保教工作。

首先，在音乐游戏的开始环节，教师应营造音乐游戏的气氛，帮助幼儿进入游戏，明确游戏的内容、玩法与规则，引发幼儿的游戏兴趣。其次，保育员应监控幼儿在游戏中的行为安全，如在歌唱游戏中正确用嗓，在律动游戏中不做危险动作，在演奏游戏中规范合理地使用打击乐器，在欣赏游戏中不引发幼儿的负面情绪等。最后，教师和保育员需记录幼儿的游戏表现，并按照幼儿的年龄特点与音乐游戏水平进行具体的保教工作。

**表 6-7　幼儿音乐游戏的游戏特点与保教重点表**

| 重点 | | | 小班 | 中班 | 大班 |
|---|---|---|---|---|---|
| 歌唱游戏 | 游戏特点 | 水平 | 肺活量小，换气混乱，断断续续 | 可控制嗓音，可表达情绪，能简单创编 | 节奏把控力强，可表达多种情绪 |
| | | 音域 | 小 | 加宽 | 高音域 |
| | | 音准 | 差 | 提升 | 把握能力增强 |
| | | 歌词 | 可记忆简单歌词，理解困难，吐字不清 | 可记忆复杂歌词，但有漏字、错字 | 完整地演唱歌词，漏字、错字少 |
| | | 合唱 | 难以配合 | 能与他人协调，可进行小组唱、对唱等 | 齐声合唱完成度高 |
| | 保教重点 | 目标 | 理解、表达歌词，掌握基本音准 | 在伴奏下独立演唱，与集体相协调 | 无伴奏独立演唱、领唱、齐唱、合唱 |
| | | 歌曲 | 曲调明了，歌词简单 | 围绕生活，朗朗上口，可肢体表达 | 中外儿童歌曲与某些成人歌曲均可 |
| | | 指导 | 示范、参与、鼓励 | 暗示，装扮幼儿 | 鼓励幼儿合作、创编，少量指导 |

续表

| 重点 | | | 小班 | 中班 | 大班 |
|---|---|---|---|---|---|
| 律动游戏 | 游戏特点 | 水平 | 律动以简单模仿为主 | 动作形象生动，表达多样化 | 律动协调性、创造性增强 |
| | 保教重点 | 目标 | 愉悦体验，培养兴趣 | 通过肢体表达情感、与他人合作协调 | 学习集体性的舞蹈、音乐表演 |
| | | 音乐 | 中速、节奏鲜明 | 有特色、律动感强的音乐 | 各式音乐，中外、儿童、成人均可 |
| | | 动作 | 注重肢体协调 | 注重动作规范 | 注重基础舞蹈动作、表情 |
| | | 指导 | 鼓励幼儿，根据个体差异设计不同标准 | 示范动作，创设良好氛围 | 精细示范 |
| 演奏游戏 | 游戏特点 | 水平 | 可进行简单的演奏 | 可进行单独演奏 | 可进行合作演奏，根据指挥随机变化 |
| | | 节奏 | 不稳定 | 相对稳定 | 稳定 |
| | | 注意力 | 易分散 | 相对集中 | 集中 |
| | | 音色 | 难以分辨音色 | 分辨音色能力增强 | 可以分辨音色 |
| | | 合作 | 未形成合作意识 | 合作意识初步形成，但配合困难 | 合作意识形成，可与同伴良好配合 |
| | 保教重点 | 目标 | 培养演奏兴趣，体验演奏乐趣 | 学习同种乐器不同的演奏方法，尝试自己配器创造 | 掌握多种乐器的演奏，进行创造演奏、即兴演奏 |
| | | 乐曲 | 旋律简单，节奏鲜明，结构整齐的曲子 | 在小班基础上加入回旋式等的音乐 | 在基本节奏型基础上加入其他音型 |
| | | 乐器 | 使用音色区分度较大的乐器 | 可尝试加入其他乐器 | 可使用丰富多样的乐器 |
| | | 指导 | 语言清晰，示范准确 | 多使用语言提醒，对幼儿进行积极评价 | 鼓励自选乐器，给幼儿提供展示空间 |

续表

| 重点 | | | 小班 | 中班 | 大班 |
|---|---|---|---|---|---|
| 欣赏游戏 | 游戏特点 | 倾听 | 可保持短时间的专注倾听 | 倾听能力提升，可辨别声音的变化 | 可辨别音乐中不同的速度、力度、音色等 |
| | | 理解 | 对歌词和所表达情绪的理解能力有限 | 理解除纯音乐外其他音乐作品的内容 | 可理解复杂的歌词含义与情绪 |
| | | 感受 | 简单地感受音乐，无法独立欣赏 | 可独立欣赏简单的音乐，由此产生一定的联想和想象 | 可感受音乐不同的风格，对音乐进行归类，产生有逻辑性的联想 |
| | 保教重点 | 目标 | 让幼儿体验、表达音乐 | 辨别不同音乐的差异性，形成音乐欣赏的表达能力 | 挑战欣赏纯音乐和表现手段不断变化的音乐 |
| | | 音乐 | 歌词贴近生活的欢快、和平的音乐 | 有特色、风格显著的音乐 | 选取歌词、内容较为复杂的音乐 |
| | | 指导 | 从幼儿已有经验出发，让每个幼儿根据自己的意愿表达对音乐的感受 | 在欣赏过程中引导暗示音乐的重点，给幼儿讨论和表达的空间，进行客观评价 | 以间接指导的方式让幼儿发现自己所偏好的音乐 |

**案 例**

### 谁是小老鼠

肖老师组织幼儿进行“谁是小老鼠”的音乐游戏。肖老师先是带领大家唱“一只小小老鼠，出来偷吃白米，一只老猫看见，一把抓住它！”，边唱边要求小朋友们做老鼠和猫的动作，重复了几次之后，很多小朋友渐渐不愿意做了。这时，肖老师决定改变游戏规则，幼儿们接着扮演小老鼠，而老猫的角色由保育员孟老师扮演，看看哪只小老鼠会被孟老师抓到呢？孩子们的情绪又高涨起来了。

(3)音乐游戏实施后的保教工作。

在音乐游戏结束前，教师要事先提醒幼儿结束时间，给幼儿一定的心理缓冲空间，并在游戏结束时引导幼儿共同整理游戏场地与材料。然后，教师与幼儿共同讨论音乐游戏的行为表现与心理感受，并做出相应的点评和总结。最后，教师应对自己的保教工作做出反思。

## (三)通过智力游戏开展幼儿园的保教活动

### 1. 智力游戏

(1)智力游戏的概念。

智力游戏指的是教师根据智育任务而设计，以幼儿知识增长和智力发展为目的的有规则的游戏活动。一般人们将智力游戏分为知觉游戏、操作游戏、分类游戏、比较游戏、计算游戏、语言游戏等。

(2)智力游戏的特点。

智力游戏具有三个特点：第一，智力游戏以益智为主要目的，任何的智力游戏都需要通过幼儿的脑力活动完成，其规则也为幼儿的思维提出了较高的挑战，有利于幼儿智力的发展；第二，智力游戏的内容灵活多样，同样的游戏，其玩法和取胜技巧均有不同，需依靠幼儿的智慧完成；第三，智力游戏具有趣味性，游戏始终对幼儿具有强烈的吸引力，游戏的胜利给幼儿带来极大的信心，使幼儿不由自主地期待下一次的游戏活动。

(3)智力游戏的要素。

智力游戏由目的、玩法、规则、结果、游戏条件五个要素构成。首先，智力游戏的目的根据一定的智育要求提出，幼儿通过智力游戏可以得到某一方面的发展。其次，智力游戏的玩法是根据不同智力游戏的特点而设定，是对幼儿在游戏中的行为提出要求。而智力游戏的规则则是对幼儿游戏行为的约束，是游戏顺利实施的保障。智力游戏的结果是幼儿在游戏中努力的目标。最后，智力游戏的游戏条件是指游戏的场地和游戏材料，如棋牌、拼图等物品。

### 2. 智力游戏中保教工作的任务

通过智力游戏展开的保育教育工作，应将工作重点落实在幼儿大脑发育、智力发展、良好品质形成上。在智力游戏中，教师和保育员通过引导幼儿进行各种智力游戏活动，促进幼儿大脑的生长发育，使幼儿掌握了一定的知识，培养了幼儿观察、注意、思维、记忆等能力，有效促进幼儿智力发展。智力游戏还能使幼儿逐渐明白规则的重要性，形成自律和责任感，在遇见困难时用于挑战，坚持不懈，形成良好的个性品质。

### 3. 智力游戏中保教工作的具体展开

(1)智力游戏实施前的保教工作。

在智力游戏实施前，教师和保育员的保教工作应当放在编制适合的智力游戏，选择安全合理的游戏场地和游戏材料上。智力游戏的选择应当具有针对性，从幼儿的已有经验出发，与幼儿的智力发展水平相适应，游戏规则要简明扼要，使幼儿容易接受。而游戏场地和材料则要将知识经验渗透其中，并在此基础上保证场地和材料的安全性。

(2)智力游戏实施中的保教工作。

在智力游戏的开始环节，教师应让幼儿根据自己的意愿选择游戏，并介绍游戏的内容、玩法和规则，帮助幼儿快速进入游戏。教师要鼓励幼儿大胆尝试，引导幼儿主动探索，将幼儿的游戏表现记录在案，并根据幼儿的年龄特点和智力游戏水平展开具体的保教工作。

**表 6-8　幼儿智力游戏的游戏特点与保教重点表**

| 重点 | | 小班 | 中班 | 大班 |
|---|---|---|---|---|
| 游戏特点 | 感知 | 可用感官简单感知物体 | 可用感官认识物体的主要属性 | 可用感官认识物体的整体 |
| | 操作 | 可完成扣纽扣、穿珠子等动作，可在教师帮助下进行 1～2 种简单的材料制作 | 小肌肉动作协调，可在教师帮助下进行三种以上的材料制作 | 手眼协调，可进行独立制作 |
| | 分类 | 可根据事物大小、颜色进行简单分类 | 可根据物体的形状、颜色、功能进行分类 | 可进行分类并概括 |
| | 比较 | 可比较物体大小和多寡 | 可比较物体的大小、高矮、宽窄等 | 可比较同类事物的不同特点 |
| | 计算 | 认识 4 以内的数 | 掌握 10 以内的序数 | 掌握 10 以内的序数、倒数、单双数等 |
| | 语言 | 可初步听懂他人的话语，会用简单的语句进行表达 | 可基本听懂他人的话语，可使用生活中的常见语句，与他人交流 | 可理解他人的话语，可运用完整的语句进行表达 |
| 保教重点 | 目标 | 培养幼儿对智力游戏的兴趣和参与意识 | 给幼儿愉快的游戏体验，培养其游戏坚持性 | 培养幼儿在游戏过程中独立思考的能力 |
| | 难度 | 简单易完成，以趣味性为主 | 中等难度，以趣味性为主 | 较复杂，以知识性为主 |
| | 方法 | 明确、具体 | 多样 | 灵活多样 |
| | 规则 | 仅制定一个规则 | 规则较为详细，控制性强 | 规则可由幼儿自行商议 |
| | 指导 | 示范与讲解相结合，尽量详细 | 示范与讲解相结合，在必要时给予指导 | 多为间接指导 |

(3)智力游戏实施后的保教工作。

在智力游戏的结束环节，教师需提醒幼儿结束时间，确保给予幼儿一段能在结束时间前完成游戏的缓冲时间。随后，保育员指导幼儿收拾材料和场地。最后，师幼间对本次智力游戏进行评价，评价内容包括游戏中存在的问题、幼儿的游戏表现等，以积极鼓励的评价为主。

拓展阅读

## 游戏是一门课程①

1. 能促进婴幼儿游戏的四种重要的成人角色

(1)为儿童创建游戏环境时始终把安全放在第一位，这样儿童才能自由地探索和发现。

(2)鼓励儿童间的互动，然后退到一旁，保证儿童不受干预。

(3)支持儿童自己解决问题，让他们逐渐认识到自己的能力。

(4)观察时了解每个儿童并促进他们在不同环境下学习的有效方法。

2. 成人在为儿童创建游戏环境时需要考虑的五种因素

(1)群体规模和年龄跨度，这样才能确保儿童得到他们所需的关注，被游戏吸引。

(2)如何创建游戏环境以支持游戏。

(3)将视角从活动转向事件，事件拓展了婴幼儿如何学习的观点，它包括刻意计划的和偶然发生的事件。

(4)为儿童提供适量的可自由选择的机会。

(5)环境中的匹配问题，这样有助于儿童选择那些与其感兴趣的学习水平相匹配的事件。

## 本章小结

1. 游戏的概念

(1)游戏：游戏具有虚拟性、主动性、愉悦性等特征，是一种游戏者在假想的情境中，主动进行的愉悦的活动。

(2)幼儿园游戏：幼儿园游戏与幼儿在自然生活状态下进行的纯粹游戏不同，是一种教师根据一定的教育目的，有计划、有组织地开展的游戏活动。它不仅能让幼儿得到愉悦体验，还确保幼儿能得到某一方面的发展。

2. 以游戏为中心的保教结合的意义

(1)游戏是幼儿的基本活动：游戏是幼儿生活中出现频率最高的活动；游戏是最符合幼儿年龄特点的活动；游戏是对幼儿具有发展价值的活动。

(2)游戏是幼儿园的基本活动：游戏活动贯穿于幼儿园一日生活的始终；游戏活动有利于幼儿园教育目的的实现。

---

① [美]珍妮特·冈萨雷斯-米纳、黛安娜·温德尔·埃尔：《婴幼儿及其照料者：尊重及回应式的保育和教育课程》，张和颐、张萌译，119页，北京，商务印书馆，2015。

(3)以游戏为中心的保教结合的意义：以游戏为中心的保教结合有利于创造适宜幼儿的幼儿园生活；以游戏为中心的保教结合有利于提高幼儿园保教工作的质量。

3. 幼儿园游戏活动中保教结合的原则

愉悦性原则、教育性原则、主体性原则、寓教于乐原则。

4. 幼儿园游戏活动中保教结合的组织

(1)角色游戏：指的是幼儿根据自己意愿，借助相关的材料，通过模仿和想象来扮演角色，创造性地再现周围生活的游戏。

(2)结构游戏：是指幼儿按照自己的兴趣和意愿，操作各种如积木、积塑、雪花片等建构材料，沙、石、水、雪等自然材料和纸盒等废旧物品材料而进行的物体构造的活动。

(3)表演游戏：是幼儿以儿童文艺作品或生活故事为线索，通过扮演其中的角色，用对白、动作、表情等再现故事情节的游戏活动。

(4)体育游戏：指的是以促进幼儿生长发育、发展基本动作与技能为目的，在一定的情节、规则下，满足幼儿运动器官快感的游戏活动。

(5)音乐游戏：是在音乐伴随下，以发展幼儿音乐能力为目的而进行的有规则的游戏活动。

(6)智力游戏：指的是教师根据智育任务而设计，以幼儿知识增长和智力发展为目的的有规则的游戏活动。

## 本章检测

1. 思考题

(1)什么是游戏？

(2)游戏在幼儿园中的具有怎样的地位？

(3)以游戏为中心的保教结合有什么意义？

(4)幼儿园游戏活动中的保教结合要遵循什么原则？

2. 实践应用题

请以小组为单位，到幼儿园中任意观察一种幼儿园游戏的保育和教育情况，找出教师和保育员的优点和缺点，分析原因，并给出解决方法。

# 第七章　幼儿园教学活动中的保育与教育

学习目标▶

- 理解“保教结合”原则下幼儿园教学活动的概念。
- 了解幼儿园教学活动在幼儿园保育与教育中的价值。
- 掌握幼儿园教学活动设计与实施的途径和方法。
- 把握保教结合在幼儿园教学活动中的体现。

本章导读▶

幼儿园教学活动与生活活动、游戏活动共同组成幼儿园保育与教育的全部内容，是幼儿园保育与教育实施的重要形式之一。本章主要围绕幼儿园教学活动的概念、特点及教学活动开展的途径和方法展开论述，以展现幼儿园教学活动中保育与教育开展情况及保教结合在幼儿园教学活动中的体现。

## 第一节　以教学活动为有效途径的保教结合

引导案例▶

### 我是哪里做错了

小班的美术教学活动进入了尾声，班主任张老师和保育员李老师一边指导幼儿进行物品收整，一边自己收拾着。几分钟后，张老师看物品收整得差不多了，就说：“请收拾好了的小朋友到张老师这里来排队，我们去洗手了。”李老师补充道：“哪位小朋友先收拾好，今天就请谁来当中餐班长。”

随后，保育员李老师请一名幼儿协助张老师，请排队的小朋友按顺序不断向前面移动位子，又请了三名幼儿继续收拾剩下的物品，然后自己就去用消毒水擦拭桌子，做餐前准备了。又过了几分钟，大多数幼儿洗完手了，三名收拾物品的幼儿还没完成。张老师见状，马上叫三名幼儿去洗手，自己开始收拾玩具。

这一幕，刚好被巡班的保教主任王老师收在眼底。王主任走过去对保育员李老师说："李老师，小朋友的饭桌你应该提前消毒好，等他们去洗手的时候，你应该去看他们洗手，并做好随时的收整。教学活动结束后的收整，也应该是由你去完成，不应该让张老师去收尾。"

李老师听后，觉得很疑惑：我是哪里做错了？

**思考：**

1. 你认为李老师做错了吗？如果做错了，错在哪里？
2. 幼儿园教学活动中的保育和教育应该是怎么样的？
3. 保教结合，应该如何在实践中落实？

## 一、幼儿园教学活动的概念

### (一)幼儿园教学活动

幼儿园教学活动是促进幼儿发展的重要形式。《幼儿园教育指导纲要》指出："幼儿园的教育活动是教师以多种形式有目的、有计划地引导幼儿生动、活泼、主动活动的教育过程。"作为幼儿园教育活动的重要组成部分，幼儿园教学活动一直是幼儿教育研究的重点之一，研究者对幼儿园教学活动进行了诸多的研究和探讨。其中，刘晶波认为，幼儿园教学活动是根据幼儿园教育目标的要求，由教师带领幼儿进行有组织、有计划地传递某种知识与技能的活动，涉及计算、语言、自然、社会、美术、音乐等多个领域。幼儿园教学活动与生活活动、游戏活动共同构成幼儿园课程，根据内容的不同，分为幼儿园健康教学活动、幼儿园语言教学活动、幼儿园科学教学活动、幼儿园社会教学活动和幼儿园艺术教学活动；根据组织形式的不同，可分为集体教学活动、分组教学活动和个别教学活动。集体教学活动(全班上课)可以高效地、经济地实现教育教学任务，节省师资力量，培养幼儿的集体观念和自制力，使幼儿体验到相互学习交谈的愉快情绪①；分组教学活动可以提高幼儿参与教学活动的积极性和主动性；个别教学活动可以提高幼儿的自我管理意识，促进个性发展。

幼儿园教学活动在幼儿一日生活中起着重要作用。幼儿园一日生活皆课程，在我国现行的幼儿园教育中，幼儿在园的一日活动安排主要包括来园、晨间活动、区域活动、户外活动、教学活动、游戏、进餐、盥洗、睡眠、仪表整理和离园等环节。从时间和环节设置来看，幼儿园教学活动仅占一日的1～2个环节，每日用时不超过1小时，每周5小时左右的集体教学活动还需综合考虑幼儿在健康、语言、科学、

① 黄人颂：《学前教育学》，32页，北京，人民教育出版社，2002。

艺术、社会等方面的发展，时间有限但却需要发挥重要的作用。

幼儿园教学活动能促进幼儿和教师的发展。进入 21 世纪以来，“主体性”一直被反复强调。“‘主体性’即‘主人性’，是人在各种现实关系中所表现出来的‘主人’的属性”。凸显幼儿园课程中幼儿的主体性，包括积极主动性、独立自主性、社会适应性和创造性，需要处理人与自然、人与社会、人与自我的三大关系。幼儿园的教学活动尽管是由教师设计并主导的活动，但“儿童为本”的理念仍时刻提醒着教师谨记活动应以幼儿为主体。因此，在教学活动中，幼儿感受到的首先是教师发出“爱与尊重、安全与自由、独立与探索”的信号，继而在活动中协调自身与自然、社会等关系，激发自主自信、关心互助、探索创造的积极情感与行为。幼儿的学习途径是多样化的，幼儿园课程的特殊性还体现在，幼儿学习方式的行动性和学习内容的生活化。尽管游戏活动和生活活动也能帮助幼儿累积经验、促进发展，但幼儿在活动中获得的经验都较为零散。碎片式的经验学习方式不适合长期单一使用，而由于教学活动的目标性、计划性更强，教学活动的内容和顺序一般是教师根据幼儿学习和发展的规律及教学大纲精心设计，因此具有更强的系统性，有利于幼儿循序渐进地学习并获得相对系统的经验，更容易发挥“教育先行”的功能。幼儿主体性和系统性经验的发展，重要前提之一在于优质、高效的教学活动的组织，而教学活动的经济、高效、优质只有在教学内容能唤起全班幼儿的学习兴趣、能衔接其已有经验时才有可能发挥，教学活动的公平性也只有在教学过程中充分照顾幼儿的个体差异时才有可能真正体现，教学活动引领性、系统性的功能特点也只有在教师充分了解幼儿学习特点、教学内容的逻辑关系，并在此基础上恰当设计与组织才有可能实现①。而这一切的实现，关键在于教师的理解、选择与实施。而当教师真正能开展有效的教学活动时，其专业成长正在逐步实现。

### (二)幼儿园教学活动与幼儿园教育活动的关系

关于幼儿园教学活动与幼儿园教育活动的关系的论述有两种观点，这两种观点是基于对幼儿园教学的内涵理解不同而产生的。一种观点认为，幼儿园教学活动与生活活动、游戏活动并列，同属于幼儿园教育活动。在这种观点下，幼儿园教学活动是幼儿园教育活动的组成部分。另一种观点认为，幼儿园教学活动包含生活活动和游戏活动。在这种观点下，幼儿园教学活动与幼儿园教育活动混为一体。本章讨论的幼儿园教学活动是与幼儿园生活活动、幼儿园游戏活动并列的活动，是幼儿园教育活动的重要组成部分。

### (三)幼儿园教学活动与幼儿园课程的关系

“幼儿园课程是实现幼儿园教育目的的手段，是帮助幼儿获得有益的学习经验，

---

① 李季湄、冯晓霞：《〈3～6 岁儿童学习与发展指南〉解读》，9 页，北京，人民教育出版社，2012。

以促进其身心全面和谐发展的各种活动的总和。”[①]这一定义表明了幼儿园课程涵盖了幼儿园的一切活动，充分印证了幼儿园“一日生活皆课程”的理念。可见，幼儿园课程是幼儿园教育目标转化为幼儿发展的中介，是对教育目标实现的整体规划；而幼儿园教学活动则是实现课程目标的主要手段。

## 二、幼儿园教学活动的特点

### （一）幼儿园教学活动是由教师组织的活动

幼儿园教学活动是有组织的教学活动，活动在教师组织下进行，教师期望通过教学活动促进幼儿获得某种经验、知识或技能。教学活动的内容通常是系统的、有一定的体系的。例如，教师要组织科学领域教学活动，会考虑“本班幼儿处于什么年龄段、科学领域活动都有哪些内容、哪些内容是适合在这个年龄段开展的、本班幼儿关于这一内容的已有经验有哪些、这次的科学活动采取怎样的方式更适合……”等一系列问题，并在活动开展过程中按照教师的组织来进行。

### （二）幼儿园教学活动是有目的的活动

幼儿园教学活动与游戏活动的最大区别在于它的目的性，所有的教学活动都是有活动目的的。为落实“游戏是幼儿的基本活动”的精神，充分调动幼儿参与活动的积极性，很多教学活动都以游戏的形式呈现出来，幼儿在教学活动的游戏环节中学习，甚至有的活动中，幼儿并不知道自己在学习。但对于教师而言，整个教学活动的开展，无论从教学活动环节的组织，还是从教学方法的选用，都是围绕一定的教学目的展开的。比如，在一次教学活动中，幼儿围绕着绳圈进行了两个挑战游戏，第一个挑战游戏是如何让全组的 5 个小朋友都能稳稳地站在固定大小的呼啦圈内；第二个挑战游戏是如何在移动绳圈的同时，全组人的脚都不从绳圈上离开。对于参与这个教学活动的孩子们来说，整个活动过程中，他们都在玩挑战游戏，但教师却是有明确的活动目的的。这是一次社会领域教学活动，教师通过活动想达成这样的教育目标：(1)体验“绳圈”一物多用的乐趣；(2)体会合作带来的成功感。可见，教学活动的目的性是区别于其他活动的重要特点。

### （三）幼儿园教学活动以幼儿的直接经验为基础

《3～6 岁儿童学习与发展指南》指出：“幼儿的学习是以直接经验为基础的”，幼儿园教学活动是幼儿学习与发展的重要形式。在教学活动中“最大限度地支持和满足幼儿通过直接感知、实际操作和亲身体验获取经验的需要”，是开展好教学活动的基础。因此，在教学活动中，教师应给予幼儿直接体验的机会。如在以“苹果”为主题的美术教学活动中，教师如何开展教学活动，获得的活动效果是不一样的。让幼儿根据自己对苹果的印象，凭空作画；提供一张苹果的图片，让幼儿观察后作画；给

---

① 李季湄：《幼儿教育学基础》，9 页，北京，北京师范大学出版社，2014。

幼儿提供塑料苹果，让幼儿作画；给幼儿提供真实的苹果和各种辅助材料，让幼儿看、摸、闻、切、尝过之后再来画苹果，幼儿的画作肯定是有差别的。最后一种教学方式中，幼儿运用了视觉、触觉、嗅觉、味觉等多种感官，从不同的角度去积累关于“苹果”的直接经验。对于幼儿来说，这样以直接经验为基础的教学活动才是适宜他们需要的。

在幼儿园教育的发展进程中，集体教学活动先后历经了“教学主导——生活主导——保教结合”的变革，在不断探索与验证的过程中，幼教工作者对幼儿园教学活动的认识日益深刻，对待幼儿园教育的态度也日益严谨。

第一阶段：以教学为主导的幼儿园课程。在这一阶段中，幼教工作者对幼儿的一日生活认识不全面，往往意识不到游戏的价值、生活活动的存在，忽略幼儿一日生活的教育价值。教学活动，尤其是集体教学活动，占据了主要地位，幼儿的活动“课”的痕迹明显，生活与游戏的环节被弱化，幼儿教育是倾向于集体式的教育。

第二阶段：以生活为主导的幼儿园课程。随着游戏理论的发展与实践的验证，“游戏是幼儿园基本的活动”这一理念逐渐得到广泛认可，幼教界开始不断尝试教学改革，更提出了“一日生活皆课程”的重要理念。在这一阶段里，“游戏”与“生活”被提到重要的议程上，如何充分挖掘幼儿生活各环节中的教育价值，如何在幼儿生活中助力其经验提升，如何在生活中逐步培养幼儿独立健全的人格与良好的行为习惯……这一系列的问题扑面而来，幼教工作者必然需要重新思考：“幼儿园教育是什么？孩子在幼儿园中需要获得哪些方面的发展？未来中国需要什么样的新人类?”然而，在强调“游戏”与“生活”的过程中，也出现了这样的质疑：“集体教学活动的存在是否还有必要?”这一现象表明了“以生活为主导”的幼儿园课程仍有待辨析。

第三阶段：倡导保教结合的幼儿园课程。历经“教学主导”与“生活主导”的幼儿园课程，正以良好态势步入“保中有教、教中有保、保教结合”的阶段。秉持辩证开放的态度，教学活动、游戏活动、生活活动应被视为幼儿园保教工作的重要组成部分。

**拓展阅读**

### 幼儿园教学活动就是幼儿园课程吗①

幼儿园教学活动不等同于幼儿园课程。幼儿园课程指的是“实现幼儿园教育目的的手段，是帮助幼儿获得有益学习经验，促进身心全面和谐发展的各种活动的总和”。幼儿园教学活动是幼儿园课程得以实施的途径，是实现幼儿发展的桥梁

---

① 侯莉敏：《幼儿园课程与教学理论》，198页，北京，高等教育出版社，2016。

与纽带。而幼儿园教学活动设计是为教学活动绘出蓝图的过程，是幼儿园教师为达成教育目标，对“教什么”和“怎么教”进行系统设计的过程。教学活动设计是活动组织的前提，可使教师对教学活动的基本过程有一个整体的把握，保证教学活动的顺利进行，以最优化地保障教学效果的达成与实现。

拓展阅读

## 如何防止在实施《指南》过程中出现另一个极端：重视一日生活而忽略集体教学活动①

集体教学活动本身就是一日生活的一个重要组成部分，“重视一日生活”当然是重视它的每一个环节，自然包括集体教学活动。因此，严格地讲，“重视一日生活，而忽略集体教学活动”的命题是不成立的。

那么，为什么会提出这个问题呢？可能之一是对一日生活的认识有误，即提问者的意识中，认为一日生活只是幼儿的吃、喝、拉、撒、睡而已，“集体教学活动”是不在“一日生活”概念中的，所以二者可以平行而论，即认为现在贯彻《3～6岁儿童学习与发展指南》要求重视一日生活，教师的精力都去抓一日生活去了，岂不就会忽略集体教学活动了吗？可能之二是提问者的表述不清，其本意是要说，在一日生活的众多环节中，如果一下子重视生活环节了，像过去偏重集体教学活动环节一样，担心走到另一个极端出现忽略集体教学活动的现象。因此希望有防范的对策。

提问者的担心是可以理解的，因为每进行一项改革，常常出现从一个极端跳到另一个极端的现象。但从现今我国幼教的状况来看，毋庸讳言，教师预设的、高控的、全班幼儿统一进行的集体教学活动是置于最优地位的。活动表上一周的集体教学活动名称均一一列出，教师每天按规定上课，雷打不动。尽管这种活动形式在幼儿园一日生活中所占时间不多，也并不是幼儿的主要活动方式。但教师投入的精力和时间总是所有环节中最多的。而幼儿的日常生活环节(一日中的吃、喝、拉、撒、睡，生活事件、生活中的交往、情感、行为表现等)却一直被轻视，不少教师根本不认为这些环节是教育不可忽视的重要环节，看不到其对幼儿学习与发展具有重要的意义，并普遍缺乏日常生活中指导幼儿学习与发展的能力，这种情况可以说普遍如此，长期如此，习以为常，根深蒂固。要在短时间内发生根本性的改变，跳到另一个“重视一日生活的极端”，几乎是不可能的。因为这不是一个简单的方式方法选择，不是一个单纯的形式改变问题，而是幼儿园教育的基本范式转型问题。一个社会的教育范式不仅密切地涉及其深层次的理念、哲学，涉及其教育观、儿童观、发展观、教育科学水平，还与教师的专业素质不可分割

① 李季湄：《〈3～6岁儿童学习与发展指南〉实施问答》，4页，北京，北京师范大学出版社，2014。

地联系在一起。与此同时，整个社会的价值观、文化观、对教育的理解与认识以及整体的人文精神水平也都深刻地影响着教育范式，没有各方面因素的共同作用，教育的范式转型是很难发生的。

但是，这绝不是说，幼儿园要一切条件都完备了才能够转型，转型的条件是在一点一滴的改革中逐步积累的。现在有不少幼儿园认识到了教育中的问题，并希望借实施《3～6岁儿童学习与发展指南》的东风改变这一状况，但由于没有在转变观念、提高教师专业素质上狠下功夫，结果就出现了一些如提问者所说的极端化做法，甚至进入新的误区，如简单化地认为“重视一日生活”就是让幼儿吃饱睡好，只抓保育，不要教育；或认为融教育于生活中就是再也不准“上课”，任何集体教学活动都不能搞；等等。要防止这些偏向发生，最重要的就是坚持走改革发展的道路，按照《幼儿园教育指导纲要(试行)》《3～6岁儿童学习与发展指南》的方向，端正认识、转变观念、一步一个脚印地推进幼儿园教育的改革，扎扎实实地提高教师在幼儿的生活中、游戏中实施科学保教的能力，提高教师“以幼儿为本”而非“教为中心”的专业能力，让教师真正学会如何在幼儿园每天的每一个环节中，引导幼儿朝着《3～6岁儿童学习与发展指南》目标的方向学习和发展，不要急功近利、急于求成，必须看到这是一个极其漫长的过程。日本学者佐藤学教授说：“这场教育革命要求根本性的、结构性的变化。仅此而言，它就绝非是一场一蹴而就的革命。因为教育实践是一种文化，而文化变革越是缓慢，才越能得到确实的成果。”

## 第二节　通过幼儿园教学活动实施保教结合

**引导案例 ▶**

### 我的床位我做主

孩子们中午休息的床位原本是每月更换一次，每次更换前老师会在床位上贴上每个孩子的名字，孩子们按名字找床位。升入大班后的一天，思思和琪琪这对好朋友拉着手来到老师面前说：“老师，我们两个好朋友等了好多次了，床位都没挨在一起过。”两个小家伙沮丧的表情，让老师想到：何不趁这个机会发挥他们的自主权呢？

于是，李老师开展了一次“我的床位我做主”的集体教学活动，请孩子们共同讨论：“思思和琪琪午睡的时候，想要两个挨在一起的床位，可以吗？”

这引发了孩子们关于床位的讨论：可以不用老师安排、自己换床位吗？多久换一次位、哪天换、换的时候谁先选、怎么让别人知道这一铺床已经有人选了、床上的被褥怎么换、换好以后怎么能记得谁选了哪一铺……经过近一周集体与小组的反复讨论、各种方式的记录与尝试，孩子们共同制作出了“我的床位我做主”的床位交换流程图和“床位对对碰”的已换好床位的记录图。

**思考：**

1. 床位自选活动是保育活动还是教育活动呢？

2. 这一教学活动开展过程中运用了怎样的形式？

幼儿园教学活动是促进幼儿发展的有效形式，教师通过教学活动的开展“传递知识、信念、态度，尤其是行为和技能”①。幼儿园教学活动的途径主要有四个方面：专门组织的教学活动、渗透于日常活动与生活中的教学活动、蕴含于幼儿园环境中的教学活动、家园合作中的教学活动。

## 一、在专门组织的教学活动中实施保教结合

专门组织的教学活动是幼儿园教学活动中所占比重最大的活动，多以集体教学活动形式存在，“具体指的是教师有目的、有计划地组织的、班级所有幼儿都参加的教育活动。包括教师预成和生成的教育活动，单独的一节‘课’和围绕一个主题展开的系列活动，全班一起进行的和分小组同时进行的教育活动”②。包括健康、语言、社会、科学和艺术五大领域。在专门组织的幼儿园教学活动中实施保教结合，主要涉及幼儿、教师、教学内容、教学方法四个基本要素。

### (一)通过关注教学活动中的幼儿实施保教结合

#### 1. 关注幼儿的身心健康

《幼儿园教育指导纲要(试行)》中明确指出“幼儿园必须把保护幼儿的生命和促进幼儿的健康放在工作的首位”，幼儿园教学活动首先应关注幼儿的健康，其中，包括身体健康和心理健康。

关注幼儿身心健康是幼儿园实施保教结合必不可少的。《3～6 岁儿童学习与发展指南》指出：“健康是指人在身体、心理和社会适应方面的良好状态。”③健康领域教学活动主要包括体育活动、卫生活动、心理健康活动三个方面。幼儿园体育教学活动多关注的是幼儿动作的发展，包括了大肌肉动作和小肌肉动作学习与发展目标的达成。如大班的体育活动《玩球》，在整个教学活动中，教师围绕幼儿的控球能力的发展，进行教学活动的设计、组织与实施。

---

① [美]爱泼斯坦：《有准备的教师》，李敏谊等译，9 页，北京，教育科学出版社，2012。

② 李季湄、冯晓霞：《〈3～6 岁儿童学习与发展指南〉解读》，264 页，北京，人民教育出版社，2012。

③ 同上书，55 页。

案例

## 大班体育活动：玩球

**活动目标：**

1. 探索“一物多玩”，发展创造能力。

2. 提高控球能力，锻炼身体灵活性。

3. 增强合作意识，体验游戏中的快乐。

**活动准备：**

球 17 个；筐子 4 个。

**活动过程：**

一、热身活动——游戏：变

幼儿在教师的引导下变换姿势做动作，充分活动身体。

二、探索性活动

1. 一个人的玩法。

(1)导语：球可以怎么玩？

(2)幼儿探索，教师巡回指导。

(3)分享：你是怎么玩的？

2. 合作玩球。

(1)导语：和好朋友一起玩球，可以有多少种玩法？

(2)幼儿分散练习，教师重点指导。

(3)分享：你们是怎么玩的？

三、集体活动

1. 导语：我有一个玩法，我们一起玩一个球。

2. 男孩、女孩分成两组。

3. 全体一起游戏。

4. 小结。

四、放松运动

卫生活动注重幼儿良好的生活与卫生习惯的维护和培养。比如，教师通过组织“老虎拔牙”的教学活动，让幼儿理解“老虎因为吃了太多的糖，又不爱刷牙，才掉光了牙齿”，从而促进幼儿形成“不能吃太多的糖；吃了东西要刷牙”的经验，进而通过区域活动中幼儿对“娃娃”的护理来习得刷牙的正确方法。再如，在阅读图书时提醒幼儿坐姿端正、执笔正确、手眼保持一定距离。

心理健康活动关注幼儿的情绪、情感及社会适应能力。比如，在小班入园适应阶段，常有幼儿因为分离焦虑而在入园时哭闹，教师在教学活动中带来了绘本故事《三只小猪上幼儿园》，帮助幼儿寻找缓解分离焦虑的渠道，调节情绪。

案例

## 小班绘本故事《三只小猪上幼儿园》

牧场里开满了花朵，蜜蜂嗡嗡地飞来飞去。就在这个时候，三只小猪木木、花花、嗡嗡出生啦。

三只小猪每天在牧场里跑来跑去，调皮捣蛋。它们也想帮忙做家务事，但是你看，就是这样子。猪妈妈和猪爸爸商量道："送孩子们到幼儿园去吧，怎么样？""嗯。"猪爸爸说，"那样也好。"

第二天早上，木木、花花、嗡嗡就跟妈妈到幼儿园去了。"哇，这么多小猪呀！"三只小猪吓了一跳。大家先来打个招呼。"老师早。""小朋友早。"忽然，木木大声哭起来："妈妈不见啦！"于是，花花和嗡嗡也跟着哭叫："妈妈！妈妈！"小朋友很开心地做体操了，三只小猪却一直向着牧场那边看。

嘟，老师吹起了哨子："木木、花花、嗡嗡，来，跟大家一起来赛跑，要摸一下白杨树，才能跑回来哦。看看谁能跑第一？来，站在我旁边，排在这里。这儿有空位呢。"小猪们排好了队。"预备，跑！"三只小猪都跑得好快。大家都休息了，三只小猪精神抖擞地又跑了一圈。

放学了，猪妈妈来接三只小猪。"老师，再见！""小朋友，再见！"三只小猪告诉老师和朋友们："我们明天还来玩，我们喜欢上幼儿园了。"木木、花花和嗡嗡，三只小猪一路赛跑回牧场去了。

开展幼儿园健康领域教学活动有三个突出的要点。一是教学活动内容要基于幼儿身心发展的需要。教学活动内容的选择应结合幼儿的年龄特点和幼儿现实需要。二是开展教学活动应遵循循序渐进的原则。幼儿的身心发展是有一定的规律的，健康领域教学活动的开展，首先要遵循幼儿身心发展的规律，其次要遵循科学运动的规律，才不会出现超越幼儿年龄及身体符合的健康教学活动。三是教学活动的组织以不伤害幼儿为前提。幼儿健康领域的活动有很多种类，但不是所有的活动都适合在幼儿阶段开展。健康领域教学活动应以幼儿健康为前提，在组织过程中，确保幼儿安全尤其重要。

### 2. 关注幼儿学习与发展的规律

关注幼儿学习与发展的规律，才能在幼儿园教学活动中建立对幼儿的合理期望，不错过促进幼儿发展的关键期，不拔苗助长。幼儿园教学活动在实施过程中常按照五大领域来做基本划分。幼儿在每个领域的关键经验是什么？幼儿在这些领域发展的经验轨迹是怎样的？幼儿在学习过程中会有怎样的情感、体验和感受……在教学活动中关注幼儿的学习发展规律，方能更好地实施保教结合。

以幼儿园语言领域的教学活动为例。语言领域教学活动要遵循语言发展规律和幼儿学习规律。语言是交流和思维的工具。幼儿期是语言发展，特别是口语发展的重要时期。幼儿语言的发展贯穿于各个领域，也对其他领域的学习与发展有着重要的影响。《3～6岁儿童学习与发展指南》中的这段表述，充分说明了幼儿园语言学习的重要性。皮亚杰在研究中发现："语言具有双重意义：它既是一种凝缩的符号，又是一种社会的调节。语言在这种双重意义中便成为思维精密发展不可缺乏的因素。"①语言领域教学活动主要包括：专门的语言教学活动和渗透的语言教学活动。专门的语言教学活动以语言为学习的对象，学习内容本身是语言。如在语言教学活动"藏猫猫"中，教师选择了儿歌《藏猫猫》这一语言素材作为幼儿的学习对象。整个活动的开展围绕儿歌进行。

案　例

### 小班语言活动：藏猫猫

**活动目标：**

1. 学习儿歌，感知韵律美。
2. 体验"藏猫猫"的快乐。

**活动重点：**

理解儿歌内容。

**活动难点：**

发准韵脚音(ao)。

**活动准备：**

1. 物质准备：图片(云朵，星星，月亮)。
2. 场地准备："藏猫猫"的家。
3. 经验准备：知道简单的"藏猫猫"的玩法。

**活动过程：**

一、游戏导入，激发幼儿活动兴趣

1. 幼儿藏，老师找。

师："我的宝宝不见了，我得去找找。"

2. 老师藏，幼儿找。

师："你们怎么找到的？"

二、引导幼儿感知理解儿歌

1. 出示月亮、云朵、星星。
2. 教师边演示边朗诵儿歌《藏猫猫》。

师："小月亮也想来玩藏猫猫游戏。看看它是怎么玩的。"

3. 通过提问帮助幼儿理解儿歌内容。

提问：小月亮藏在哪儿了？谁在眨眼笑？

---

① ［瑞士］皮亚杰：《儿童心理的发展》，傅统先译，124页，济南，山东教育出版社，1982。

三、游戏：藏猫猫

1. 幼儿分组游戏。

2. 集体游戏。

附儿歌：

藏猫猫

小月亮，飘呀飘，找块云朵藏猫猫。

藏着头，露着脚，逗得星星眨眼笑。

上述案例的语言教学活动中，语言不再是幼儿的学习对象，而是幼儿学习所运用的工具。这种活动的内容可以是各个领域的，常在整合课程中出现。比如，在综合活动“小青虫的梦”中，教师以故事为载体，让幼儿获得“青虫是如何变成蝴蝶”的科学领域经验。这一过程中，故事本身不再是学习的对象，而成为了一个载体、一种工具。

案例

## 中班综合活动：小青虫的梦

**活动目标：**

1. 感受绘本故事《小青虫的梦》的语言美、意境美。

2. 能用动作表现青虫演变为蝴蝶的过程。

3. 乐于在同伴面前大胆表达自己的想法。

**活动准备：**

挂图《小青虫的梦》、课件、音乐。

**活动过程：**

一、欣赏故事，感受语言美、意境美。

1. 教师出示教学挂图，完整讲述故事，幼儿欣赏。

2. 教师：“蟋蟀赶走小青虫后，小青虫躲到哪里听音乐？它是怎么听的？”

3. 教师：“后来，小青虫又躲到哪里？”

4. 教师：“小青虫怎么变成蝴蝶的？”

二、尝试用动作表示青虫演变为蝴蝶的过程

1. 教师展示自制课件，幼儿进一步了解青虫变为蝴蝶的过程。

教师：“这是谁？它在干什么？”

2. 引导幼儿尝试用动作表示青虫变为蝴蝶的过程。

教师：“小青虫是什么样的？谁来学一学？”

三、师幼共同表演。

教师：“我们一起来表演小青虫变成蝴蝶的快乐吧。”

（播放音乐、师幼表演。）

教师：“我们去把这份快乐传递给更多的好朋友吧。”

开展幼儿园语言领域教学活动有三个突出的要点。一是营造宽松的环境与氛围。无论是专门的语言教学活动还是渗透的语言教学活动，都应营造宽松、愉悦的语言氛围，让幼儿想说、敢说、喜欢说，并能得到积极回应。二是注重交流和运用。语言是在交流和运用中发展起来的，只有作为交流和运用的语言才是“活”语言。三是发挥早期阅读的作用。相关研究表明，3～6 岁是儿童学习早期阅读和读写的关键期①。选择适宜的阅读材料、培养幼儿的阅读兴趣和阅读习惯，对幼儿阅读能力的培养有重要的作用。

#### 3. 关注幼儿的生活经验

幼儿园教学活动必须从儿童的视角出发，关注幼儿的生活经验，关注其关系与联系。杜威关于教育的本质有三个基本观点，即“教育即生长”“教育即生活”“教育即经验的不断改造与重组”，强调了教育要围绕幼儿的生活进行。幼儿在生活中积累了大量的自发经验，这些自发经验来源于家庭生活和幼儿园生活的各个方面，是零碎和杂乱的，幼儿园教学活动的组织，充分考虑幼儿自发的生活经验的关系和联系，有利于促进幼儿的发展。

### (二)通过关注教学活动中的教师实施保教结合

#### 1. 关注教师的教学观念

教师如何看待幼儿，就会给幼儿以怎样的教育。教师的儿童观、教育观无疑会给幼儿园教学活动中保教结合的实施带来深远的影响。教师如何理解幼儿园教育、如何理解幼儿园保育、如何理解保育与教育的关系……对其在教学活动中的实施保教结合的程度有重要影响，以幼儿园社会领域教学活动为例。

《3～6 岁儿童学习与发展指南》中指出：“幼儿社会领域的学习与发展过程是其社会性不断完善并奠定健全人格基础的过程。”幼儿是否获得良好的社会发展，影响着他的身心健康程度和其他各方面的发展。社会领域教学活动主要涵盖自我意识、人际交往和社会适应三个方面的内容。在幼儿园社会教学活动中，需要引导幼儿处理自己与自己的关系，即发展自我意识；处理自己与他人的关系，即增强人际交往能力，其中包括幼儿与同伴的关系、幼儿与教师的关系及幼儿与父母的关系；处理自己与世界的关系，即发展社会适应能力。

**案　例**

为了培养孩子的任务意识，“非常任务”成为了蒙老师班长期的活动，主要内容是由幼儿去完成各种任务，获得评价。

这一天，蒙老师像往常一样，问道：“哪位小朋友愿意帮老师去小二班拿本书呀！”她的周围马上聚集了很多孩子，看着一个个跃跃欲试、自信满满的孩子，她打心底里觉得高兴。不经意间，她发现人群中多了一个平时不怎么出声的齐齐，

---

① 李季湄、冯晓霞：《〈3～6 岁儿童学习与发展指南〉解读》，81 页，北京，人民教育出版社，2012。

齐齐是蒙老师班年龄最小的男孩子，入园前一直都是外婆带，从小衣来伸手、饭来张口，中班了还不会自己穿衣服和吃饭，老师和小朋友稍微提醒，就听到他“哇哇”大哭的声音，遇到困难容易退缩。蒙老师赶紧问：“齐齐，你也想去帮老师完成任务是吗？”齐齐有点犹豫，还是点了点头。于是蒙老师请齐齐去。过了一会儿，齐齐拿着任务单回来了，但没有完成任务。

蒙老师的第一反应是让个能干的孩子帮助他尽快完成任务，可转念一想，她该问问齐齐为什么没能完成任务。于是她改变态度，心平气和地问齐齐：“齐齐你没找到李老师呀？”齐齐点点头：“我不知道找哪个李老师，李老师说她们班有两个李老师。”原来不是齐齐表达不清楚的问题，而是蒙老师忽略了两位李老师的问题。

再次出发的齐齐一路小跑回来，满脸的喜悦！①

幼儿园社会领域教学活动有两个突出的特点。一是活动性原则。相较于其他四个领域，幼儿社会领域的学习与发展是一个复杂的过程，同样的教学活动所取得的效果会因主体的理解和内化不同而产生巨大的差异。因此，注重社会教学活动中幼儿的体验显得十分重要。二是发展性原则。幼儿园对于幼儿的培养，不只是培养当下的幼儿，更是培养未来的成人。以发展的眼光来审视和促进幼儿的社会性发展才是可取的。三是整合性原则。影响幼儿社会性发展的因素很多，比如原生家庭的影响，幼儿的个性特征和气质类型等。所以，仅仅依靠幼儿园社会领域教学活动是无法实现的，需要整合各种资源。如在“非常任务”中，教师综合分析齐齐的情况，给予有针对性和实效性的指导，很好地体现了整合的理念。

### 2. 关注教师的支持能力

“师者，所以传道授业解惑也。”教师在幼儿园教学活动中发挥着重要的作用。教师的支持在幼儿园教学活动中首先体现在环境支持上，这种环境支持包括了物质环境和心理环境两个方面。

物质环境与材料的支持是教师教学活动支持的前提和基础。陈鹤琴指出：“小孩子玩，很少空着手玩的，必须有许多玩具才能玩得起来。”这充分表明了在幼儿园教学活动中，教师提供的物质环境和材料对幼儿发展的重要性。以科学领域教学活动为例。

幼儿从出生开始就对世界有着天然的好奇心和探究的欲望，这就使得科学教学活动对幼儿的发展是必要和重要的。幼儿时期科学材料的操作经验有助于幼儿理解复杂的理论比如物理学、生物学等。同时，科学领域的教学活动能鼓励幼儿的探究精神和科学思维。幼儿园科学领域教学活动主要有科学活动和数学活动两方面的内容。科学活动以“探究”为关键词，重在激发幼儿的探究兴趣、培养幼儿的探究能力。

---

① 该案例由广西幼儿师范高等专科学校实验幼儿园蒙姣妮老师提供。

案例

## 大班科学活动：小车速度全记录

**活动目标：**

1. 感知小车下滑速度与坡面光滑程度之间的关系。

2. 探索使用减速带给小车减速的方法。

3. 乐于与同伴合作进行操作。

**活动重点：**

学习观察和记录，感知小车下滑速度与坡面光滑程度之间的关系。

**活动难点：**

探索使用减速带给小车减速的方法。

**活动准备：**

玩具车、两种不同材质的坡面、积木、记录表、统计表、投影仪。

**活动过程：**

一、通过操作，感知小车下滑快慢与坡面材质有关

初步感知1号(砂纸)车道与2号(蜡光纸)车道上，小车下滑快慢不同。

1. 出示1号车道和2号车道。

教师："哪条赛道上的小汽车速度快呢?"

(猜测在同样高度下，同时出发，不同粗糙面，哪个表面速度快?)

2. 幼儿猜测，讨论记录方式，教师记录。

教师："可以怎样记录你猜想的结果?"

3. 引导幼儿分组、探讨操作规则。

教师："比赛要三人一组，一个裁判，两个赛车手。请你找到两个好朋友。谁找到了。"

4. 幼儿操作并记录结果。

教师："请比赛结束的小朋友，把结果记到统计表上。"

**表 7-1 统计表**

| 实验材料 | 蜡光纸车道 | 砂纸车道 |
| --- | --- | --- |
| 实验结果 | | |
| 统计 | | |

5. 师幼讨论、小结。

教师："你发现了什么？跟你刚才想的一样吗?"

教师："为什么在1号车道上的小车滑行得快？为什么在2号车道上滑行得慢呢?"

引导幼儿说出不同粗糙程度的接触面对小车滑行速度的影响。

二、探索改变小车速度的方法

1. 提出问题，引起幼儿思考。

教师："生活中，小车是不是跑得越快越好呢？为什么？"

2. 引导幼儿讨论。

教师："有什么办法可以让2号车道上的小车开得慢一些？"

教师："你们有没有想到了很多办法？"

3. 出示图片，了解生活中的实际。

教师："警察叔叔，为了让路上的小车开得更安全，想了这些办法。"

4. 幼儿操作，探索让小车速度变慢的方法。

教师："请你用老师提供的材料，帮2号车道上的小车开得慢一些。"

5. 师幼共同小结。

### （三）通过关注教学活动内容实施保教结合

幼儿园教学活动的实施是否有效、能否真正做到保教结合，首先要依赖于教学内容的适宜性和发展性。教学活动内容的选择是极其重要而又相当具有难度的，因为它是"一项兼有认识论、价值哲学和教学法特点的活动，它主要在于根据各个层次或年级的特定目标恰当地选择和组织信息"①。教学活动的内容是否来源于幼儿的经验与生活、是否符合幼儿的兴趣和最近发展区、是否符合幼儿未来生活的需求、是否符合社会希望……直接影响着保教结合的实施效果。

案　例

#### 大班音乐活动：落叶跳舞②

**设计意图：**

本次活动通过乐曲的强弱变化表现落叶在小风和大风的吹动下时起时落，随风飘舞的过程。这些都是幼儿在日常生活中看见的自然现象，幼儿通过肢体的动作来表现落叶随风飘舞的动态；能根据音乐强弱变化展开联想，按音乐速度变化肢体动作并进行表演。

教育价值重点关注：肢体动作控制能力的锻炼。

**活动目标：**

1. 感受乐曲强弱的变化。
2. 能根据音乐强弱变化展开联想。
3. 能按音乐速度变化控制肢体动作并进行表演。

---

① 李季湄、冯晓霞：《〈3～6岁儿童学习与发展指南〉解读》，275页，北京，人民教育出版社，2012。

② 此活动由广西幼儿师范高等专科学校实验幼儿园陆玉洁老师提供。

**活动准备：**

实体落叶、若干“落叶”衣服、绘本图书《落叶跳舞》。

**活动过程：**

一、热身游戏

请小朋友们跟着老师一起玩《大风和小风》的游戏。

二、基本部分

(一)欣赏绘本故事《落叶跳舞》

1. 老师抛起叶子，让小朋友感受叶子从高空落下的样子。

2. 提问：树叶是什么颜色？树叶什么时候会落下来？

3. 请小朋友做做叶子落下的样子。

4. 老师讲述绘本故事《落叶跳舞》。

(二)听音乐做动作

1. 让小朋友自己创编叶子挂在树上的不同造型。

2. 播放音乐(1)《小风》：小风吹，叶子挂在树上轻轻摇晃。

3. 播放音乐(2)：叶子被风刮到天空中飞舞。

4. 播放音乐(3)：风渐停，叶子慢慢飘落到地上层层叠叠聚起来。

5. 播放音乐(4)《大风》：大风吹，落叶散去，冲上天空。

6. 播放音乐(5)：风渐停，叶子又慢慢飘落到地上。

(三)音乐表演

1. 请小朋友跟着老师一起完整地表演舞蹈。

2. 让小朋友玩树叶，并抛起叶子，感受叶子从高空落下的样子。

3. 请小朋友穿上叶子衣服完整表演。

三、结束部分

请小朋友捡起落叶，用树叶在地上摆不同的造型。

附：

**落叶跳舞**

沙沙沙，起风了。轻轻地，风停了。我们是奇妙的落叶呀。静悄悄的冬日树林，我们欢快地起舞，悠悠地飞起来，自在地滑下去，转啊转，转圈圈，慢慢地停下来。冷冷寒风中，我们热烈地跳舞，呼——地飘向远方，突然静止，原来风停了，我们层层叠叠聚起来；突然，一阵大风吹来，哗——地散开去。我们乘着强劲的风，冲上天空，咯咯咯，笑着转起来，笑嘻嘻，摇摇摆摆，我们是奇妙的落叶哟！

艺术是人类感受美、表现美和创造美的重要形式，也是表达人类对周围世界的认识和情绪态度的特有方式。① 艺术领域教学活动有益于满足儿童的审美需要，促进幼儿创造性的发展。艺术本身是一种生命的活动。开展艺术领域教学活动有三个突出的要点：一是要营造艺术环境；二是内容选择要契合幼儿已有的生活经验；三是尊重幼儿的艺术表现和创造。比如，陆老师在与幼儿共同参与户外活动时，发现孩子对落叶很感兴趣。幼儿抛洒落叶洋溢出来的笑容，给了陆老师组织音乐活动《落叶跳舞》的灵感。

### (四)通过关注教学活动方法实施保教结合

教学方法是指教学活动中，教师借以进行全面发展教育所采用的方法，它既要考虑教师怎样教，还要考虑幼儿怎样学。② 它在教育实践中不断发展和完善，为幼儿身心发展提供便利，成为幼儿园教学改革不可或缺的一部分。

幼儿的身心发展和学习方法具有个体差异性，为了使每个幼儿都能顺利地学习，幼儿园的教学方法应该是多种多样的。而且，在幼儿园的教学活动中，教学方法应该使幼儿有更多操作的机会。以数学教学活动为例。

案 例

#### 大班数学活动：谁是游戏王③

**活动目标：**

1. 尝试用分解小集合的方法目测数群。

2. 感知同一个数字的不同排列形式，初步获得集合的数感经验。

活动准备：

一面鼓、点子卡若干、磁性黑板、磁铁若干、勾线笔2支。

**活动过程：**

一、热身游戏，感知小集合的排列方式

1. 游戏“拍手乐”。

规则：教师快速出示点卡，相邻的两个幼儿根据点数击掌，有几个点就击掌几下。

2. 游戏“锣鼓咚咚咚”。

规则：教师快速出示点卡，一名幼儿根据点卡上的点数敲鼓，有几个点敲几下，如果该幼儿敲对，其他幼儿则拍手，拍手数也与点卡上的点数相同。如不对，其他幼儿变成木头人，不许动。

---

① 王秀萍、吕耀坚：《学前儿童艺术教育》，7页，北京，高等教育出版社，2015。

② 黄人颂：《学前教育学》，12页，北京，人民教育出版社，2007。

③ 此活动案例由广西幼儿师范高等专科学校实验幼儿园陈小玲老师提供。

二、游戏“点宝宝捉迷藏”

感知同一个数字，点的不同排列方式。

1. 分别出示点 2、点 3 卡片，从各自的倍数中圈画出点 2、点 3 的集合。

2. 出示数字 8 的点子卡，尝试圈画出各小集合。

小结：同一个数字可以有不同的排列方式，我们只用眼睛看，将各个小集合组合起来就能知道整体的数量。

三、游戏：我和点宝宝站一站，巩固用分解小集合的方法进行目测练习

规则：每次根据教师出示的点卡请相应数量的小朋友进行分集合站立，其余的小朋友注意观察，是否与点卡集合、数量位置一致。

案例中，陈老师综合利用讨论教学法、练习教学法、探究教学法和合作教学法等多种教学方法，促进教学活动的开展，促进了幼儿的生活经验与教学内容的融合，将学习与生活联系起来，以达到保教结合的目标。

值得注意的是，在幼儿园实际教学活动中，这几个基本要素的处理不是线性的，而是相互交织、相互影响的。幼儿园专门组织的教学活动，要有整合的思想，以此促进幼儿的全面发展。

## 二、日常活动与生活中渗透保教结合的教学活动

正如我们之前所提到的，虽然专门的教学活动是促进幼儿发展的重要途径，但其他活动环节同样渗透着有目的、有组织、有计划的教育活动内容，尤其是幼儿的生活和卫生习惯养成，以及一些社会性行为规范的养成。比如，为了让幼儿学习洗手的技能，养成良好的卫生习惯，吴老师在孩子每次洗手的时候，都会诵起《洗手》的儿歌：挽好袖子来洗手，小心打开水龙头，淋湿以后关水龙头，肥皂打上左右手，搓手心、搓手背，最后搓搓手指头，搓完再开水龙头，冲冲干净一双手，最后关紧水龙头。节约用水讲卫生，饭前便后都洗手。在这一过程中，吴老师发挥了儿歌的渗透作用，将教育内容融入保育环节中。

## 三、幼儿园环境中渗透保教结合的教学活动

幼儿园教学活动还蕴含于幼儿园环境中。蒙台梭利提出的“有准备的环境”给我们很多启示。蒙台梭利所谓的“有准备的环境”，就是一个符合儿童需要的真实环境、供给儿童身心发展所需之活动、练习的环境，是一个充满自由、爱、营养、快乐与便利的环境。在“有准备的环境”中，孩子能自由、自主、自助地专注活动、获得发展。比如，某幼儿园有一个通道，通道两边是两面墙，平时教师利用墙面展示幼儿作品。随着教育理念的更新，幼儿园将这两面墙改造成幼儿可以反复利用、便于冲刷的创意涂鸦墙，促进了幼儿艺术领域经验的获得。

## 四、家园合作中渗透保教结合的教学活动

“家庭教育与幼儿园教育对幼儿的学习与发展共同起着决定性的作用。”①家园合力会给教育带来意想不到的效果。教学活动的开展同样可以渗透于家园合作中。例如，大班下学期进入了“幼小衔接”工作的全面推进阶段，大班教师在新学期之初就在家园工作栏提醒家长：“请引导幼儿与家长共同完成第二天入园的衣物收整。”过了一段时间，老师提出了新的目标“请家长协助幼儿完成第二天入园的衣物收整”。学期中，教师写道：“请幼儿独立完成第二天入园的衣物收整。”在这一过程中，教师将教学活动目标的融入做得水到渠成，幼儿的主体地位得到体现，幼小衔接真正实现了循序渐进，逐步推进。

拓展阅读

### 苹果的故事②

美国一位心理学家在全美选出50位在各自的行业中获得卓越成就的成功人士，同时又选出50位有犯罪记录的人，他分别去信给这100个人，请他们谈谈母亲对自己的影响，其中有两封回信给心理学家的印象最为深刻。一封来自白宫的一位著名人士，另外一封来自一个正在监狱服刑的犯人，他们谈的都是同一件事，小时候母亲给他们分苹果。那个监狱的犯人在信中这样写道：“小时候，有一天，妈妈拿来几个苹果，红红绿绿，大小不同，我一眼就看见中间的那个又红又大非常想要，这时，妈妈把苹果放在桌子上，问我和弟弟，你们想要哪个？我刚想说要最大最红的那个，但是弟弟抢先说出了我想说的话，妈妈听后瞪了他一眼，责备他说，好孩子，要学会把好东西让给别人，不能总想着自己，于是我灵机一动，改口说妈妈，我想要那个最小的，最大的留给弟弟吧，妈妈听了非常高兴，在我的脸上亲了一下，并把那个又红又大的苹果奖励给我，我得到了我想要的东西，从此我学会了说谎。”

那位白宫的著名人士写道：“小时候有一天，妈妈拿来了几个苹果，红红绿绿，大小不同，我和弟弟们都争着要大的，妈妈把那个最大最红的苹果举在手中，对我们说，这个苹果最大最红最好吃，谁都想要它，很好，现在，让我们来比赛，我们门前的草坪分成三块，你们三个人每人一块负责修剪好，谁干得最好，谁就有权利得到它。于是我们三个人开始比赛整场，结果我赢得了那个最大的苹果。我非常感谢母亲，她让我明白了一个最简单也是最重要的道理，要想得到最好的，就必须努力争第一，她一直都是这样教育我们，我们也是这样做的。在我们家里，你想要什么好东西都要通过比赛来赢得，这很公平，你想要什么，就必须为此付出相应的努力和代价。”

---

① 李季湄：《幼儿教育学基础》，198页，北京，北京师范大学出版社，2014。

② 李季湄、冯晓霞：《〈3～6岁儿童学习与发展指南〉解读》，107页，北京，人民教育出版社，2012。

## 本章小结

1. 幼儿园教学活动是根据幼儿园教育目标的要求而由教师带领幼儿进行有组织、有计划地传递某种知识与技能的活动，涉及计算、语言、自然、社会、美术、音乐等多个领域。

2. 幼儿园教学活动根据内容的不同，分为幼儿园健康教学活动、幼儿园语言教学活动、幼儿园科学教学活动、幼儿园社会教学活动和幼儿园语言教学活动；根据组织形式的不同，可分为集体教学活动、分组教学活动和个别教学活动。

3. 幼儿园教学活动与生活活动、游戏活动并列，共同属于幼儿园教育活动。

4. 幼儿园教学活动的特点：幼儿园教学活动是由教师组织的活动；幼儿园教学活动是有目的的活动；幼儿园教学活动以幼儿的直接经验为基础。

5. 幼儿园教学活动对幼儿的价值：幼儿园教学活动能促进幼儿主体性的发展；幼儿园教学活动能促进幼儿系统性经验的发展。

6. 幼儿园教学活动的途径：专门组织的教学活动；渗透于日常活动与生活中的教学活动；蕴含于幼儿园环境中的教学活动；家园合作中的教学活动。

## 本章检测

1. 思考题

(1)什么是幼儿园教学活动？

(2)教学活动在幼儿园保育与教育工作中的价值是什么？

(3)教学活动与生活活动、游戏活动的关系是怎样的？

2. 实践应用题

请分析以下案例谈谈你对保教结合下的幼儿园教学活动的理解，并说说你从中得到的启示。

### 大班美术活动：小鸟天堂①

**活动目标**

1. 了解鸟的生活习性，尝试大胆想象表现鸟的生活场景。

2. 掌握画砂纸画的技能，探索合作作画的方法，体验集体作画的乐趣。

3. 懂得树林对鸟类和人类的作用，产生爱护树木的情感。

---

① 该活动由广西幼儿师范高等专科学校实验幼儿园蒙姣妮老师提供。

**活动准备：**

1. 提前让家长带幼儿观察树、树上的鸟儿，关键是引导儿童走到哪里观察到哪里，做生活的有心人。

2. 油画棒、砂纸、音乐《野鸟情歌》、录像《小鸟天堂》。

**活动过程：**

(一)观看"小鸟天堂"全景图、录像，引起幼儿兴趣

1. 观察图片，大胆猜测图中岛上有多少棵树。

教师：请你们来说一说，你看到了什么？猜一猜，岛上有多少棵树？

2. 欣赏录像《小鸟天堂》，观察大榕树、小鸟的生活场景，描述鸟的生活动态。

(1)这个地方被人们称作什么？(小鸟天堂)它具体的地址在哪里？

广东省江门市新会区会城镇天马河的河心沙洲上。

(2)引导幼儿从鸟的生活动态来描述：为什么叫"小鸟天堂"？从哪里表现出来？你看到或者是想象鸟儿在小鸟天堂里是怎么生活的？

(3)小鸟天堂有多少棵树？

(4)树对小鸟、人类的作用。

小结：树不仅是小鸟的家，还是人类的好朋友呢，树儿手拉手，组成一道道吹不倒的墙，挡住了风，挡住了沙，没有风沙的新鲜空气多清爽！树是人类的好朋友，是鸟儿的家。所以我们要爱护树木！

——小朋友能给小鸟们建一个家，创造出一个小鸟天堂吗？

(二)观察砂纸的特点，区分砂纸和白纸的不同之处

1. 观察和触摸砂纸，感受砂纸颜色美和其表面的粗糙。

2. 引导幼儿大胆讲述砂纸与白纸的不同之处。

师：砂纸和白纸有什么不一样的地方？

小结：白纸光滑、涂上颜色鲜艳；砂纸底色深、粗糙、上面有小沙砾、配上颜色绚丽的油画棒，画面更加有层次感。

(三)讨论合作画的方法

1. 怎样合作画"小鸟天堂"？

我们怎么合作画出我们的小鸟天堂呢？一棵大树？我们的画纸是一张一张的，怎样画出一棵大树啊？(把画纸拼接起来画出！可以是小组拼接画纸，也可以是全部小朋友的画纸拼起来一起画)

2. 引导幼儿合作画"小鸟天堂"。

3. 讨论并确定谁画树根、谁画树顶。

既然是一起画一棵大树，那我们就得来讨论，树分为几部分？

谁想画树根？画树根的时候可以在旁边添加一些什么东西？

谁想画树顶？画树顶的时候可以在旁边添加一些什么东西？

那树的中间部分谁能来帮我们完成？画的时候注意一些什么问题？

4. 提醒幼儿使用油画棒时注意画面整洁。

(四)幼儿分小组合作画“小鸟天堂”

1. 幼儿分小组将小画纸拼成一张大画纸，小组成员分工，用深色(黑色、深蓝等)一起画出一棵树的轮廓，用相应颜色标注出将要涂的颜色，再把纸张分开分别涂色。涂好颜色后又可以把小幅画拼成一幅完整的画。

2. 引导幼儿发现砂纸画的特点：如果你不小心画错了，可以用其他颜色来覆盖。

(五)幼儿各抒己见，评价作品，体验集体作画的成就感

# 第八章　幼儿园保教工作与家庭、社区的合作

学习目标▶

- 理解幼儿园保教工作与家庭、社区合作的意义。
- 掌握幼儿园保教工作与家庭、社区合作的内容和方式。

本章导读▶

学前保育、教育是一项复杂的、系统的、完整的工程，这项工程既不是幼儿园单方面能够完成的，也不是家庭或社区单方面能够胜任的。《幼儿园教育指导纲要(试行)》明确指出“幼儿园要与家庭、社区合作，引导幼儿了解自己的亲人及与自己生活有关的各行各业人们的劳动，充分利用自然资源和社区的教育环境，扩展幼儿生活和学习的空间”。幼儿园毋庸置疑是发挥幼儿保育、教育合力的重要场所，但是家庭环境和社区环境也会影响幼儿的发展。从降生的那一刻起家庭和社区对于幼儿成长发展的影响就开始了，这种影响面积之广、程度之深、时间之久远，是其他因素无可比拟的。幼儿即使进入幼儿园开始接受专门化的幼儿教育，来自家庭和社区的影响同样是不会间断的。因此，幼儿园要想进行优质的保育、教育工作就必须要和家庭、社区紧紧地结合起来，三者相互配合、取长补短、协调一致，真正地发挥各自的优势，形成完整的幼儿保育、教育合力体系，携手促进幼儿身心的健康全面发展。

## 第一节　幼儿园保教工作与家庭、社区合作的意义

引导案例▶

悠悠已经三岁多了，对很多东西都非常感兴趣。妈妈在厨房里炒菜，听着蔬菜在锅里翻滚的时候发出的“刺啦”声，她感到非常的好奇，就在跑到厨房里伸着小手

嚷嚷着要拿着铲子试一试。妈妈怕厨房里的不安全因素会伤到悠悠，不让悠悠碰，让她赶紧离开，惹得悠悠大哭了一场，妈妈为此很心烦。送悠悠上学的时候，妈妈把这一情况告诉了幼儿园老师，老师告诉她，这个时期的孩子非常容易对外界事物产生兴趣，这也正是告诉孩子生活知识和培养孩子热爱劳动习惯的好时机。于是，悠悠妈妈就给悠悠买了一套适合她年龄的厨房操作模具，并在家里给她布置了一个专属的“小厨房”。妈妈每次做饭的时候悠悠还是非常感兴趣，不过不再随便乱动，而是很认真地在一旁观看，并且模仿妈妈的动作，在自己的“小厨房”里玩得不亦乐乎。幼儿园的老师也说悠悠特别喜欢在娃娃家给娃娃做饭，厨具的应用非常娴熟，还常常被小朋友们邀请做厨具使用和整理的示范，大家玩得非常开心。

**思考：**幼儿的成长和发展离不开他们的生活，家庭作为幼儿生活的重要场所在幼儿保教过程当中起着哪些重要的作用？幼儿园保教工作都可以通过哪些方式与家庭进行合作？

家庭是人生的第一所学校，父母是孩子的第一任老师，也是终生的老师。家庭对于幼儿各个方面发展所起到的作用并不是学校教育或是其他种类的教育所能代替的。长期的、系统的幼儿保育和教育更需要家庭和幼儿园共同来承担，二者的相互配合也应该引起双方的重视。我们要全面把握家庭在幼儿保教工作中的特点和作用，让家庭与幼儿园的保教工作联结成为一个整体，为学前儿童创造出更为优质的保教环境和条件。

## 一、家庭在幼儿保教中的地位和作用

对于学前儿童来说，家庭在幼儿保教中的作用尤为重要。学前儿童基本生理需求的满足是与家庭的饮食、衣着、居住等情况紧密联系在一起的。儿童对安全、爱、尊重、成就感等需求的满足，也是与家庭成员的价值观和态度，家庭成员之间的关系以及他们对儿童的教育方式紧密联系在一起的。家庭教育是教育机构和其他类型教育的基础，其影响和教育效果往往也是幼儿园等其他教育机构难以达到的。

### （一）家庭是幼儿保教的起点和基础

从新生儿降临的那一刻开始，家庭对孩子的影响也就开始了。这种最初始影响受到的障碍和干扰少，因此也容易被孩子接受。“少成若天性，习惯如自然”，这种先入性的影响对于孩子的整个成长无疑起到“奠基”的作用，是今后学校和其他类型教育的先导和基础。此外，家庭是幼儿保育顺利开展的重要场所。幼儿在进入幼儿园之前主要在家中接受父母、亲人的抚养和教育，进入幼儿园之后，家庭仍然是他们生活和活动的重要场所，家长和亲人仍然是孩子们朝夕相处最为亲近的人，幼儿总是直接或间接地受到他们的影响，并且这种影响是深刻的、持久的。

### （二）家庭对幼儿各方面的发展具有重要作用

家庭是一所知识丰富、多样的“综合性学校”，可说是包罗万象，在儿童保育、教育当中所起到的作用也是全面综合的。首先，对儿童的身体发育和健康起着重要作用。家庭给孩子提供了最基础的保护和养育的功能，以及生存和生活所必需的一切物质条件。通过父母的艰辛照料和养育，孩子一天天地成长和发育健全，心理也渐渐走向成熟。其次，对儿童的智力发展起促进作用。良好的家庭教育能为孩子创造良好的学习环境，培养孩子良好的学习习惯，这是构成孩子智力发展不可缺少的条件。从孩子刚出生的那天起，父母对孩子的影响也就开始了。从简单的牙牙学语、蹒跚学步，到认识大自然中的万事万物，再到掌握文化知识、获得各方面发展。这当中家长对孩子成长和发展所起的作用是不言而喻的。再次，家庭教育对儿童的社会化起着“奠基”与“塑型”作用。家庭中影响儿童社会化的因素有很多，如家庭的物质生活状况、家庭成员的职业特点、家庭结构、家庭成员之间的关系、父母的教养态度等，都是影响孩子社会化的重要因素。最后，家庭对于幼儿性格的养成，习惯的培养，审美能力的提高等都有着重要的作用。

### （三）家庭保教有其独特优势

家庭对幼儿的保育与教育往往是伴随着家庭生活自然进行的，不是有严密计划性和系统性的正规教育，具有较大的灵活性。教什么、怎么教，既不需要有严格的计划，也不需要条件、环境等的限制，可以寓于丰富多彩的家庭生活活动当中。通过父母的言行、当下的生活来进行，孩子耳濡目染，产生潜移默化的影响。其生动活泼、具体形象的形式更容易被幼儿接受，并产生深刻的印象。父母每天同孩子交流，从简单的发音到说一个字、一个词、一句话、一段话；扶着孩子学走路，到教孩子吃饭、喝水、穿衣；知道天冷时要多穿衣，天热时要少穿衣，人困了、累了要睡觉、休息。随着孩子认识能力的提高，父母又会教孩子认识各种事物，什么是汽车，什么是小鸟，什么是花……，父母的一举一动、一言一行，孩子们也都会用好奇的目光注意着、模仿着、学习着。“耳濡目染，不学已能。”家庭正是在这种潜移默化中对学前期儿童身体的生长发育、心理的健康发展、性格的养成等起到了显著而深刻的影响。

### （四）家庭对幼儿的发展具有不可替代性

父母和子女有着与生俱来的血缘关系，亲密感情，对孩子寄托着最殷切的希望，饱含着慈爱和温柔，这种自然的关怀对子女有着很大的感染力，也是对孩子进行保育和教育时极为有利的条件。孩子和父母之间的依恋和信任，使其在教育中能够情理交融，孩子从感情上信任并听从父母的话，从而能够理解并相信父母的话，当然也就具有了深刻和长远的效果。这也是家庭在对幼儿进行保教时的天然优势，是幼儿园和其他机构教育所不能代替的。诚然，“知子莫若父”“知女莫如母”，父母也是非常了解自己的孩子的，他们可以通过子女的言谈举止、喜怒哀乐的变化知道孩子的思想动向，掌握他们情绪变化和成长轨迹，及时为孩子们提供最适合的引导和帮助。

此外在保教的过程当中家长的权威也是需要的，其权威性比幼儿园更具效力，这种权威建立在家庭伦理道德基础上，是一种强大的无声的教育力量。家庭是孩子成长的沃土，家长无条件地爱着孩子，为孩子的成长和发展提供必要的精神和物质条件，孩子则本能地依恋、信任这种情感，也敬畏、尊重这种情感。因此，家长在孩子的心目当中有着无可替代的重要分量，家长对孩子进行的引导和教育更具有可接受性。年龄越小的孩子，父母对其影响越是突出和重要。

**案 例**

一名小学毕业生回忆自己童年发生的一件事时说：我 6 岁那年．母亲病得很厉害，父亲守在她的身旁。我记得，母亲呼吸困难、挣扎难忍时父亲弯下身去看着她的脸，眼里流露着痛苦与悲伤，不知怎么做才好。这时，我一下子明白了同情和忠诚等字眼的含义，我也更加敬爱我的父亲了。

**思考：**家庭对于幼儿的发展产生的影响具有什么样的特点？为什么？

总之，家庭在幼儿保育和教育当中有着重要的地位和作用，是幼儿园教育和社会教育所不能代替的。幼儿园的保教工作也不能脱离家庭，应认识到这二者结合的重要性，幼儿园与家庭应通力合作，以各种形式做好家长工作，加强对家庭教育的指导，家长也要把幼儿教育视为自己的重要责任，努力提高自身的教育素养，掌握正确教育孩子的方法，大力支持、配合幼儿教师做好幼儿教育工作，与幼儿园教育相互补充，充分发挥家庭在幼儿保育和教育中的作用。

## 二、社区对于幼儿园保教的意义

### (一)幼儿园与社区的合作是幼儿教育发展的必然

“社区”一词源于拉丁语 communis，我国学者在 20 世纪 30 年代将其译为中文“社区”，是以一定地理区域为基础组成的社会群体。① 随着现代社会的发展，城市化进程的加快，社区已经成为密切联系人们生活、工作、教育等种种活动的最基层组织，发挥着越来越大的功能，教育功能就是当中重要的功能之一。幼儿教育作为整个教育体系的基础部分，自然也就离不开社区的作用。

幼儿园建立在社区，幼儿从出生起就生活在社区，无论是幼儿的衣食住行还是对社会的认识和学习都离不开社区。社区是幼儿生活的场所，也是幼儿成长的环境。来自社区物质的环境、人文的环境等都不可避免地影响着社区中的每个人，当然也包括幼儿。对社区环境的认识与利用将对幼儿园的生存与持续发展产生重要作用。同时，社区内全体成员也因受到幼儿园专业化教育理念的积极推动和辐射，而使得

---

① 高闰青：《学前教育原理》，225 页，郑州，郑州大学出版社，2008。

整体的幼儿保育、教育水平获得更高的发展。

此外，随着社会经济、文化、科技的发展，社会对教育的影响越来越大，也使教育与社会的关系越来越密切。因此教育必须改变传统的封闭模式，成为一个开放的系统，幼儿园教育当然也不例外。社区是社会大环境中与幼儿园关系最密切的部分，幼儿园作为社区的重要组成部分，是社区的小环境。因此，对于幼儿园来说，其保育、教育工作的进行必然离不开与社区的合作。

### (二)社区存在着丰富的教育资源

社区的环境本身就是一种丰富的教育资源。幼儿园周围的社区是幼儿十分熟悉的地方。社区的自然环境和人文环境在幼儿的成长中，特别是精神成长中有着特殊的意义。人们回忆起自己童年生活过的场景和地方时总是会伴随着十分美好、温馨的情感，这些情感会伴随着人的一生。因此，幼儿园教育扩展到社区的大背景下进行，充分利用社会环境中富有教育意义的自然、人文景观、古老故事、历史遗迹等，不仅是扩大教育的空间，更是其教育内容的丰富和深化。

社区文化无形地影响着幼儿园教育，优秀的社区文化作为幼儿园教育的宝贵资源，影响着幼儿园教育。一般来说，文化和文明程度高的社区，该区幼儿园的园风、教育质量也都不错，社区的影响无疑是一个重要因素。如在课程中将该地区的历史、风俗、优良传统等作为乡土教材来利用，使幼儿园教育内容丰富而有特色。如可以有意识地引入地域文化，使少数民族文化渗透到幼儿园中，赋予幼儿园一种与汉文化不同的民族特色。幼儿园的环境布置，教师与幼儿的服饰，幼儿园活动的安排、课程的设置等都反映出很多当地壮族、彝族等多民族文化的特色。

社区能为幼儿园提供教育所需要的人力、物力、财力、教育场所等多方面的支持。发展幼儿教育的事业，需要广泛动员社会各方面的力量，社区作为一个生产功能、生活功能、文化功能兼备的社会小区，其积极的参与将使幼儿园教育变得更生动、更富有时代气息。幼儿园在与社区的合作中通过利用社区丰富的教育资源，让幼儿走进社会的大课堂。

总之幼儿园并不是幼儿学习的唯一场所，社区中丰富的资源为幼儿的成长和发展提供了重要的教育契机。积极发展社区幼儿教育，可以拓展在园幼儿的学习和成长平台，与幼儿园教育资源相互补充，相得益彰。这既是社会发展对幼儿教育提出的客观要求，又是幼儿自身成长和发展的内部需要。

### (三)幼儿园与社区的合作有利于幼儿教育整体水平的提高

幼儿园教育离不开家庭、社会力量的支持，幼儿园应主动与社区合作，为幼儿家长提供一些抚养、教育等方面的指导服务。如可以针对家长和社区的成员进行一些教育培训活动，对家长进行幼儿家庭教育的指导，增强幼儿家长的教育意识，提高他们的家庭教育水平和质量。

另外，社区文化的发展也会无形地影响着社区的每个成员。幼儿园与社区合作的过程也是教育对社区发展的作用过程，幼儿园通过社区影响着社区中的每一个人。如幼儿园通过在社区宣传幼儿教育，可以使社区成员了解幼儿，从而更加关心下一代的成长，也更支持文化教育事业的发展，从而提高社区居民的文化教育素养，营造良好的社区风貌，更好地推动精神文明建设。

综上所述，幼儿保教工作的进行需要幼儿园、家庭、社区共同推进。这三方虽然在保育、教育方式上存在差异，侧重点各有不同，但三方都担负着幼儿保育和教育的重要任务，有着共同的目标。目标的共同性是幼儿园、家庭和社区在幼儿保育、教育工作当中通力合作的基础。其次，幼儿园、家庭和社区在进行幼儿保育和教育时也应该充分地发挥各自不同的特点和优势，三者协同互动使幼儿保育和教育获得最佳的效果。

拓展阅读

## 教育部关于建立中小学幼儿园家长委员会的指导意见

教基一〔2012〕2 号

各省、自治区、直辖市教育厅(教委)，新疆生产建设兵团教育局：

为贯彻落实《国家中长期教育改革和发展规划纲要(2010—2020 年)》，推进现代学校制度建设，完善中小学幼儿园管理制度，现就建立中小学幼儿园家长委员会(以下简称家长委员会)工作提出如下意见。

**一、充分认识建立家长委员会的重要意义**

中小学生和幼儿园儿童健康成长是学校教育和家庭教育的共同目标。建立家长委员会，对于发挥家长作用，促进家校合作，优化育人环境，建设现代学校制度，具有重要意义。近年来，在教育部门的推动和支持下，一些地方的中小学通过家长委员会动员组织家长参与学校的教育教学活动和管理工作，取得了积极成效。面对教育改革发展的新形势，需要在更大范围推广成功经验，把家长委员会普遍建立起来。

各地教育部门和中小学幼儿园要从办好人民满意教育的高度，充分认识建立家长委员会的重要意义，把家长委员会作为建设依法办学、自主管理、民主监督、社会参与的现代学校制度的重要内容，作为发挥家长在教育改革发展中积极作用的有效途径，作为构建学校、家庭、社会密切配合的育人体系的重大举措，以更大的热情，更有效的措施，创造更好的条件，大力推进建立家长委员会工作。

**二、明确家长委员会的基本职责**

家长委员会应在学校的指导下履行职责。

参与学校管理。对学校工作计划和重要决策，特别是事关学生和家长切身利益的事项提出意见和建议。对学校教育教学和管理工作予以支持，积极配合。对学校开展的教育教学活动进行监督，帮助学校改进工作。

参与教育工作。发挥家长的专业优势，为学校教育教学活动提供支持。发挥家长的资源优势，为学生开展校外活动提供教育资源和志愿服务。发挥家长自我教育的优势，交流宣传正确的教育理念和科学的教育方法。

沟通学校与家庭。向家长通报学校近期的重要工作和准备采取的重要举措，听取并转达家长对学校工作的意见和建议。向学校及时反映家长的意愿，听取并转达学校对家长的希望和要求，促进学校和家庭的相互理解。

**三、积极推进家长委员会组建**

建立家长委员会，要发挥学校主导作用，落实学校组织责任，纳入学校日常管理工作；要尊重家长意愿，充分听取家长意见，调动家长的积极性和创造性；要根据学校发展状况和家长实际情况，采取灵活多样的组织方式，确保家长委员会工作取得实效。

有条件的公办和民办中小学和幼儿园都应建立家长委员会。学校组织家长，按照一定的民主程序，本着公正、公平、公开的原则，在自愿的基础上，选举出能代表全体家长意愿的在校学生家长组成家长委员会。特别要选好家长委员会的牵头人。要从实际出发，确定家长委员会的规模、成员分工。

家长委员会成员应具有正确教育观念，掌握科学的教育方法，热心学校教育工作，富有奉献精神，有一定的组织管理和协调能力，善于听取意见、办事公道、责任心强，能赢得广大家长的信赖。

**四、发挥好家长委员会支持学校工作的积极作用**

家长委员会要针对学校教育和家庭教育的突出问题，重点做好德育、保障学生安全健康、推动减轻中小学生课业负担、化解家校矛盾等工作。

与学校共同做好德育工作。要及时与学校沟通学生思想状况和班集体情况，经常向家长了解学生在家庭的表现和对学校、教师的看法，与学校和教师一起肯定和表扬学生的进步，解决和化解学生遇到的困难和烦恼，做好思想工作。经常通过家长了解学生所在班级的情况，及时发现班集体风气和同学之间关系存在的问题，推动形成积极向上、温暖和谐、互助友爱的班集体。

协助学校开展安全和健康教育。引导家长履行监护人责任，配合学校提高学生安全意识和自护能力，支持学校开展体育运动和社会实践活动。对学校的安全工作进行监督，与学校共同做好保障学生安全工作，避免发生伤害事故。

支持和推动减轻学生课业负担。防止和纠正幼儿园教育“小学化”。引导家长积极支持教育部门和学校采取的减轻中小学生课业负担的各项措施，监督学校的课业负担情况，及时向学校提出意见和改进的建议，与学校共同推进素质教育。

营造良好的家校关系。把学校准备采取和正在实施的教育教学改革措施，向家长做出入情入理的解释和说明，争取家长的理解和支持。及时向学校反映家长对学校工作的疑问，帮助学校了解情况改进工作。多做化解矛盾的工作，把可能出现的问题，解决在萌芽状态。

**五、为家长委员会的建设提供有力保障**

地方各级教育部门要切实加强对家长委员会组建工作的领导，把建立家长委员会列入工作议事日程，制定发展规划、工作计划和具体的实施意见和办法。要把建设和组织家长委员会作为教育行政干部和中小学校长的培训内容之一。要深入调查研究，及时总结和推广家长委员会组建、完善、发展工作的好经验、好做法，协调解决出现的问题和遇到的困难，促进和保障家长委员会的健康发展。

学校要为家长委员会开展工作提供必要的条件。完善学校科学民主的决策机制，保障家长委员会有效参与学校管理。完善科学的评价机制，保障家长委员会对学校工作实施有效监督。开放教育教学活动，保障家长委员会参与教育工作。建立学校与家长委员联席会议制度定期通报情况，保障沟通渠道畅通，确保家长委员会依法、规范、有序、有效地开展工作。

中华人民共和国教育部

二〇一二年二月十七日

## 第二节　幼儿园保教工作怎样与家庭、社区合作

**引导案例**

四岁的乐乐在一段时间内对能够转动的东西特别感兴趣。妈妈发现乐乐在家里的时候，很喜欢盯着转动的风扇看，玩具车上的轮子都被他拿来作为研究的对象，图画书里如果有风车、水车等所有带有能转动功能的事物，他都要反复地翻看和研究。老师也发现乐乐在幼儿园的时候最喜欢玩的就是跟车子、轮子有关的玩具。乐乐家周围新建设了个活动中心，他对那里的体育器材非常感兴趣，特别是可以转动的部分。

对于乐乐的行为如果我们孤立来看的话只会觉得孩子对转动的风扇、轮子、风车等看似无内在联系的事物感兴趣。然而，如果把这些综合起来看的话，就会清楚地发现，他对旋转着的东西有着强烈的兴趣，在探究“旋转”或“转动”这种现象上正在进行着很重要的“学习”。相信过不了多久他就会提出问题“为什么事物会旋转呢？”问题的答案又在哪里呢？幼儿园、家庭、社区都是他找寻答案的地方。

《幼儿园工作规程》和《幼儿园教育指导纲要(试行)》都指出:“幼儿园应与家庭、社区密切合作……,综合利用各种教育资源,共同为幼儿的发展创造良好的条件。”幼儿的保育和教育工作必须依靠幼儿所处的幼儿园、家庭和社区三大环境的全方位的合力,才能够促进幼儿的全面发展。在三方合作的过程中,作为专门的幼儿保育、教育主体的幼儿园应该担负起主要责任,做好与家庭、社区之间的沟通和协调。作为幼儿园保育、教育的重要补充和延伸力量的家庭、社区教育也应该与幼儿园通力合作,为幼儿全面发展创造一个良好的大教育环境。

## 一、形成教育合力

幼儿园在家庭、社区合作过程中起主导作用,是教育活动的发起者、组织者和参与者。立足幼儿园、促进三方合作、形成教育的合力,可以从以下两方面来考虑。

### (一)引进家庭、社区的教育资源、形成教育的合力

家长是幼儿园教师最好的合作者,是教师了解幼儿的最便利通道。家庭中蕴含着丰富的资源和持久的力量。开展家园合作,就应充分发掘和利用家长这一宝贵的教育资源,形成教育合力,充分地将这种资源和力量发挥在幼儿教育这个共同事业上来,更好地提高保教质量,实现幼儿教育的目标。

一方面,幼儿园应主动赢得家长的理解和支持。家长是家园合作中的重要一方,是幼儿园的重要合作伙伴,如果家长不了解和理解幼儿园活动内容和意义,处于被动的状态,自然也不会积极地参与。因此,幼儿园方面要通过各种各样的方式引领家长走进幼儿园,让家长在亲身体验中认识和理解幼儿园保教工作,并不断提高对此的认知。另一方面,家长作为幼儿的法定监护人,有权了解、监督和评价幼儿园的保教情况,家长在参与的过程当中也会加深对幼儿教育的认识以及幼儿园各项工作的理解,也会更加配合幼儿园的各项工作的开展。因此,幼儿园的管理者和教师们一定要以开放的心态,通过展示、联系、互动等多种形式让家长们走进幼儿园,理解育儿教育的意义,主动参与到幼儿园的保育、教育活动当中。如邀请家长主持一些教育活动,为幼儿园提供一些资源方面的支持或建议等,共同促进幼儿园的工作开展。另外,家长对幼儿园教育工作的理解和支持不但有利于幼儿园不断改进,也是对幼儿教师工作的一种肯定,有助于激发幼儿教师职业幸福感和成就感。

**案 例**

如某幼儿园新建设了园舍,如何布置和美化环境成为了幼儿园里最近关注的焦点问题,最后决定将最新一期的主题定位为环保教育,并决定将环境创设与家园合作结合起来,充分地调动家长资源。于是,各班的老师们开始行动起来,从发动家长寻找材料开始,但是一段时间过去了,并没有取得什么成效,家长们的

参与度也非常有限，并不是很积极。对于这样的情况，园长和老师们经过多方的询问和讨论后发现，问题的根源在于家长们对此项工作的实质和意义并不是很了解。于是，幼儿园里的老师们挑选了一些教师和幼儿用废旧材料制作的作品展示在了幼儿园的走廊上，还邀请家长们到幼儿园里参与相关的制作活动。家长们先是感叹于废物利用做出的作品之神奇和漂亮，也渐渐明白了这一主题到底是怎么一回事。于是家长们非常乐意地为幼儿园提供了各种各样的材料，也有越来越多的家长亲自动手设计和完成了很多作品，新环境很快就焕然一新，还非常有特色。幼儿园和家长们的关系也越来越融洽，园方表达了对家长们深深的谢意，家长们也对这次活动表示非常满意，并期待下一次的参与。

总之社区内包含着多种资源和力量，幼儿园要在充分了解的基础上进行综合选择，寻找对幼儿的发展有益的资源。如幼儿园可以邀请社会不同职业的工作者来园演示，让幼儿亲身体验社会的不同的职业分工、角色形象等。

### (二)为家庭、社区幼儿教育提供指导

首先，家庭是幼儿接受除幼儿园教育外的重要“课堂”，家园合作有利于提高幼儿家长的教育水平。每个幼儿都从自己家庭的生活中获得不同于他人的经验、形成行为习惯、发展待人接物及语言表达能力等。家庭教育有着自己的优势和特点，但是家庭毕竟是一个依靠血缘关系而自然形成的生活环境，不是专门的教育场所，父母也不是专业的教育者，从而极易导致在幼儿教育过程中出现种种问题，这些都需要幼儿园教师为家长提供科学育儿指导，提高家长的教育能力水平。

其次，家庭教育也存在很多误区，需要专业教育工作者予以纠正。如有的家长认为养孩子就是管好孩子的吃穿，孩子只要没病没灾就是尽到责任了，家庭的职能仅仅就是养育，至于教育的事应由幼儿园负责；有的家长认为只要孩子书读得好就行了，至于一些行为习惯的问题孩子大了自然就会了，孩子的成绩好才是关键；有的父母将对子女的抚养和教育看成是私事，哪怕是方法错误、行为不当，别人也无权干涉；有的家长在教育方式方法上不正确，娇惯孩子或是随意打骂等；也有不少家长对子女的抚养和教育非常上心，但又不知道从何下手，更不要说是懂得教育子女的科学方法等。优势在一定的条件下才能够发挥出最大的效力，幼儿园是专门的教育机构，幼儿教师是专职的教育工作者，了解儿童身心发展的特点和规律，懂得科学的幼儿教育方法，幼儿教育工作者应“走出去”帮助幼儿家长树立正确的教育观念，进行科学的养育、教育是幼儿园的工作者们义不容辞的责任。

**案例**

有一位教师去家访时，要求家长要多管管孩子，家长却说："我还不管哪？每天换着花样给他做饭，给他补充营养，他喜欢喝牛奶我就每天给他准备，他的衣服每次玩得那么脏，哪一件不是我辛辛苦苦给他洗干净准备好的，还有他喜欢的衣服、玩具多贵都给他买……这还不叫管？"

**思考：**上述家长的观点正确吗？家庭除了管好孩子的吃穿还应该发挥哪些方面的作用？

因此，幼儿园与家庭在幼儿保育、教育上的合作是非常重要和必要的。家园合作中，应该帮助家长营造有利于幼儿身心健康成长的物质环境和精神环境，指导家长制订有针对性的家庭教育方案。如可以为家长提供各种科学的教育建议和咨询，向家长宣传幼儿心理发展的一般知识和教育的基本方法：向家长宣传先进的教育理念、教育技能和教育经验，改善家长的教育行为和教育方法；帮助家长树立正确的儿童观和教育观，明确家庭教育的意义和责任。通过家园合作为家长提供一个学习和实践的平台，引导家长学会积极利用各种教育资源教育孩子，不断提高教育的水平，树立教育好孩子的信心。同时，家长对幼儿园工作的支持和参与，以及对孩子成长发展变化的把握与肯定，也是幼儿园顺利开展保教工作的前提。

**案例**

军军在幼儿园里总是非常淘气、自由散漫、爱打人骂人，老师带班伤透了脑筋。老师通过主动家访了解了情况，原来军军从小是由奶奶带大的，奶奶总是很娇惯他，他甚至说："奶奶是老祖宗，我是小祖宗。"父母平时工作比较忙，脾气也不是很好，对军军的管教没有耐心，常常军军一犯错就是一顿打骂。家访后，老师向军军的家人详细描述了军军的实际情况，也对他的问题一一进行了分析，最后老师还提出了一些有针对性的科学方法与建议，并要求军军的家人积极配合。军军的家人在老师的指导下很快就明白了事情的原委，都非常愿意配合。很快军军就有了明显的进步，家长高兴地对老师说："您的方法还真是管用，孩子的变化真是大呀，现在又懂事又乖。"

幼儿园总是坐落在社区中，受到整个社区环境的影响，很容易融入整个社区环境中，利用社区的环境来进行相关的保教活动。如带领幼儿到博物馆、图书馆、美术馆、展览馆、科学馆，乃至大自然中去参观，增加幼儿对政治、历史、文化、艺术、社会生活、自然等方面的感性知识；定期带领幼儿到大自然中去，认识不同颜色的花朵，不同形状的树叶，不同季节的蔬菜，不同味道的水果；让儿童尝试、探索自己感兴趣的事物，加深儿童对周围世界的认识。带领幼儿到街道、广场、公园、小区去散步，与周围居民交流，充分利用社区人力和物力资源，提高学前教育的质量。

## 二、充分挖掘教育资源

### (一)家庭教育资源

首先是家庭教育资源的挖掘。《幼儿园教育指导纲要(试行)》指出："家庭是幼儿园重要的合作伙伴，应本着尊重、平等、合作的原则，争取家长的理解支持和主动参与，并积极支持、帮助家长提高教育能力。"在开展家园合作的过程中，幼儿园及其教师应该把家长看作平等的合作伙伴，尊重家长作为教育者的主体地位，利用好家长这一教育资源。在幼儿园保教工作的计划与活动安排上，要听取家长的意见，允许和欢迎家长进入幼儿园，了解幼儿园的教育活动，参与和评价幼儿园的保教工作。要和家长共同探讨幼儿教育的方法，分享观点与经验，而不是仅仅告诉家长需要和应该怎么做。幼儿园在与家长合作的时候一定要避免几种认识上的误区。一是认为家长和教师应该"各司其职"，孩子在家归家长管，在幼儿园归老师管，幼儿教育主要是老师的事。于是，有的父母总是以工作忙为由，不愿占用自己的时间参与幼儿园的教育工作；有的家长则缺乏参与幼儿园教育的意识，认为要求家长参与是幼儿园在推卸责任。幼儿园方面则认为家长参与幼儿园的教育工作是添乱。二是传统的师道尊严的思想根深蒂固，认为教师是专业教育工作者，而家长水平低，不懂教育，没有能力参与幼儿园的教育。三是教师只在知识学习上要求家长配合，家长也只愿意在家里督促孩子背诵儿歌、做计算题、念英语单词。这些认识上的误区一定要得到澄清才能够在幼儿园与家庭的合作上取得好的效果。

其次是社会教育资源的挖掘。社区是幼儿的生活环境，也是幼儿的学习环境，社区中蕴藏着丰富的教育、教学资源，无时无刻不在起着教育作用。幼儿园周围的自然景观、风土人情、社会机构及人员都是对幼儿进行教育时的可利用资源。此外，社区生活中的一些活动，如环境保护、节日庆祝、公益活动等都可以作为幼儿教育的内容，使社区环境成为幼儿教育的大课堂。

### (二)社会资源

充分利用社区现有资源对幼儿进行教育。比如，小区周围分布着医院、商店、学校等服务设施，这都可成为对幼儿实施教育的资源。为了使幼儿了解菜棚里的蔬菜是怎么到市场里的，教师可以带领幼儿到农场参观工作人员的工作场景，丰富幼儿的日常生活经验；为了更好地开展角色游戏，带幼儿到商店观察售货员是如何接待顾客的；为了使幼儿了解怎样正确乘坐公交车，老师带幼儿来到公交站点进行观察和体验；为使大班幼儿了解小学生活，老师们又组织幼儿到小学，与小学生共同活动，大大减少了他们对新环境的恐惧。带幼儿到现实中去学习，拉近了幼儿与生活间的距离，在现实活动中了解和认识社会。

### (三)人力资源

挖掘社区内人的资源，动员社会力量为幼儿园教育所用。如重阳节请社区老人们欢聚一堂讲过去的故事；请交警来讲如何遵守交通规则；请银行的叔叔阿姨们讲解银行卡的使用常识等。运用社会的力量使我们的教育更丰富、更充实，也更贴近生活，更具说服力。

### （四）环境资源

为了培养幼儿的环保意识，组织幼儿进行环境卫生的维护，学习垃圾的分类常识，观察和使用分类垃圾箱等，从身边的小事做起，爱护我们的环境，养成良好的行为习惯。社区教育资源的挖掘与利用，不仅促进了幼儿的发展，同时也使幼儿深深地爱上了自己生活的环境。

**案 例**

孩子们总是无意识地把自己的全部精力集中在玩上，他们充分运用自己全部感官找寻所有的可以玩耍的事物，社区无疑就像是一所大型的游乐场。流水、草丛、石子小路、商店、广场……为孩子们提供了一个个无限可能的空间。当然，邻居家的小花园，路口小店里的宠物小狗，还有隔壁老爷爷家里的总是在早晨打鸣的小公鸡……也无一不吸引着孩子们。

**思考：**社区里能够提供给孩子们成长和发展的资源真是不少，作为幼儿园该从哪些方面入手发掘这些资源中的教育因素？

## 三、丰富合作的内容和形式

### （一）幼儿园与家庭进行合作的方式方法

首先，家庭与幼儿园都担负着保育、教育孩子的重任，双方携起手来共同做出努力。为取得成效必须讲究方式方法。

#### 1. 日常交流沟通

这种方法虽然最为平常，却是幼儿园进行家长工作时最为简便、最为快捷的方式，并且能起到比较好的效果。比如，在接送孩子的空隙，家长和教师之间就孩子的日常表现、行为变化以及相关教育知识等进行一个交流，随时了解和关注孩子的最新动态。在班级的出入口处放置家园联系手册，通过书面的形式互通情况，交换意见。

#### 2. 宣传教育活动

幼儿园与家庭建立合作的常用方式，如通过信息展示栏、温馨提示等形式向家长传达幼儿园所从事的一系列保育、教育活动的信息，让家长心中有数，了解和理解幼儿园教育的情况，同时学习和掌握一些幼儿教育的知识和与幼儿园合作的方法、策略等，增强教育幼儿的信心。另外，现代科技的使用也是快捷方便的形式，如通过手机、网络等工具及时把最新的信息传达给家长，小到孩子的日常生活、一次进步，大到幼儿园的教育计划与实施情况、最新的学前教育动态信息等，家长只要动动手指就能够非常方便快捷地了解到孩子在幼儿园一日活动的方方面面，更加安心和放心。幼儿园也可以建立专门网站，全方位展示幼儿园、班级、幼儿、教师等情况，分享幼儿保教的科学知识和正确方法。

### 3. 家长咨询接待

主动服务，及时了解和听取家长对于幼儿园方面的意见和建议，认真解答家长关于幼儿教育的疑惑和难题。

### 4. 家长信箱

通过网络信箱的形式建立顺畅的沟通渠道，家长能够及时地将信息反馈给幼儿园，减少因层层转达导致的信息失真的情况。

### 5. 家长委员会

支持家长委员会的工作，了解家长的真实需求，提供全方位的服务。家长通过家长委员会参与幼儿园的民主管理，商讨幼儿教育问题的解决，为幼儿园建设提供各种支持等。

### 6. 家长学校、教育知识讲座

帮助家长全面系统地理解幼儿教育，形成正确的幼儿教育观，不断地提高科学育儿的水平。根据不同类型家长的具体情况举办各种形式的家长学校，利用家长空余时间进行专题讲座等。

### 7. 家长开放日

让家长真实地了解幼儿在园的生活和学习情况，对幼儿园教育形成全面的认识。如了解幼儿园工作有哪些、孩子在集体中的表现及能力状态如何，让家长真实参与到幼儿园教育活动中，体会幼儿数学教育与幼儿生活的关系、“早期阅读”并不等于“识字写字”……

### 8. 家长服务日

家长可用自己休息日主动到幼儿园服务。家长们走进幼儿园亲自尝试怎样成为孩子成长的支持者、合作者和引导者，增进对幼儿园的理解，密切家园之间的关系。

### 9. 家庭访问

这是幼儿园教师进行家长工作常用的方式。教师通过亲自上门的形式对每位孩子进行家访，在家访中教师可以直观地了解孩子的家庭环境、在家的生活、学习和游戏的情况、个性特点等方面，在愉悦轻松的氛围中建立与孩子的感情，同时通过深入的了解和交谈，也容易与家长达成共识，获得家长的理解和配合，也是解决相关问题的重要方式。

### 10. 家长会

家长会是增进和加深家园合作的重要方式，可以全园、年级或是班级为单位召开，内容可以有不同的方面。比如，可以向家长介绍幼儿园工作计划或报告工作，了解幼儿园和班级的全貌；可以组织家长参观幼儿园的各项教育活动，使家长了解儿童在园的活动情况和表现情况；可以听取家长意见和向家长提出教育建议，宣讲教育常识，或是为家长间交流教育幼儿的经验或教育方法提供平台等。

### (二)幼儿园与社区进行合作的方式方法

#### 1. 通过社区教育委员会开展幼儿园与社区的合作

把社区内有关机构与各种社会力量联系起来，建立一个能协调社区内各种教育因素的组织或机构，即社区教育委员会。幼儿园可以参与社区教育委员会，在社区教育委员会的指导下，开展幼儿园与社区的合作。

#### 2. 与社区内各种机构组织建立联系

社区内各种社会机构与组织，如社区文化活动中心、博物馆、图书馆、医院、商店、邮电局等，幼儿园可以与这些机构、组织建立联系，组织幼儿参观访问，或聘请这些机构与组织的工作人员到幼儿园与幼儿一起开展活动，指导幼儿园的工作。

#### 3. 形成三位一体的合作

家庭是社区的“细胞”，幼儿园与家庭的合作，也是幼儿园与社区合作的一种形式或途径。通过为家长提供各种服务和请家长参与幼儿园的教育活动，可以加强家长与家长之间的沟通交流，促进社区内人员的相互了解与沟通，有助于社区文化生活共同体的形成。

## 四、深化合作的影响力

首先，家庭和幼儿园都是幼儿重要的生活环境，通过开展有效的家园合作，教师和家长之间互相沟通，建立密切的合作关系，可以为幼儿身心全面和谐发展提供良好的社会环境。这种合作是一种双向互动活动，是家庭和幼儿园两方面的相互配合。一方面，幼儿园视家长为促进幼儿发展的积极合作者，促进家长了解孩子在园生活的方方面面，认真考虑家长提出的意见和建议，邀请家长参与幼儿园的各项活动，发动家长为幼儿园保教活动的开展提供更多的有益资源，并对家长的科学育儿提供指导；另一方面，家长要积极地向幼儿园提出自己的看法、建议、疑问等，对幼儿园提出的任务要求及时作出回应。家园合作要综合考虑幼儿园和家庭双方的需求，双方的核心是幼儿，幼儿是双方服务的共同对象，促进幼儿的全面发展是家园合作追求的最终目标。家园合作需要有双方积极主动的态度，包括家长对孩子的爱心和责任感、对幼儿园乃至整个教育机构的信任与支持，也包括教师对家长的热情接待和对家长参与的信心。比如在培养幼儿的生活自理能力时，双方应该在观念、行动上保持一致，共同努力，为幼儿创造良好的生活教育环境。

**案 例**

**例 1：** 秋天来了，孩子们总是喜欢捡地上的落叶。落叶的种类可真多呀，大家非常好奇为什么叶子一到秋天就发黄掉落呢？金黄的叶子可真漂亮，特别是银杏树的叶子，真像是一把小扇子，大家每次都要捡很多，但又不知道这些叶子能干些什么？老师了解这个情况以后就精心地设计了“秋天的叶子”主题活动。在班级温馨提示的家园互动信息发出以后，家长们非常支持本次活动，有的从网络上下载了许多有关叶子的图片，有的收集了秋天落叶飘落的视频，有的还和孩子在小区里、公园里找来了各种各样的落叶，有的专门给孩子买了关于植物的书籍等。随着主题活动的进行，孩子们不但了解了许多有关植物的知识，还在家长的帮助下，与伙伴的合作中，充分发挥自己的想象创作了许多有关叶子的作品。

**例 2：** 某幼儿园的一位老师，常常对来幼儿园接孩子的家长说：“你的孩子今天实在是太淘气了，简直管不了。”家长听老师这么一说，心里很不高兴，想：“哼，连我的孩子都管不了，还当什么老师！”于是，老师和家长之间就有了隔阂，相处也渐渐不愉快起来。

**思考：** 幼儿园和家庭在教育的问题上配合的好与坏将产生截然不同的结果，这样的例子还有很多，这其中的主要原因是什么呢？解决的方法又有哪些？

其次，幼儿园作为社区的组成部分，一方面应提高自身的文明程度为提升社区的文明水平做贡献，如美化幼儿园环境、提高幼儿园教师、工作人员的素质、培养幼儿良好的文明习惯等。一个好的幼儿园可以成为社区精神文明的标志，对社区的精神文明建设起示范推动作用。另一方面社区文化通过多种途径影响幼儿园，幼儿园应当积极地吸取优秀的社区文化，利用社区精神文明的成果，将之转变为幼儿园自身的无形资产，让社区成为幼儿园精神文明建设的促进者。此外，幼儿园在社区中发挥自身作为专门教育机构的优势，在社区发挥教育功能的辐射作用。如节假日向社区开放幼儿园，园内的设施供社区的儿童使用；举办幼儿教育讲座，提高社区成员的教育水平，辅导社区内的幼儿教育活动；协助社区开展各种教育活动。教师可以充分发挥自己的优势，积极为社区服务，促进社区的发展。如利用节假日，为周围居民进行专业幼儿知识的讲解。

**案 例**

孩子们在幼儿园学习了小鸡是从蛋壳里孵出来的知识后就对此非常感兴趣，但是大家谁也没有真实地看到过小鸡被孵化出来的样子。恰巧幼儿园附近的村庄里有一家养殖场，教师实地调查了情况后设计了参观养殖场的活动。她事前联系好了养殖场的工作人员告知本次参观的目的是让孩子们亲自观察和感受一些养殖场的小动物们的日常。在做好了相关的卫生和安全准备后，孩子们在约定的时间内有序地进入了养殖场进行参观。在养殖场工作人员和老师们的精心安排下，孩子们除了真实地看到了小鸡孵化出壳的景象外还看到了许多在城市里不常见的禽类。孩子们非常高兴地结束了这次参观，但是参观活动中的种种场面使孩子们印象深刻，大家回到幼儿园后的许多谈话、游戏、绘画等活动都是围绕着这次参观来进行的。

总之，幼儿园保育教育工作是一项系统的、全面的工程，需要多方力量的共同推进。幼儿园要全面推进保育教育工作必须促进幼儿园、家庭、社区之间的三方互动，形成全方位的教育合力。

拓展阅读

## 国外社区学前教育及活动①

学前教育社区化是当今世界学前教育发展的一个重要趋势。在此介绍几个国家的社区幼儿教育状况为我们提供借鉴。

**一、美国的社区学前教育及活动**

1965 年美国政府颁布实行"开端计划"，由联邦政府及州政府投入资金，由社区组织实施。开端计划为每个参加的儿童提供适合其发展的活动，或在家庭中配合实施开端计划，或把孩子送到中心去，进行画画、科学、文学问读、戏剧活动、游戏或计算机等活动，还在社区内组织电视节目教育。开端计划还包括培训家长，向家庭提供教育、健康、保健等服务。美国的每个社区中都有为学前儿童提供的多内容、多形式的教育设施，如玩具图书馆、儿童博物馆、各式儿童展览馆、儿童活动中心等，博物馆、艺术馆、体育场等都是免费参观或活动的。

美国一年一度的"家庭节"是社区学前教育活动的一种形式。"家庭节"在每年 9 月的最后一个双休日举行，由社区有关方面共同筹划和组织，全部活动经费都由社区行政负责筹集。"家庭节"是由家长带孩子轻松愉快的活动的节日，为时两天。这两天，孩子可以痛痛快快地玩，活动内容极为丰富，可以观看社区内孩子表演的节目，可玩大型充气玩具，可玩飞碟、风筝、细沙和水，可画彩色脸谱，可动手编织小制作，等等。

**二、日本的社区学前教育及活动**

日本在全国范围内设立了许多儿童公园、游戏场、儿童之家、儿童馆等设施，这些多样化的儿童社区教育设施表明社会对儿童及儿童事业的关注，由此传达和引导一种社会观念，即"儿童优先"。日本儿童活动设施因地制宜，深入社区，为大多数儿童提供日常便利的活动条件，且注意最大限度地发挥这些设施的教育功能。开展丰富多彩的活动，特别有益于幼儿游戏、交往、接触与认识自然环境。

① 潘扬：《学前教育学》，122 页，南京，河海大学出版社，2000。

1. 开放的儿童游戏运动场所

一般设置在道路旁宽敞的草地上，有各种儿童游戏器械，如联合运动器、爬网、滑梯等，社区内的孩子随时可以到这里来玩。

2. 儿童馆

馆内设有儿童室、幼儿室等。幼儿室提供适合低幼儿童使用的玩具材料和一些简单的活动器械，通常由母亲或照看者带孩子来玩，较多的是三岁以下的幼儿。儿童馆每月都要结合季节与节日组织形式多样的俱乐部活动。活动前通常在社区内张贴通告，吸引大家参加。幼儿室每周要开展两次“母子俱乐部”活动。

3. 开办“母亲班”“双亲班”等

学习班分两种，一种以婴幼儿的父母为对象，另一种以即将做父母的人为对象。学习内容大致是幼儿心理学、生理卫生、家庭教育原理等。

文部省每年定期编印有关资料，发至各都、道、府、县，向年轻夫妇提供教育幼儿的信息，传授科学育儿的知识和方法。这类教育通过函授、巡回恳谈、电视广播等三种方式进行，国家予以经费补助。

此外，根据《儿童福利法》在全国都、道、府、县或指定的城市设立“儿童指导所”，专门指导儿童的健康和教育工作。

**三、新西兰的“游戏中心”“家庭日托所”“函授学校”**

游戏中心的设立，使1～6岁儿童能够有固定的时间和地点通过游戏进行学习，获得发展。游戏中心由政府资助，教师由受过训练的家庭主妇担任。中心大约每周安排10次活动，儿童和父母可以一起参加其中的5项活动，彼此在游戏中增进了解，加深感情。

家庭日托所是在家庭中对儿童进行保育和教育的场所，时间上较灵活，如入园前、离园后的儿童，或父母临时有事的儿童都可入托。举办家庭日托所的家庭必须符合一定的安全卫生标准，保教人员经过一定的培训。家庭日托所很受父母的欢迎。

函授学校是专门为偏远地区的儿童以及身体有疾病、行动不便的儿童或遇到特殊情况而不能离家外出受教的儿童服务的。它由经验丰富的教师向幼儿家长提供有效的教育资源(如图书、图片、录像带、录音、游戏玩具等)，传播教育知识，传授教育技巧，提高教育能力，以使儿童得到良好的教育。

**四、英国的“玩具馆”**

20世纪70年代前后，英国就出现了玩具馆，到1996年已发展到一千多家。玩具馆的设立者充分认识到游戏和玩具在儿童成长中的重要性。玩具馆酷似图书馆，所不同的是书架上陈列的是玩具而不是书籍。玩具馆给儿童带来了欢乐，增长了他们的知识，培养了他们与人交往的能力，有助于他们以后更好地适应生活。

## 本章小结

1. 家庭是幼儿保教的起点和基础，对幼儿各方面的发展具有重要作用。家庭保教有其独特优势，对幼儿的发展具有不可替代性。幼儿园与社区的合作是幼儿教育发展的必然，社区存在丰富的教育资源，幼儿园与社区的合作有利于教育整体水平的提高。幼儿园与家庭、社区的合作既是社会发展对幼儿教育提出的客观要求，又是幼儿教育自身发展的内部需要。

2. 幼儿园、家庭和社区虽然在保育、教育特点上各不相同，在方式上存在着差异，但是三方都担负幼儿保育和教育的重要任务，有着共同的目标。目标的共同性是幼儿园、家庭和社区在幼儿保育、教育工作当中通力合作的基础。三者在进行幼儿保育和教育时有着不同的特点和优势，三者的协同互动才能够获得最佳的保育和教育效果。

3. 幼儿园、家庭、社区在进行合作时作为专门的幼儿保育、教育主体的幼儿园应该担负起主要责任，做好与家庭、与社区以及家庭与社区各方的沟通和协调。作为幼儿园保育、教育的重要补充和延伸力量的家庭、社区教育也应该与幼儿园通力合作，为幼儿全面发展创造一个良好的大教育环境，可以从以下几方面入手：形成教育合力；充分挖掘教育资源；丰富合作的内容和形式；深化合作的影响力。

4. 形成教育合力：幼儿园在家园、社区合作过程中起主导作用，是合作活动的发起者、组织者和参与者。立足幼儿园促进三方合作，形成教育的合力，可以从引进家庭、社区的教育资源和幼儿园方面为家庭、社区幼儿园提供指导两方面入手。

5. 充分挖掘教育资源：在开展家园合作的过程中，幼儿园及其教师应该把家长看作平等的合作伙伴，应该尊重家长作为教育者的主体地位，利用好家长这一教育资源。社区是幼儿保育、教育的背景和依托，同样也是幼儿保育、教育取之不尽的资源，应充分挖掘这些资源使社区环境成为幼儿教育的大课堂。

6. 丰富合作的内容和形式：首先，幼儿园与家庭进行合作的方式方法多种多样，主要有日常交流沟通、宣传教育活动、家长咨询接待、家长信箱、家长委员会等；其次，幼儿园与社区合作的方式方法包括通过社区教育委员会开展幼儿园与社区的合作、与社区内各种机构组织建立联系；最后，形成三位一体的合作。

7. 深化合作的影响力：幼儿园与家庭应该共同致力于合作共育；幼儿园与社区应该发挥精神文化的无形力量，共创幼儿发展的良好社会环境。

## 本章检测

1. 思考题

(1)家庭对于幼儿的发展有什么重要作用?

(2)幼儿园仅仅依靠自身的力量能完成教育幼儿的任务吗?为什么?

(3)幼儿园保教工作怎样与家庭、社区进行合作?

2. 实践应用题

(1)晚饭后，家人聚在一起看电视、热闹谈话，孩子也凑在一起笑闹，处于十分兴奋的状态，因而也不能安静入睡。有的家长似乎经常还会这样说“这孩子可精神了，就是不爱睡觉”。久而久之，孩子就更不容易入睡了。第二天去幼儿园无精打采的，长此以往还会影响到孩子的健康。结合所学知识及自身的经验谈谈，如果你作为一名幼儿园教师，面对上述情况应该怎么正确地处理?

(2)选取一个社区进行调查，幼儿园与社区主要是通过哪些形式进行合作的，效果如何?

# 第九章　幼儿园保教质量与幼儿发展的评价

## 学习目标

- 了解幼儿园保教质量评价和幼儿发展评价的内涵及其关系。
- 了解评价的内容并掌握幼儿园保教质量评价的方法。
- 知道如何对幼儿发展进行评价及评价时的注意事项。

## 本章导读

在现实生活中，我们只有通过评价，才能揭示、把握客体的价值，客体的价值才能由潜在的形式转化为现实的形式，呈现在人们面前。学前教育评价是对学前教育的社会价值做出判断的过程。《幼儿园教育指导纲要(试行)》亦明确提出："教育评价是幼儿园教育工作的重要组成部分，是了解教育的适宜性、有效性，调整和改进工作，促进每一个幼儿发展，提高教育质量的必要手段。"幼儿是幼儿园保教质量体系中最根本的价值主体，促进幼儿健康成长是幼儿园保教质量评价的出发点和落脚点。所以，对幼儿园保教质量和幼儿发展进行评价对于幼儿和教师的发展是至关重要的。本章共分为三节内容，第一节为保教质量的评价与幼儿发展评价的内涵与关系；第二节为保教质量评价的内容与方法；第三节为幼儿发展评价的内容与方法。通过讨论幼儿园保教质量评价和幼儿发展的评价的内涵与关系，广大保教工作者认识到了保教质量评价和幼儿发展的评价的重要性；通过对评价内容和方法的具体介绍，保教工作者不仅了解而且掌握了评价幼儿园保教质量和幼儿发展的方法，在实际工作中做到灵活运用。

评价是识别和区分幼儿园保教质量的重要方法。本章将着重帮助读者理解什么是幼儿园保教质量评价、幼儿园保教质量评价的目的是什么、幼儿园保教质量评价的方法是什么、该如何评价幼儿发展等基本问题。

# 第一节　保教质量评价与幼儿发展评价的内涵与关系

## 一、保教质量评价的内涵

在教育学领域，关于“质量”的概念主要有两类观点：程度说和特性说。“程度说”，通常被界定为教育水平高低和优劣的程度，最终体现在教育培养对象的质量上；“特性说”，指“教育满足个人和社会显现的和潜在的教育需要能力的特性”。而对于“质量”的理解是：质量是实体满足主体某种需要的特性的总和。评价在活动中主要体现为评定人或事物的价值，幼儿园保教质量评价就是评价主体对评价客体进行评价的过程，而评价主体对评价客体进行评价时，必须对儿童身心发展需要有清晰的认识，并代表幼儿的利益进行评价。由此可见，幼儿园保教质量评价就是对幼儿园的保育和教育实践活动是否满足幼儿身心健康发展的需要及其满足的程度所进行的价值判断。

幼儿园保教质量的评价是提高幼儿园保教质量的重要手段，同时也是提高教师素质的有效措施。通过对保教质量进行评价可以达到以下目标。

### （一）诊断幼儿园保教情况

诊断是幼儿园保教质量评价的基础性作用。通过评价，可以了解幼儿园各项工作开展情况以及幼儿学习与发展的环境及相关情况，及时发现与预设目标之间的差距，查明存在的问题，从而为改进工作，促进幼儿发展提供切实依据。评价可以是全面的、综合的，也可以是部分的、单向性的，目的就在于判断评价对象是否达到了相应的预期目标。

### （二）改进幼儿园保教工作

评价最主要的功能就是改进幼儿园保教工作，促进保教人员专业发展和幼儿的发展，提升幼儿园保教质量。幼儿园保教质量评价采用一系列方法收集及获取幼儿园教育条件、过程、结果的客观信息，通过与目标与评价标准的对照，可以及时发现其中存在的问题与不足，并且通过反馈机制帮助幼儿园和教师关注与理解问题的存在及其产生的原因，从而促使幼儿园和教师做出调整和改进。

### （三）规范幼儿园管理

通过评价，可以对幼儿园办学行为和教师行为进行有效的监督，幼儿园和保教人员可以依据预定任务和标准来展开幼儿园教育实践，其中，幼儿园教育评价是学前教育管理的重要手段。自 20 世纪 80 年代末以来，我国各地教育行政部门制定颁布了托幼机构分级分类验收标准，并自上而下、有组织有计划地对当地托幼机构进行了分等定级的验收工作，对幼儿园教育的规范管理和监控起到了重要的促进作用。

## 二、幼儿发展评价的内涵

幼儿发展评价是依据幼儿教育目标以及与此相适应的幼儿发展目标，运用教育评价的理论和方法，对幼儿身体、社会性、认知、语言、情绪等方面的发展进行价值判断的过程。通过对幼儿发展情况进行评价，我们可以达到以下三个方面的目标。

### （一）了解幼儿发展状况

日常生活中，教师、保育员和家长主要是对幼儿的“即时行为”进行观察，这样不仅缺乏客观指标依据，对行为产生的背景、原因等因素也难以全面地了解。通过对幼儿发展进行评价，可以帮助教师和家长深入、客观、全面地了解幼儿在身体、社会性、认知、语言、情绪等方面的进展情况。如家长通过幼儿发展评价结果，可以迅速掌握孩子发展的大量信息，了解孩子的进步和不足，此外，还可以帮助家长全面了解此阶段幼儿应该达到什么样的目标，这样，可以减少家长教育的盲目性，并能更好地配合教师的工作，达到教育一致性。

### （二）改进幼儿园的课程与教学

通过对幼儿发展进行评价，教师和保育员可以较为清楚地了解本班幼儿的发展状况，审思保育工作是否能满足幼儿的需要、教育目标是否恰当、教育内容和方法是否适宜等，从而改进幼儿园的课程与教学工作。

### （三）促进幼儿更好发展

对幼儿发展的评价，不只是使教师和家长更好地了解幼儿的发展状况，改进幼儿园的课程和教学，更为重要的是通过这些评价，可以清晰地发现幼儿发展有没有达到预期的目标，哪些方面还存在明显的不足，确定幼儿需要哪些帮助，以此来更好地促进幼儿的发展。

## 三、保教质量评价与幼儿发展评价的关系

保教质量评价和幼儿发展评价既是相互联系又是相互促进的。保教质量评价的最终目的是立足于满足幼儿身心的需求，促进幼儿身心健康发展，并代表着幼儿的利益进行评价。通过对保教质量进行评价，幼儿园可以了解其现状，改进其不足，更好地为幼儿提供一个适宜的教育环境；同时，教师通过一系列的评价可以反思其不足，更好地为幼儿提供支持性的环境。由此可见，这些评价无一不是为了幼儿健康发展服务的。

对幼儿发展进行评价，一方面可以使幼儿园得以了解幼儿的发展现状，以便幼儿园或保教人员对幼儿存在的问题进行及时有效的帮助或支持；另一方面幼儿身心发展状况不仅受遗传因素的影响，更是受到环境的影响，所以，对于幼儿发展的评价，也是反映保教质量的一个重要指标。

# 第二节　保教质量评价的内容与方法

## 一、保教质量评价的内容

### （一）幼儿园环境评价

《幼儿园教育指导纲要（试行）》中明确阐述："幼儿园应为幼儿提供健康、丰富的生活和活动的环境，满足他们多方面发展的需要，使他们在快乐的童年生活中获得有益于身心发展的经验。"在教育的组织与实施中亦指出，环境是重要的教育资源，应通过创设环境和有效利用环境影响幼儿。

学者刘焱认为，幼儿园环境是支持与影响幼儿园教职工和幼儿在园生活各活动的条件总和，包括幼儿园的外部环境和内部环境；它是幼儿园为影响和支持幼儿的学习与发展而为幼儿提供和创造的在园生活、学习和发展的条件的总和。从人的活动条件与活动状况来看，幼儿园环境分为静态因素（或条件因素）和动态因素（或活动状况）。细致来分，幼儿园环境划分为物质环境创设、生活活动、课程、一日活动安排、人际互动五个维度，主要包括整体园舍环境、班级环境是否符合幼儿生理、心理发展的需求和规律，保证幼儿身心健康成长。

也有其他学者指出，相对一般环境而言，幼儿园环境是一种特殊的环境，它有广义和狭义之分。广义的幼儿园环境是指幼儿园教育赖以进行的一切条件的总和。它既包括幼儿园内部小环境，也包括与幼儿园教育有关的家庭、社会、自然、文化等大环境。狭义的幼儿园环境是指在幼儿园中对幼儿身心发展产生影响的一切物质与精神要素的总和。它是涵盖幼儿园的全体工作人员、幼儿、幼儿园房舍、设备设施、空间布局以及各种信息要素，并通过一定的教育制度与观念以及文化传统所组织、综合的一种动态的、有形与无形相结合的教育空间范围。

因此，在对幼儿园环境进行评价时，可以从心理环境和物质环境两个方面着手。其中，心理环境主要是指人以及由于人的因素所形成的气氛或氛围，评价内容主要包括环境中教师或保育员与幼儿、幼儿与幼儿之间的关系是否和谐，幼儿与材料之间的互动是否有效；物质环境评价的内容主要包括设备的配备是否完善、使用是否合理、玩教具材料的投放方式和数量是否适宜以及空间的规划与调整是否恰当。

### （二）保教工作评价

幼儿园的保教工作贯穿于幼儿一日生活的各个环节，所以，保教工作的评价对象为在幼儿园工作的一切工作人员，包括教师、保育员、园长、保洁员、厨师、安保人员等，主要评价对象为教师和保育员，因为教师和保育员是幼儿园中承担保育工作的最主要的人员，所有这些人员都应符合《幼儿园工作规程》规定的任职资格。

保教工作评价的主要内容包括：师幼互动评价、教育活动评价、保育工作评价、家园沟通评价。

### 1. 师幼互动评价

师幼互动是指教师与幼儿之间相互作用和相互影响的行为及其动态过程。它贯穿于幼儿一日生活的各个环节，是幼儿园各项教育目标得以实现的重要保证。师幼互动的评价主要评价内容包括：互动主体、互动过程和互动结果。对师幼互动主体的评价主要从以下几个方面进行评价：师幼互动中教师是否创造条件使幼儿成为活动的主体，师幼互动中是否发挥了教师的主导作用，师幼互动中是否兼顾了幼儿集体、幼儿小组和幼儿个体。对师幼互动过程的评价主要从以下几个方面进行评价：师幼互动的时机是否适时地满足了幼儿的需要，师幼互动的内容是否对幼儿具有激励和支持作用，师幼互动的性质是否以肯定性互动和平行性互动为主，师幼互动的方式是否适宜幼儿的年龄特点和个体差异。对师幼互动结果的评价主要从以下几个方面进行评价：师幼互动中是否有效地实施了双方的双向建构与发展，师幼互动中教师是否营造了尊重、平等、关爱的氛围，师幼互动中教师是否与幼儿进行了积极的情感交流。

### 2. 教育活动评价

幼儿园教育活动是有目的、有计划地引导幼儿生动、活泼、主动活动的教育过程。幼儿园教育活动评价是根据一定的教育目标，运用一切可行的评价技术手段，有目的、有计划、有步骤地对幼儿园所展开的各种教育活动的设计方案、实施过程和实施效果进行价值评定的活动过程。它主要包括三方面的内容：教育活动设计的评价、教育活动实施的评价和教育活动效果的评价。教育活动设计的评价的内容主要为：教育活动的设计理念是否能够体现教师正确的儿童观；教育活动的目标设计是否具有全面性、层次性；教育活动的内容选择是否适宜幼儿的发展；教育资源的利用是否能够满足幼儿探究的需要。教育活动实施的评价主要包括：教育活动的组织形式是否满足教育活动目标、内容和需要；教育活动的过程是否能够恰当把握预设与生成的关系；教育活动的教师指导是否有利于幼儿的主动学习。教育活动效果的评价主要包括：幼儿是否能够积极参与教育活动、主动操作或探索；教师是否在促进幼儿发展的同时促进了自身的专业发展。

### 3. 保育工作评价

保育工作是幼儿园的一项基本工作，也是非常重要的工作，它关系到幼儿的生长发育和身体健康。幼儿园是保教一体的，重视幼儿园的保育工作，关注幼儿的情绪情感和身体需求，不仅能够促进幼儿身心健康发展，而且对保证和提高幼儿园教育质量有着重要的意义。幼儿园保育工作评价的内容主要包括两个大的方面：一是一日生活的护理和照顾是否适宜，即能否为幼儿提供良好的、符合安全和卫生要求的物质环境和精神环境，做好幼儿日常生活和教育过程中的保育工作；二是各类保育工作制度是否完善、实施是否及时有效，其中，工作制度主要包括卫生制度、健康制度、生活制度等。

#### 4. 家园沟通评价

家园沟通是指幼儿家长和幼儿园全体保教人员为了促进幼儿身心健康发展，二者就幼儿在园的行为习惯、智力发展、健康状况及成长方向等方面的表现或问题进行相互交流、相互探讨、相互影响、相互理解，从而在观念和行为上对幼儿的发展形成一致的教育合力的过程。在开展家园沟通评价时，可以从以下四个方面进行：沟通理念、沟通内容、沟通方式和沟通效果。沟通理念的评价内容主要为：教师是否有家园平等的观念，教师是否能够理解和接纳家长的意见和建议，教师能否与家长共同确立适宜的家园共育目标。沟通内容的评价内容主要为：家园沟通的重点是否放在针对幼儿发展的内容上，家园沟通中是否含有针对幼儿园教育、管理方面的内容。沟通方式的评价内容主要为：教师是否能够根据幼儿园的要求和家长需求采取多样化的沟通方式，教师能否针对不同家长的不同观点和需求采取个性化的沟通方式。沟通效果的评价内容主要为：教师是否帮助家长树立起科学的育儿观，教师能否与家长建立充分的信任关系。

### (三)幼儿园课程评价

研究表明，课程质量是幼儿园教育质量的核心构成要素，是预测幼儿园教育质量水平的关键指标。课程质量评价是幼儿园教育评价中的重要组成部分。幼儿园课程质量总体评价是依据一定标准对幼儿园课程整体运行情况的价值判断，它强调的是幼儿园课程的一般原则和总体特征。幼儿园课程评价主要包括：课程目标评价、课程内容评价、课程实施评价和课程效果评价。

#### 1. 课程目标评价

幼儿园课程目标评价是指幼儿园课程期望在幼儿身心发展上所要达到的预期结果。对课程目标的评价主要从以下几个方面进行：课程目标是否具有发展适宜性、课程目标是否具有文化适宜性、课程目标是否具有连续性和层次性、课程目标是否与幼儿的经验、能力相匹配、课程目标是否协调预设与生成的关系。

#### 2. 课程内容评价

幼儿园课程内容是根据幼儿园课程目标，有目的地选择各种直接经验和间接经验的知识与活动体系。对于教师和幼儿而言，主要解决“教什么”和“学什么”的问题。课程内容评价的内容主要包括：课程内容是否与课程目标相一致、课程内容是否具有启蒙性与基础性、课程内容是否符合幼儿的经验与兴趣、课程内容是否符合幼儿所处的社会文化背景、课程内容的编排是否符合逻辑、课程内容是否给予幼儿多种选择的可能、课程内容比例是否适当。

#### 3. 课程实施评价

幼儿园课程实施是教师将设计好的课程付诸实践的具体过程，是实现预期课程目标的基本途径。课程实施是决定课程质量的关键环节，还是课程质量评价的重点之一。课程实施评价主要包括：课程实施是否与课程目标一致、教师是否基于对幼儿的观察和评价来设计和调整课程、课程实施是否创设并利用适宜的物质环境、课程实施是否注重在生活和游戏中渗透教育、课程实施是否发挥幼儿的主体性。

#### 4. 课程效果评价

美国学者古德莱德将课程分为理想的课程、文本的课程、理解的课程、实施的课程、经验的课程。不同层次的课程存在较大的差异，评价的效果也会有所不同。因此，在进行课程评价时，应改变传统的重教师评价、轻学生评价的倾向，不仅要评价教师的教育目标是否达成、还要考虑到幼儿的参与、态度、体验等。课程效果的评价主要包括：多数幼儿是否积极主动地参与、幼儿是否获得有益的经验、是否用多种方式揭示幼儿的感受，并让幼儿作为主体进行评价。

**拓展阅读**

### 班级评价计分系统①

班级评价计分系统(Classroom Assessment Scoring System，CLASS)是一种用于评价从学前班到小学三年级班级质量的观察工具，是由美国儿童教育专家Pianta教授及其团队历时多年的优秀研究成果。CLASS将班级的师生互动分为三个维度：情感支持、课堂管理、指导策略，具体三大维度下又分为若干个小的维度，每个小维度还有若干个可供评判的指标，如表9-1所示。

**表 9-1　CLASS 评分维度和指标**

| 维度 | 子维度 | 具体指标 |
|---|---|---|
| 情感支持 | 积极的氛围(PC)<br>情感联系，尊重，教师与儿童之间，儿童与儿童之间表现出来的愉悦情绪 | 师生关系、积极情感、积极交流、尊重 |
| | 消极的氛围(NC)<br>教师或者幼儿表现出来的气氛、敌意、反抗、攻击性的水平 | 消极情感、惩罚性控制、嘲笑/不尊重、严重的否定 |
| | 教师敏感程度(TS)<br>教师对儿童的学习需要和情感需要的感知和反应 | 对儿童信号的感知、对信号的回应、关注问题、幼儿自如地表现 |
| | 尊重儿童的观点(RSP)<br>师幼互动和课堂活动的重心在何种程度上考虑了儿童的兴趣、观点 | 根据儿童需要灵活改变教学内容、支持自主和管理、儿童表达、限制行动 |

① Robet C. Pianta，Karen M. La Paro and Bridget K. Hamre：*Classroom Assessment Scoring Systmanusl*，*pre-k*，Brooks Publishing Company，2008，pp. 2—6.

续表

| 维度 | 子维度 | 具体指标 |
|---|---|---|
| 课堂管理 | 行为管理(BM)<br>教师指导，防止出现不好的行为的有效性 | 清晰的行为期待、前瞻性、纠正错误行为、儿童行为 |
| | 产出性(PD)<br>课堂常规情况以及教师组织、指导活动使学习活动的时间最大化的程度 | 学习时间最大化、常规、过度、环境准备 |
| | 教育与学习安排(ILF)<br>教师开展活动并且提供充满趣味性的材料是儿童能够最大程度地参与到学习中 | 有效地促进、多样化的指导策略和材料、考虑儿童兴趣、学习目标的澄清 |
| 指导策略 | 认知发展(CD)<br>教师运用指导性的谈话和活动来发展儿童更富有组织性的思考技巧 | 分析和解释、创造、融会贯通、与现实世界联系 |
| | 反馈质量(QF)<br>教师如何通过对儿童想法、评论和作品的反馈来扩展儿童的学习 | 提供支架、反馈回路、促进思考过程、提供信息、鼓励和肯定 |
| | 预言师范(LM)<br>教师在多大程度上鼓励和协助发展儿童的语言 | 经常对话、开放性问题、重复和扩展、自我平行对话、高级的语言 |

## 二、保教质量评价的方法

幼儿园保教质量评价的方式方法有很多。我们可以从不同的角度对其进行划分，如根据评价的主体、评价的范围、评价的基准及评价中是否采用数量化方法等进行划分，具体的划分方式如下。

### (一)按评价的主体进行划分

《幼儿园教育指导纲要(试行)》中提出了“管理人员、教师、幼儿及其家长均是幼儿园教育评价工作的参与者”的评价主体多元化的观念。可见，幼儿园保教工作的评价须做到自评和他评相结合，以提高幼儿园的保教质量，促进保教人员的专业发展，从而使幼儿更好地成长。幼儿园保教工作的评价根据评价主体的不同来分，可分为自我评价和他人评价。

#### 1. 自我评价

自我评价指被评价对象作为评价主体根据一定的评价标准对自身的表现进行评价，即自己对自己的评价，如教师的案例反思、工作总结及幼儿园在分级分类验收中的自我反思等。

教师自我评价能激发教师的自尊心和自信心，如果态度端正，会有较高的准确性，有利于教师根据评价结果自觉改进工作。同时，也可为他人评价提供丰富的、在较短时间内不易得到的评价信息和资料，便于评价工作顺利进行，这是一种发展性的评价。而自我评价受时间、空间、人员等外在条件的影响较小，可以经常性地进行，且对于被评价人员来说压力比较小。但自我评价的主观性较强，缺少外界参照系，无法进行横向比较，评价结果与真实情况往往存在一定的差异。

**2. 他人评价**

他人评价又称外部评价，指由被评对象以外的他人或组织作为评价主体对被评价对象进行评价。这种评价由外部评价主体根据一定的评价标准来进行，评价的客观性较强，但组织工作比较麻烦，而且被评价者处于被动地位，不利于发挥被评对象的积极性。他人评价也是幼儿园中运用较多，较为重要的一种评价方法，主要包括两大类：一是教育行政部门或团体对幼儿园进行的评价；二是幼儿园管理人员、同事、家长对保教人员的评价。评价工具主要有评价标准、评价量表及其他评价工具。

(1)评价标准。

评价标准多应用于对幼儿园保教质量的验收与评定，例如：①北京市 1989 年颁布的《北京市托幼园所分级分类验收标准及细则(试行草案)》，共包括两个部分：第一部分“分级验收标准”中包括了环境及设备条件、人员条件两大类，共 10 个项目；第二部分“分类验收标准”中包括了行政管理工作、教育管理工作、卫生保健工作、儿童发展水平标准四大类，共 26 个项目。②2003 年上海颁发的《上海市托幼园所办学等级标准》，评估内容由基础性标准和发展性要求两大部分组成。基础性标准分为 5 个大项目：婴幼儿发展水平、办园条件、园务工作、保教工作、卫生保健工作。发展性标准从五个方面进行评价：队伍建设成效显著、教科研工作有实效；促进园(所)的整体发展、重视课程建设；创建办学特色；富有创新的管理改革经验；创建良好的校园文化。③江苏省颁布了《江苏省优质幼儿园评估标准及评价细则》，包括 5 个大项目：保教队伍、办园条件、安全卫生、保教水平、管理绩效。比较这三个省份的评价标准，大体包括：办园条件、园所管理、保教工作、卫生保健等。

(2)评价量表。

评价量表目前运用较为广泛的主要有：国外用于幼儿园等托幼机构环境质量评价的工具主要有美国研究者(Thelme Harms，Richard M. Clifford et al. )制定的《婴幼儿学习环境评量表(修订版)》(ITERS-R)和《幼儿学习环境评量表(修订版)》(ECERS-R)，以及英国研究者(Kathy Sylva，Iram Siraj-Blatchford et al. )制定的《幼儿学习环境评量表(课程增订版)》(ECERS-E)，三个量表目前均已在中国出版。《幼儿学习环境评量表(修订版)》包括 43 个项目，共 7 大类，其中，每个项目都标明了 1(不足)、3(最低标准)、5(良好)、7(优良)的评价等级及标准。通过空间与设施、个人日常照料、语言—推理、活动、互动、课程结构、家长与教师7个子量表，对幼儿学习环境质量进行有效的评价。此外还有全美幼教协会的《NAEYC幼儿活动室观察评价量表》，北卡诺利拉大学儿童发展中心的《托幼机构环境评价量表》。

刘焱在分析和借鉴ECERS-R和ECERS-E的基础上，以我国《幼儿园工作规程》和《幼儿园教育指导纲要(试行)》为依据，在广泛征集幼儿园园长、教师、高校专家学者、行政人员等不同层次的专业人士意见和多年实践检验的基础上，制定了符合我国情况的《幼儿园环境质量评价量表》。该量表包括物质环境创设、人际互动、生活活动和课程4个维度。实践表明，该量表具有良好的实践性和可操作性，并适合中国幼儿园的教育实践，并且能够反映并区分幼儿园环境质量的高低，具有较强的观察者内部一致性、内容效度和结构效度。

(3)其他评价工具。

除了专业的评价标准和评价量表外，相关的评价指南或手册也能为我们的评价提供专业化的方法。例如，2022年2月，教育部印发《幼儿园保育教育质量评估指南》，聚焦幼儿园保育教育过程及影响保育教育质量的关键要素，围绕办园方向、保育与安全、教育过程、环境创设、教师队伍5个方面提出了15项关键指标和48个考查要点，旨在引导幼儿园全面贯彻党的教育方针，落实立德树人根本任务，尊重幼儿年龄特点和发展规律，坚持保育教育结合，以游戏为基本活动，不断提高幼儿园办园水平和保教质量。由中央教育科学研究所学前教育研究室组织编写的《幼儿园教育质量评价手册》(下称《评价手册》)也为我们呈现了一种专业化评价幼儿园教育质量的方法。《评价手册》共包含10个评价工具，不仅具有中立的客观性，还具有深入的描述性。这套评价工具既可以互相联系构成一个有机的整体，全面反映幼儿园的教育质量，也可以各自独立，单独使用，评价幼儿园某一个或几个方面的质量状况。如表9-2所示，工具一至工具九分别侧重幼儿园质量的不同方面，评价者可以根据需要选择使用。

**表9-2 十个评价工具质量评价的不同方面一览表**

| 工具序号 | 工具名称 | 评价的质量方面 |
|---|---|---|
| 工具一 | 幼儿园总体状况的访谈 | 评价幼儿园总体质量状况，具体包括：办园体制与指导思想、物质条件与提供的服务、教师队伍状况、教师的专业提高与研训、课程观念与决策、教育管理与评价 |
| 工具二 | 幼儿园班级状况考察评定 | 评价班级结构性变量/静态因素的质量状况，具体包括：活动室建筑与基本设备、活动区的设置与材料的提供、墙饰布置、班级幼儿特征及日常护理、班级课程与幼儿发展评价 |

续表

| 工具序号 | 工具名称 | 评价的质量方面 |
|---|---|---|
| 工具三 | 教师对幼儿半日活动安排的观察 | 评价半日活动安排的质量，具体包括：活动内容与结构的合理性与质量、活动的组织形式、幼儿的自主性与活动的深度 |
| 工具四 | 幼儿活动观察 | 评价幼儿活动的深度与质量，具体包括：幼儿活动内容与结构的合理性与质量、幼儿实践操作的程度、语言表达的程度、交往的水平 |
| 工具五 | 教师行为观察 | 评价教师教育行为的质量，具体包括：教师教育行为的内容与性质、教师参与儿童活动的程度 |
| 工具六 | 师幼互动观察 | 评价师幼互动的量与质，具体包括：发生在五大环节中典型的师幼互动事件。完整分析每个典型事件背景、发起人、互动内容、发起与回应方式、互动的结果与性质 |
| 工具七 | 幼儿发展测评 | 评价幼儿的发展水平，具体包括：幼儿的健康与身体发展、认知发展、语言发展、社会性与生活能力的发展 |
| 工具八 | 教师教育观念与行为意识访谈 | 评价教师教育观念与行为意识的水平，具体包括：教师的基本状况、教师的教育观念与策略意识、教师的专业发展需求与途径 |
| 工具九 | 幼儿家庭状况与教养状况访谈 | 评价幼儿家庭与教养质量状况，具体包括：家庭的基本信息、家长对孩子的期望与教育观念、亲子交往的状况、家园合作的状况及其对幼儿园工作的看法 |
| 工具十 | 区(县)幼教状况访谈 | 评价区(县)幼教发展水平。具体包括：区(县)内人口与经济、教育与文化、幼教管理与教研等 |

幼儿园在进行评价时，除了使用专业的评价标准和评价量表外，也可以根据已有的标准体系或建构适合本园的标准体系进行细致的，全面的评价。如教师工作质量评价标准可以细分为：教研活动和材料评价标准；幼儿园环境创设评价标准；教师教育活动评价标准；教师五项技能评价标准；教师优秀案例评价标准；小中大班幼儿常规评价标准；保育员工作质量评价标准等。

拓展阅读

## 托幼机构环境评价量表(修订版)

《托幼机构环境评价量表(修订版)》(Early Childhood Environment Rating Scale，Revised Edition，ECERS-R)是由美国北卡罗来纳大学(University of North Carolina，UNC)儿童发展中心的两位学者哈姆斯和克利福德(Harms. T&Clifford.

R. M)于1998年在第一个版本的基础上修订而成的。该量表虽然冠名以“环境评价量表”，但事实上该量表对环境的理解包括了物质环境、日常照料、教学活动等。因此，该量表一共有7个大的维度、43个具体项目，主要针对2.5岁至5岁的幼儿提供教育保育服务的机构的各个方面进行评价。这其中，第一个大的维度“空间与材料”便主要是对托幼机构的物质环境进行评价的，表9-3即为托幼机构环境评价量表“空间与材料”部分的评价内容。

**表9-3　托幼机构环境评价量表“空间与材料”部分评价内容**

| 评价项目 | 评价内容 |
| --- | --- |
| 室内空间 | 是否有充足的空间供幼儿学习和游戏，空间的温度、光照条件如何，室内空间是否有良好的修缮和保养 |
| 日常护理、游戏和学习的设施 | 是否有基本的家具设备，比如床桌椅等；家具设备是否牢固，并且是否适合幼儿的身体比例；老师是否能够非常轻松地使用日常护理的设施 |
| 使幼儿休息和放松的家具设施 | 是否给幼儿提供了柔软的家具和玩具让幼儿有机会放松和休息；班级里是否有舒适的空间允许幼儿在其中安静地放松、躺下、遐想 |
| 空间安排 | 是否设置了多个活动区；活动区的活动设置是否符合儿童的年龄特点；活动区的材料是否摆放得有秩序，使幼儿能够自助拿取 |
| 私密空间 | 当幼儿感到很大的压力时，是否有秘密空间供他们独处。教师是否提供给幼儿这样的机会和时间 |
| 幼儿相关的展示 | 幼儿的个人作品是否得到了展示，占的比例是不是较大，材料和种类是否很丰富，和当前班级活动的关系是否密切 |
| 大肌肉群活动场所 | 是否有足够的室内外空间供幼儿进行大肌肉群运动，运动空间是否安全，是否能允许多种游戏同时进行而互不干扰，是否有相应的保护措施 |
| 大肌肉群活动设施 | 是否有充足多样性的大肌肉群活动设施供幼儿使用，能够发展幼儿的多种身体机能，设施是否符合幼儿的年龄特点，有不同的层次 |

### （二）按评价的范围进行划分

#### 1. 宏观评价

宏观评价又称整体评价，在幼儿园保教质量评价中，宏观评价主要指以具有全局性、全面性或大范围的幼儿园保育与教育问题为对象进行的评价，如对幼儿园保育和教育制度的评价、对我国当前幼儿园保育质量的整体评价、对西部地区幼儿园教师发展水平的评价等。

#### 2. 中观评价

中观评价又称局部评价主要是指以幼儿园内部保教工作为对象进行的评价。例如，对某幼儿园管理制度、教师队伍、保育员队伍、教学工作、后勤工作、家园联系工作等进行的评价，如表 9-4 所示(某幼儿园对保育教师的月工作考核表)。

**表 9-4　某幼儿园保育老师月工作考核表**

姓名：　　　　　　　班级：　　　　　　　日期：

| 编号 | 内容 | 分值 | 权重 | 考核内容 | 考评 |
|---|---|---|---|---|---|
| 1 | 职业道德 | 10 | 4 | 举止文明，态度亲切，仪表端庄、穿着得体(不佩带戒指、穿平底鞋)，面带笑容 | |
| | | | 6 | 尊重同事、尊重家长、尊重孩子、有团队精神。要顾全大局，不做(不说)有损幼儿园的事情(语言)，同事之间团结协助，不斤斤计较，不得发生无原则争吵 | |
| 2 | 保育工作 | 90 | 5 | 愉快、积极地完成幼儿园各项任务 | |
| | | | 5 | 按时上班，做好晨间各项准备工作(开门窗、提开水、晨扫、照顾幼儿进园饮水) | |
| | | | 5 | 每天打扫室内卫生，做到地面、桌面、橱面、门、窗干净整洁 | |
| | | | 5 | 午睡室被褥摆放整齐，窗帘挂法统一，储物橱整齐有序。午睡前协助老师脱衣盖被，起床后帮助幼儿穿衣、穿鞋、叠被子等 | |
| | | | 6 | 厕所冲洗干净，无异味，便槽无便垢，地面、墙面、瓷砖面打扫洗刷干净，水池保持清洁 | |
| | | | 6 | 每天为幼儿准备饮用水，饮用水要根据季节不同调节水温，杜绝烫伤事件的发生 | |
| | | | 5 | 做好班级各类保育工作，养成幼儿良好的生活卫生习惯。协助老师指导幼儿正确吃饭，饭前组织幼儿用洗手液洗手，饭后组织幼儿擦嘴 | |
| | | | 4 | 晨间锻炼期间，配合老师做好器械准备工作、安全保育工作，不得相互闲谈 | |
| | | | 7 | 每天按作息时间表，到食堂领取饭菜汤，注意安全、卫生，协助老师督促幼儿吃好、吃饱，餐后打扫干净桌面、地面卫生 | |
| | | | 6 | 保育员要洗干净每一只碗(勺)，做到无油腻、无剩菜、无剩饭、无剩水，碗与碗之间不吸紧 | |
| | | | 6 | 遇到特殊情况，如幼儿呕吐、大小便在身上，由保育老师协助老师处理照顾好，脏衣、脏裤不让幼儿带回家，尽量不要去惊动家长(幼儿生病除外) | |
| | | | 6 | 严格执行《托幼机构常用物品消毒常规》，认真做好卫生消毒登记工作 | |

续表

| | | | | | |
|---|---|---|---|---|---|
| 2 | 保育工作 | 90 | 4 | 协助教师开展好家长工作 | |
| | | | 6 | 爱护公共财产、做到节约使用水电，水笼头随手关，保管好自己的用具 | |
| | | | 4 | 每周一为幼儿检查指甲，平时检查幼儿指甲情况 | |
| | | | 4 | 协助教师做好各项活动和开放活动的准备工作 | |
| | | | 6 | 积极参加本月保育员活动，准备充分 | |
| 总分 | | | | | |

备注：每月考核内容根据本月工作情况随时更新。

### 3. 微观评价

微观评价也称为单纯评价，是针对保教工作中某一对象的某一方面或侧面进行的评价，如评价幼儿园课程设置、教师课堂教学等的评价。如表 9-5 所示，为幼儿园教师课堂教学评价表。

**表 9-5　幼儿园教师课堂教学评价表**

<table>
<tr><td>时间</td><td colspan="2"></td><td>单位</td><td></td><td>授课教师</td><td></td><td>班级</td><td></td></tr>
<tr><td>课题</td><td colspan="6"></td><td>课型</td><td></td></tr>
<tr><td colspan="2">评价项目</td><td rowspan="2" colspan="5">评价要点</td><td colspan="2">评分</td><td rowspan="2">小计</td></tr>
<tr><td>一级指标</td><td>二级指标</td><td>满分</td><td>得分</td></tr>
<tr><td rowspan="5">教师教学行为</td><td>教学设计</td><td colspan="5">对教材解读准确，教学内容符合科学性，能从教材特点和幼儿身心发展特点出发，设计颇具创新</td><td>10</td><td></td><td rowspan="5"></td></tr>
<tr><td>教学过程</td><td colspan="5">教学目标明确、恰当，符合幼儿最近发展区，能创造性地使用教材，重、难点突出；活动过程中，体现以幼儿为活动主体的教育原则，充分培养幼儿的创新精神和实践能力</td><td>20</td><td></td></tr>
<tr><td>时间分配</td><td colspan="5">教师在活动各环节讲、练、演示及主次内容的时间分配合理，做到精讲多练，加强能力培养</td><td>10</td><td></td></tr>
<tr><td>教学氛围</td><td colspan="5">课堂教学民主，师生关系和谐，充分体现生生互动、师生互动及幼儿与材料的互动</td><td>10</td><td></td></tr>
<tr><td>教学机智</td><td colspan="5">有较强的驾驭课堂能力和处理课堂教学偶发事件的能力</td><td>10</td><td></td></tr>
</table>

续表

| | | | | | |
|---|---|---|---|---|---|
| 教师教学基本功 | 教学语言 | 能够流畅地运用普通话进行教学，语言准确、生动、形象，富有感染力。并能够及时纠正小朋友的不规范语言 | 10 | | |
| | 教学态度 | 态度自然、诚恳、自信，感情饱满，亲切和蔼 | 10 | | |
| | 教具操作 | 教具、图片、多媒体课件运用恰当，操作自如 | 10 | | |
| 教师教学特色 | 教学亮点 | 在课堂结构创设学境、教学和媒体课件运用方面有独特创举，效果显著 | 5 | | |
| | 教师个性 | 对课的成败得失的评价正确、中肯，有独特的见解，体现个性 | 5 | | |
| 综合评价 | 好(85～100) | | 较好(70～84) | 一般(60～69) | |
| | | | | | |
| 简要评语 | | | | | |
| 评委 | | | | | |

## (三)按评价的基准进行划分

### 1. 相对评价

相对评价是在被评价对象的集合中选取一个或几个对象作为基准，然后把各个评价对象与基准进行比较的评价方法。由于相对评价是在某一类对象集合的内部，将集合中各个元素与特定的元素进行比较，能够区分个体在集体中的位置，是一种操作性强且应用广泛的评价。无论是示范幼儿园的确立，优秀幼儿教师的推选，还是优质教育活动的评选，都要不同程度地用到相对评价。但相对评价并不关心被评价对象的实际水平，只表示他与集体中基准人物或事件的距离程度或他在集体中所处的位置，使得被评价对象之间容易产生激烈的竞争。

### 2. 绝对评价

绝对评价是在被评价对象的集合之外确定一个评价标准，即客观标准，然后把各个评价对象与客观标准进行比较的评价方法。相比而言，相对评价的基准在评价对象的集合之内，而绝对评价的基准在集合之外。对幼儿园的分级分类的评价就是绝对评价。分级分类标准是客观的，不以幼儿园的情况为转移，所有被评价幼儿园都要和分级分类标准进行比较，而不是彼此之间进行比较。如表 9-6 所示就是一个绝对评价的实例。

**表 9-6　某幼儿园区域活动评价表**

| 评价项目 | 评价内容 | 评分标准 | 得分 |
| --- | --- | --- | --- |
| 区域设计方案 | 能根据幼儿年龄特点和实际情况制定出详细、切实可行的区域活动方案，目标定位准确 | 5 | |
| 区域环境创设 | 能有效利用班级空间进行区域划分，区域创设不少于4个 | 10 | |
| | 区域分布合理美观、大小适中、动静分开、内容丰富。有明显的区标，区卡设计巧妙 | | |
| 区域材料投放 | 区域操作材料丰富、适宜，能大胆运用废旧材料，新颖、有特色 | 25 | |
| | 注重材料的开放式投放，能很好地为目标服务 | | |
| | 材料科学卫生、安全耐用、美观且有学习价值 | | |
| | 材料能满足幼儿不同发展水平的需要，具有多样性、层次性可操作性，便于幼儿取放 | | |
| | 材料易于经常翻新更换，数量足够幼儿使用 | | |
| 教师组织指导 | 教师能随时、全方位地观察了解幼儿的表现，掌握动态，捕捉指导机会，选用适宜的指导方法策略 | 25 | |
| | 尊重幼儿在游戏发展水平、学习方式等方面的个体差异，因人施教，努力使每一个幼儿都获得满足和成功 | | |
| 幼儿活动情况 | 活动规则清晰、科学，幼儿熟悉活动规则，遵守活动常规，有良好的卫生习惯，保持桌面、地面和操作材料的整洁有序 | 25 | |
| | 体现幼儿的主体性，幼儿能自主选择参与自己感兴趣的活动，正确使用各种材料，喜欢玩、愿意玩，形成个性化游戏氛围，有鲜明的班级游戏特色 | | |
| 区域评价 | 教师能结合实际情况采用得当的方式进行评价 | 10 | |
| | 评价时注重幼儿的个体差异 | | |
| 总分 | | | |

备注：90 分及以上优秀；80 到 89 分良好；70 到 79 分中等；60 到 69 分一般；60 分以下不合格。

如表 9-6 所示评价幼儿园区域活动的情况是客观的，是不以各个班级的不同为转移的，幼儿园中所有的班级都需和客观标准相比较，而不是彼此之间相比较。

由于绝对评价的标准比较客观，使得评价者能够比较容易、公正地对被评价对象进行评价，同时，也使得被评价者能够明确了解自己与客观标准的差距，从而朝着客观标准规定的方向努力。

### 3. 个体内差异评价

个体内差异评价是把被评价对象集合中的各个对象的过去和现在进行比较，或对某一对象的某几个侧面进行比较的评价方法。如评价一个幼儿园的发展情况，教师的成长情况等，都是个体内差异评价的应用。个体内差异评价充分考虑到了个体间的差异，在评价过程中，被评价者没有太大压力，但是这种评价容易使评价对象自我满足。

任何评价方式都各有利弊，所以在实际评价中将三者结合起来，不仅让评价对象认识到个体是否达标、与其他个体的差距如何，又要让个体认识到自身的进步，从而保持其积极性，进而提高保教质量评价的水平。

## (四)按评价中是否采用数量化方法进行划分

### 1. 数量化评价

数量化评价指在评价的过程中采用数学方法进行的评价，其体现形式为用数字或数字公式描述或分析保教现象、用数字表示评价结果。数量化评价是现在学前教育评价中运用的较多、较普遍的评价，在保教质量的评价中也较常见到。如表 9-7 所示为教师个人基本情况统计表。

表 9-7　幼儿园教师个人基本情况统计表

| 题项 | 选项 | 频率 |
|---|---|---|
| 性别 | 女 | |
| | 男 | |
| 教龄 | 3 年以下 | |
| | 3～5 年 | |
| | 6～10 年 | |
| | 11～15 年 | |
| | 16～20 年 | |
| | 21 年以上 | |
| 幼教教龄 | 3 年以下 | |
| | 3～5 年 | |
| | 6～10 年 | |
| | 11～15 年 | |
| | 16～20 年 | |
| | 21 年以上 | |
| 是否学习过学前教育专业 | 是 | |
| | 否 | |
| 是否有编制 | 是 | |
| | 否 | |

续表

| 题项 | 选项 | 频率 |
|---|---|---|
| 第一学历 | 初中 | |
| | 高中或职高 | |
| | 中专 | |
| | 大专 | |
| | 本科 | |
| 现有学历 | 高中或职高 | |
| | 中专 | |
| | 大专 | |
| | 本科 | |
| 职称 | 暂无 | |
| | 初级 | |
| | 中级 | |
| | 副高级 | |
| | 正高级 | |

### 2. 非数量化评价

非数量化评价与数量化评价相对，指的是不采用数学方法进行的评价。非数量化评价比较全面、周到，但难免存在主观因素。常见的非量化评价有等级法，评定法。如对幼儿园分级分类验收工作使用的就是等级法，它把幼儿园分成不同的等级和类别。幼儿园管理人员对保教人员所写的评语则是运用了评定法。

数量化评价和非数量化评价各有利弊，在实际评价中，应该根据实际情况选择评价方法或者把二者结合起来进行评价。如表 9-8 所示，就是数量化评价和非数量化评价结合的实例。

**表 9-8　幼儿教师半日活动评价表**

| 项目内容 | 评价标准<br>期望评语(优等标准) | 得分 |
|---|---|---|
| 保教目标(15 分) | 1. 在日常工作中对幼儿的发展情况进行科学的观察、分析并记录，全面细致地了解本班幼儿实际水平 | |
| | 2. 保教工作目标明确、具体，适合本班幼儿实际水平 | |
| | 3. 将保教工作目标有机地渗透于幼儿一日生活的各个环节中 | |
| 教育环境(15 分) | 1. 创设宽松、和谐的精神环境，建立平等的师生关系，对幼儿坚持正确教育 | |
| | 2. 环境的创设安全、合理、整洁、美观，注重教育性和幼儿的参与，并能因地制宜 | |
| | 3. 活动区的设置及材料的投放与教育目标相一致，符合本班幼儿的不同发展水平 | |
| | 4. 能充分利用环境为幼儿提供活动和表现能力的机会与条件 | |

续表

| 项目<br>内容 | 评价标准<br>期望评语(优等标准) | 得分 |
|---|---|---|
| 生活常规<br>(15分) | 1. 有科学合理的生活常规，并严格执行 | |
| | 2. 对幼儿生活精心照顾 | |
| | 3. 幼儿有良好的卫生习惯和初步的生活自理能力 | |
| 体育活动<br>(15分) | 1. 户外活动不少于一小时(含半小时体育活动) | |
| | 2. 户外体育活动内容丰富，有一定的强度、密度 | |
| | 3. 幼儿兴趣性强，能够积极主动参与 | |
| 教育活动<br>(15分) | 1. 教育活动目标明确具体，并能落实 | |
| | 2. 教育内容符合本班幼儿实际 | |
| | 3. 注重活动过程，运用多种教育形式和手段、引导幼儿主动活动 | |
| | 4. 根据幼儿的不同发展水平给予分类指导 | |
| | 5. 幼儿积极性高，思维活跃，有浓厚的学习兴趣 | |
| 游戏活动<br>(20分) | 1. 保证幼儿游戏活动的时间，有充足丰富的游戏材料 | |
| | 2. 尊重幼儿的意愿，有必要的游戏常规 | |
| | 3. 根据教育目标，指导幼儿游戏 | |
| | 4. 幼儿在游戏中积极主动，情绪愉快 | |
| 总分(100分) | | |
| 评语： | | |

# 第三节　幼儿发展评价的内容与方法

## 引导案例

李老师所在的幼儿园这学期做了幼儿发展评价表，要求教师在学期初和学期末的时候对幼儿做一次整体的评价，主要评价孩子的表现在多大程度上符合标准要求，并记入幼儿发展档案，并且以此作为下学期制定幼儿发展目标的依据。李老师所带班级为大班，一共30个孩子，一转眼，又到了大班毕业季，李老师一边准备着她们班级的毕业典礼，一边还要写各种总结、报告，手头的幼儿发展评价表对于忙碌的李老师来说就成了次要的事情了，她凭着大概的印象随便打了打分，并向同事抱怨说：“这整天打分，写反思，写总结有什么用呢？净是增加教师的负担，我们又不是研究型人员，整这些干嘛呀，就拿这幼儿发展评价表来说吧，你说这就只是一个打分，又不全面，幼儿发展得怎么样，我们心中有数不就行啦，就像中班新来的王老师观察记录了一学期不也是觉得没获得什么，反而感觉增加了工作负担吗?”她的同事也跟着抱怨了一通，随后不情愿地继续写需要上交的反思报告去了。

通过这一教师工作片段，你是如何看待幼儿发展评价的?

幼儿发展的评价在幼儿园中已不鲜见。李老师所在的幼儿园也为此制定了详细的幼儿发展评价表，从幼儿园制定幼儿发展评价表的目的来看，主要在于期望能了解幼儿发展的状况，促进幼儿的发展。但是，李老师和她的同事对于幼儿发展的评价的重视度显然不够，并且存在偏见。那么，作为一名教师，究竟应该如何对幼儿的发展进行评价呢?如以上案例中的李老师仅仅做到“心中有数”还是不行的。在对幼儿发展进行评价时，首先应该树立正确的评价观，在评价的过程中，应与日常教育和保育工作紧密联系，对于评价的结果应当合理地利用，做到不为评价而评价。

## 一、幼儿发展评价的内容

### (一)幼儿健康与动作发展评价

#### 1. 幼儿生长发育的评价

婴幼儿生长发育评价指标主要包括两个方面：形态指标和生理功能指标。形态指标指身体及其各部分在形态上可测量出的各种量度，如长度、围度等。最重要和最常用的形态指标为身高和体重。生理功能指标是指身体各系统、各器官在生理功能上可测量出的各种量度。握力和背肌力是骨骼肌肉系统的基本指标；肺活量是呼吸系统的基本指标；脉搏和血压是心血管系统的基本指标。

幼儿生长发育评价通常采用中国九市城郊区儿童体格发育调查资料参考值、美国国家卫生统计中心建议参考值、《儿童生长标准》(2006)等作为评价幼儿生长发育状况的统一尺度。

#### 2. 幼儿大肌肉与小肌肉动作发展的评价

动作是个体与环境互动的重要手段，是个体认识和适应环境的必要工具。动作本身即是个体发展的重要内容，也是个体发展的结果。动作还是个体发展的外在体现，儿童早期的发展主要以动作的形式表现出来。因此，动作发展是评价、诊断和监测个体身心发展状况的主要评价指标。幼儿动作的发展主要分为大肌肉动作发展和小肌肉动作发展。

(1)幼儿大肌肉动作的评价。

幼儿大肌肉动作又称粗大动作，是指在大肌肉群控制下完成的一系列动作，包括全身、腿部和手臂的动作。在学前期，比较常见的大肌肉动作有俯卧、翻身、抬头、坐、爬、走、跑、跳、跳跃、平衡、投掷、踢球等。

在评价时，教师可以借助专门的评估工具进行评价，如格赛尔婴幼儿发育评定、贝利婴儿发展量表(第2版)、大肌肉运动发展测验等来进行评价。其中，大肌肉运动发展测验是专门用于测量3～10岁儿童大肌肉运动能力的标准化测评工具。表9-9是一个有关大肌肉动作发展的标准。

**表9-9 儿童大肌肉动作发展标准①**

| 内容 | 等级标准 | | |
| --- | --- | --- | --- |
| | 一 | 二 | 三 |
| 走 | 上体正直、自然地走 | 上体正直、上下肢协调地走 | 听信号自然、协调地走 |
| 跑 | 两臂在体侧屈肘自然而然地跑 | 协调、轻松地跑 | 听信号改变方向和变速跑 |
| 跳 | 立定跳远60厘米 | 立定跳远80厘米 | 立定跳远100厘米 |
| 平衡 | 能单脚站立10秒 | 能单脚站立20秒 | 能单脚站立30秒 |
| 拍球 | 单手连续拍球10下 | 单手连续拍球15下 | 单手运球10米 |

此外，《3～6岁儿童学习与发展指南》也提出了3～6岁儿童基本的大肌肉发展水平，可以作为评价的参考。

**表9-10 目标1：具有一定的平衡能力，动作协调、灵敏**

| 3～4岁 | 4～5岁 | 5～6岁 |
| --- | --- | --- |
| 1. 能沿地面直线或在较窄的低矮物体上走一段距离 | 1. 能在较窄的低矮物体上平稳地走一段距离 | 1. 能在斜坡、荡桥和有一定间隔的物体上较平稳地行走 |
| 2. 能双脚灵活交替上下楼梯 | 2. 能以匍匐、膝盖悬空等多种方式钻爬 | 2. 能以手脚并用的方式安全地爬攀登架、网等 |
| 3. 能身体平稳地双脚连续向前跳 | 3. 能助跑跨跳过一定距离，或助跑跨跳过一定高度的物体 | 3. 能连续跳绳 |
| 4. 四散跑时能躲避他人的碰撞 | 4. 能与他人玩追逐、躲闪跑的游戏 | 4. 能躲避他人滚过来的球或扔过来的沙包 |
| 5. 能双手向上抛球 | 5. 能连续自抛自接球 | 5. 能连续拍球 |

**表9-11 目标2：具有一定的力量和耐力**

| 3～4岁 | 4～5岁 | 5～6岁 |
| --- | --- | --- |
| 1. 能双手抓杠悬空吊起10秒左右 | 1. 能双手抓杠悬空吊起15秒左右 | 1. 能双手抓杠悬空吊起20秒左右 |
| 2. 能单手将沙包向前投掷2米左右 | 2. 能单手将沙包向前投掷4米左右 | 2. 能单手将沙包向前投掷5米左右 |

① 白爱宝：《幼儿发展评价手册》，61页，北京，教育科学出版社，2002。

续表

| 3～4 岁 | 4～5 岁 | 5～6 岁 |
|---|---|---|
| 3. 能单脚连续向前跳 2 米左右<br>4. 能快跑 15 米左右<br>5. 能行走 1 千米左右(途中可适当歇歇、停停) | 3. 能单脚连续向前跳 5 米左右<br>4. 能快跑 20 米左右<br>5. 能连续行走 1.5 千米左右(途中可适当停歇) | 3. 能单脚连续向前跳 8 米左右。能快跑 25 米左右<br>4. 能连续行走 1.5 千米以上(途中可适当停歇) |

(2)幼儿小肌肉动作的评价。

小肌肉动作也叫精细动作，是由小肌肉群控制完成的动作。小肌肉动作主要包括手眼协调和手部动作。手眼协调是指眼和手的动作能够配合，手的动作能够和视线相一致，抓握动作是个体最初和最基本的精细动作，在此基础上又发展起写字、绘画等动作技巧。教师可以在日常生活和游戏中观察幼儿的手部动作情况，也可以参照一些经典评价工具有意识地设置情境进行评价。如教师可以采用《小肌肉动作发展检核表》的 8 个项目检查评价幼儿的小肌肉发展情况。这些项目都是可观察的行为，反映了幼儿在旋转、操作、灵活性以及用手偏好方面的小肌肉动作技能的发展情况。

**表 9-12 小肌肉动作发展检核表**①

| 姓　　名：　　观察者：<br>幼儿园班级：　　日　期：<br>指导语：在幼儿表现正常的项目上打“√”，在没有机会观察的项目上写“N”，其他项目留空。 | | |
|---|---|---|
| 项目 | 依据 | 日期 |
| ________旋转旋钮、杆子、打蛋器 | | |
| ________倒水不会溅出来 | | |
| ________拉合拉链、解扣纽扣、解粘魔术贴 | | |
| ________轻易地捡拾物体或塞物体 | | |
| ________灵活地用模子玩面团、黏土 | | |
| ________自如地使用绘画、书写工具 | | |
| ________自如地使用剪刀 | | |
| ________自如地使用锤子 | | |

## (二)幼儿认知与语言发展评价

### 1. 幼儿认知发展的评价

陈英和认为，认知是指那些能使主体获得知识和解决问题的操作(过程)和能力，

① [美]贝蒂:《幼儿发展的观察与评价》，263 页，郑福明、费广洪译. 北京，高等教育出版社，2011。

是人类个体内在心理活动的产物。幼儿认知主要包括观察力、记忆力、想象力和思维力，其中，抽象思维能力是智力的核心。幼儿认知发展评价的主要内容包括幼儿的观察力、想象力和思维力，较为常用的方法是测验法。在我国学前教育和研究中常用的标准化测验有中国比奈测验、韦氏学龄前和学龄初期儿童智力量表、考夫曼儿童成套评估测验、幼儿智力测验量表(林崇德等人编)等。

### 2. 幼儿语言发展的评价

现代语言之父费尔迪南·德·索绪尔从语言学的视角出发，认为语言既是言语机能的社会产物，又是社会集团为了使个人有可能行使这种机能所采用的一整套必不可少的规约。学前期儿童语言能力发展与教育的重点在于发展儿童的口头语言能力，培养儿童对文字符号的意识和兴趣，帮助儿童做好阅读和书写的准备。因此，对儿童的语言能力的评价以词汇、口头语言发展、前阅读能力、前书写能力为主要评价内容。

**表 9-13　幼儿语用能力核查表**

| 出现的语用行为 | 很少 | 偶尔 | 经常 |
|---|---|---|---|
| 1. 在人际互动的情境中，不会主动与人沟通 | | | |
| 2. 与人沟通互动时，无法接续话题 | | | |
| 3. 与人交谈时，提出来的看法与正在谈论的主题无关 | | | |
| 4. 与人交谈时，出现无法交集现象，自己说自己的，只将自己想传达的信息表达出来 | | | |
| 5. 与人家谈时，即使不清楚谈话内容，也不会提问，要求澄清 | | | |
| 6. 与人交谈时，即使别人不清楚其欲传达的信息，也不会主动修补说话的内容 | | | |
| 7. 与人交谈时，不适当地结束谈话互动(如沟通对象还想继续交谈，幼儿却突然走开) | | | |
| 8. 因为误解别人的话题，容易和别人起冲突 | | | |
| 9. 容易说错话，吵着别人，影响人际关系 | | | |
| 10. 错误解释别人的话语 | | | |
| 11. 无法理解别人的非口语暗示(一些动作、手势)。如与人交谈时，对方不断看别人或看外面，但幼儿却仍然继续说，不知别人想结束话题 | | | |
| 12. 与人交谈时，不让别人有机会表达、回应，占据大部分交谈时间 | | | |
| 13. 与人交谈时，提供的信息不明确，不清楚 | | | |
| 14. 与人交谈时，谈话内容复杂、重复，说得又长又啰唆 | | | |
| 15. 逃避加入讨论活动或团体游戏 | | | |
| 16. 缺乏朋友，常常自己一个人玩或到处晃晃 | | | |
| 17. 很少与老师或同学说话，常常很沉默 | | | |

续表

| 出现的语用行为 | 很少 | 偶尔 | 经常 |
|---|---|---|---|
| 18. 因为说话无厘头，或常常摸不清楚状况，可能是班上的小丑 | | | |
| 19. 不会依社会互动情境的不同而调整说话内容、方式 | | | |
| 20. 不会依沟通对象的不同而调整说话内容、方式 | | | |

### (三)幼儿社会性发展评价

社会性发展是指个体在一定的社会历史条件下，逐渐独立地掌握社会规范、恰当处理人际关系，从而客观地适应社会生活的心理和行为的发展过程。儿童社会性发展指的是儿童在生物特性基础上，在与社会生活环境的相互作用中，掌握一定社会规范，形成一定社会技能，学习社会角色，获得社会性需要、态度、价值，发展社会行为，并以独特的个性与人相互交往、相互影响，适应社会环境，由“生物人”发展成为“社会人”的社会化的过程。幼儿阶段是社会性发展的关键时期，良好的人际关系和社会适应能力对幼儿身心健康发展以及知识、能力和智慧作用的发挥具有重要影响。一般来说，学前教育的社会性发展评价的内容主要包括：社会认知发展评价、社会情感发展评价和社会行为发展评价三个方面。

#### 1. 幼儿社会认知发展的评价

社会认知是指人对社会性客体及其之间关系的认知。如幼儿对人际关系、社会角色、社会规范等的认知，以及对这些认知与人的社会行为之间的关系的理解与判断。幼儿社会认知的评价内容主要包括幼儿对自己的认知、对他人的认知和对社会环境和规则的认知。

#### 2. 幼儿社会情感发展的评价

幼儿的情感发展是个体社会性发展的重要内容。幼儿社会情感发展评价的内容主要包括：幼儿的情绪社会化评价、幼儿依恋发展评价和幼儿道德情感发展评价。

#### 3. 幼儿社会行为发展的评价

幼儿的社会行为是在与社会环境的互动过程中产生的，相比幼儿的认知和情绪情感，幼儿的社会行为是比较容易进行观察和记录的。亲社会行为和反社会行为中的攻击行为是幼儿两大典型的社会行为。其中，亲社会行为是指做出有利于他人的行为，如分享行为、合作行为、助人行为等。攻击行为根据目的不同可以分为两种类型：工具性攻击，指攻击者为了得到某个东西而引发的攻击；敌意性攻击的主要目的是伤害特定对象。表 9-14 是小班亲社会行为的频率的观察记录表。

表 9-14　某市幼儿园小班亲社会行为观察记录表

观察时间：　　　　观察人数：　　　　观察年龄班：　　　　观察记录人：

| 出现亲社会行为频率 / 亲社会行为内容 | 助人行为(发出助人行为人数、出现助人行为的次数) | | 合作行为(发出合作行为人数、出现合作行为次数) | | 分享行为(出现分享行为的人数、出现分享行为的次数) | | 谦让行为(出现谦让行为的人数、出现谦让行为的次数) | | 公德行为(出现公德行为的人数、出现公德行为的次数) | |
|---|---|---|---|---|---|---|---|---|---|---|
| | 人数 | 次数 | 人数 | 次数 | 人数 | 次数 | 人数 | 次数 | 人数 | 次数 |
| 来园及早操活动 | | | | | | | | | | |
| 早餐及餐后活动 | | | | | | | | | | |
| 户外活动 | | | | | | | | | | |
| 区域活动<br>区域活动所开发的区有：娃娃家 | | | | | | | | | | |
| 生活自理、午餐及餐后活动 | | | | | | | | | | |
| 午睡后生活自理及午点 | | | | | | | | | | |
| (分组)游戏活动<br>游戏内容：扣纽扣 | | | | | | | | | | |
| 离园活动 | | | | | | | | | | |

注：发出助人行为的人数是指主动发出助人行为的人的数量(如小明帮助了小刚扣扣子，小明是发出助人行为的人，人数的数量记为“1”，出现助人行为的次数也记为“1”，其他合作、分享、谦让、公德行为(如清理垃圾等)与此相似。

## 二、幼儿发展评价的方法

### (一)观察法

观察法是有目的、有计划地对被评价对象进行观看、倾听和记录，进而获得被评价对象资料信息的一种方法。观察法是了解幼儿学习和发展的最为直接的方法。

观察法的类型根据问题结构可以划分为结构式观察法和非结构式观察法。结构式观察是根据研究的问题、设计观察项目，并依据设计的项目及程序，观察所要探究的行为；非结构式观察是事先没有预定的目的、工具和流程，采用较有弹性的方式进行观察。根据观察场地可以分为自然观察和情景观察。自然观察是在自然发生的情境中进行的观察，这种观察需要等待幼儿行为的自发发生，当想要观察的行为没有发生时，可以创设情境引发幼儿的反应。情境观察是在预先设计好的情境中进行的观察。根据观察者是否参与可以分为参与式观察和非参与式观察：参与式观察是观察者参加被观察者的活动，并进行观察记录，被观察者不知道自己被他人观察；非参与式观察是观察者只是在一旁做记录，不参与到被观察者的活动中。

在观察过程中需要对所获取的信息进行记录，记录的方法常用的有以下几种。

### 1. 日记描述法

日记描述法指以日记的形式记录儿童生长和发展的信息，主要是儿童身上发生的新行为或新事情。

### 2. 逸事记录法

逸事记录法是指观察者对可以表现幼儿个性或某方面发展有价值、有意义的行为情景所做的记录。逸事记录不受观察时间、地点的限制，无须连续跟踪，运用简单方便。

### 3. 时间抽样法

时间抽样法是指在规定的时间间隔内观察记录预选行为发生频率的方法。主要适用于幼儿经常出现并容易被观察到的外显行为。其优点是观察的目的比较具体、明确，观察者可以在较短时间内获得大量观察数据并进行统计分析，省时、省力，有助于取得有代表性的样本。不足是只适用于发生频率比较高的行为，不能说明有关环境和情景的信息，难以解释一定的因果关系。当幼儿出现不适当行为时，教师或保育员可以使用时间抽样法，如表 9-15 是一位幼儿在完成任务时出现了困难，教师采取时间抽样进行的记录。

**表 9-15 时间抽样法范例**

| 姓名：小新<br>年龄：6 岁<br>日期和时间：3 月 17 日 9 点 30 分—9 点 45 分<br>观察者：L 班李老师<br>观察发展类型：小新在搭积木时出现了困难 | | |
|---|---|---|
| 事件 | 时间 | 注解或评论 |
| 建构区——搭建的房子总是倒 | 9 点 30 分 | 小新看到其他同伴搭建的房子很高，自己也在一直尝试搭一个更高的 |
| 建构区——把别的小朋友搭的积木故意碰倒 | 9 点 35 分 | 搭积木受到挫折，看到别的小朋友搭建的积木心理不平衡，小新可能需要指导 |
| 建构区——小新尝试用新的方法搭建积木 | 9 点 40 分 | 在教师的建议下，观察其他小朋友的积木为什么搭得很高却不倒，最终找到方法开始进行搭建 |
| 建构区——小新搭出了比同伴更高的建筑作品 | 9 点 45 分 | 当小新遇到困难时，应及时进行指导 |

### 4. 事件抽样法

事件抽样法是指选择某种或某类事件作为观察目标，在观察中等待该事件的发生并仔细观察记录事件全过程的方法。其优点是事件抽样既注意了行为也注意了行为发生的情境，使评价人员可以进行因果分析，可以研究任何一种行为事件。其不足是信息或资料只表明了事件或行为的性质，难以进行定量分析，此外，如果事件没有预期地发生，就会浪费时间。

表 9-16　事件抽样法范例

| 姓名：小轩<br>年龄：5 岁<br>地点：某市幼儿园<br>观察者：M 班张老师<br>观察者发展类型：社会性/情感<br>小轩频繁的攻击行为 | | | |
|---|---|---|---|
| 时间 | 先前事件 | 目标行为 | 后续事件 |
| 8 点 25 分 | 小轩吃完饭搬着椅子想和小丽坐在一起看书，但是云云已经和小丽坐在一起了 | 小轩把云云往一边推 | 云云默默地坐到了一边 |
| 9 点 20 分 | 小轩想去拿图书区的画纸画画，优优阻止了他，并不小心抓伤了小轩的手 | 小轩咬了优优 | 优优哭着告诉了老师 |
| 15 点 32 分 | 小轩听到别的小朋友说他，以为别的小朋友在给他起外号 | 小轩给讨论他的小朋友起了外号，并在班级大声喊叫 | 其他小朋友告诉了老师 |

### 5. 检核表记录

检核表记录与事件抽样记录颇为相似，都是选取某一事件进行记录，但不同的是检核表记录只记录某一事件是否出现，而不需要记录所有的细节。使用这一方法的关键是要预先对要观察的事物做出清晰的界定。如表 9-17 所示，用检核表记录班级幼儿的生活自理能力，其中“幼儿是否能自己独立吃饭”“幼儿是否能自己穿脱衣服”“幼儿是否能安静睡眠”等都需要给出明确的说明，哪些行为判断为“是”，哪些行为判断为“否”，否则，不同的评价者的结果将会有所不同。

表 9-17　检核表记录示例

| 记录内容 | 是 | 否 |
|---|---|---|
| 幼儿是否能自己独立吃饭 | | |
| 幼儿是否能自己穿脱衣服 | | |
| 幼儿是否能安静午睡 | | |
| 幼儿是否能独立大小便 | | |
| …… | | |

### 6. 评定量表记录

评定量表和检核表相似，都包括了基于学习目标或其他因素的评价标准。二者不同的是评定量表提供了连续的评价标准，而检核表的条目一般只包括肯定和否定的选项。评定量表最常用的两种类型是数字型评定量表(numerical rating scale)和图表型评定量表(graphic rating scale)。

(1)数字型评定量表

数字型评定量表是最简单、最易行的评定量表。评定人用素质来表明所具备特征的等级，数字的顺序对应描述的级别。如下是一个普通的数字型量表系统：

1——不能和同伴进行简单交流

2——能和同伴进行简单交流，但交流频次较少

3——能与同伴进行频繁的交流

4——不仅与同伴交流频繁，并且较多出现合作行为

表 9-18 是一个关于幼儿阅读水平的数字型评量表。

**表 9-18 阅读材料复习文档**

阅读材料复习文档 初级

儿童姓名：________ 教师姓名：________

日期：________ 年级：________学校：________

1=不符合要求 2=低于平均水平 3=平局水平 4=高于平局水平 5=优秀

| 评估 | 1 | 2 | 3 | 4 | 5 | 教师评价 |
|---|---|---|---|---|---|---|
| 萌发的阅读技巧 | | | | | | |
| 识别言语/印刷体关系 | | | | | | |
| 理解字母/单词的概念 | | | | | | |
| 恰当地运用课本 | | | | | | |
| 阅读态度 | | | | | | |
| 闲暇时间选择阅读 | | | | | | |
| 阅读许多图书/故事 | | | | | | |
| 全神贯注地聆听故事 | | | | | | |
| 阅读兴趣 | | | | | | |
| 有最喜爱的图书/故事 | | | | | | |
| 讨论最喜爱的图书/故事 | | | | | | |
| 参与讨论图书/故事 | | | | | | |
| 阅读技巧/策略 | | | | | | |
| 阅读时构想含义 | | | | | | |
| 将故事和背景联系起来 | | | | | | |
| 展示作为阅读者的信心 | | | | | | |
| 总结评价 | | | | | | |

续表

| | | | | | | |
|---|---|---|---|---|---|---|
| 阅读数量 | | | | | | |
| 阅读态度 | | | | | | |
| 阅读技巧/策略 | | | | | | |

资料来源：Intergrated assessment System. Copyright © 1990 by Harcourt Assessment, Inc. Reproduced by permission. All rights reserved.

(2)图表型评定量表

图表型评定量表起着连续介质的作用。一组类别被描述为一条线上的某几个点，但是评定人可以选择线上的任何一点。另外，图表型评定量表提供了一个可视的连续介质来帮助定位正确的观点。通常被用于图表型评定量表的描述词汇如下：从不、很少、偶尔、经常、总是。

### (二)访谈法

访谈法是评价者依据评价目标和内容预先设计一系列问题，通过与评价者的交谈收集评价信息的方法。运用访谈法收集评价信息具有灵活性、直接性和深入性的特点。

根据访谈的结构化程度的高低，可以分为结构式访谈、半结构式访谈和无结构式访谈。结构式访谈又称标准化访谈，它是按照事先设计好的顺序和问题，对受访者进行访谈。无结构式访谈又称自由访谈，是一种非标准化的、开放式的访谈。访谈者有一个大致的目的、提纲，更强调在过程中通过追问等方式进行访谈。根据访谈对象的年龄可以分为对成人的访谈和对儿童的访谈。根据访谈对象人数的多少，可以分为个别访谈、小组访谈和集体访谈。根据访谈者和受访者是否直接见面可以分为直接访谈和间接访谈。根据对同一访谈者访谈的次数可以分为一次性访谈和多次访谈。

### (三)问卷调查法

问卷调查法是根据评价目的和评价指标体系编制的一套问题表格，由调查对象自填或由其口述者代填的一种资料收集方法。在学前教育评价中，问卷调查主要应用于幼儿教师、家长及幼儿园管理人员，以了解她们对幼儿发展表现与水平、幼教工作者的工作表现以及幼儿教育各项工作的态度与意见等。由于幼儿年龄特点，所以在使用面向幼儿的问卷对幼儿发展进行评价时，对问卷的设计和运用上具有相对特殊的要求。

问卷调查的类型根据填答方式的不同，分为自填式问卷和代填式问卷。自填式问卷是由评价者发给信息提供者，由信息提供者执行填答的问卷。自填式问卷是问卷调查的主要形式，如评价者向教师或保育员、家长分发调查问卷，了解幼儿某方面的发展情况。代填式问卷又称访问式问卷，是由评价者按照提前设计的问卷，当面(或通过电话、视频等通信手段)向信息提供者提出问题，根据信息提供者的口头回答进行填写。

### (四)作品取样法

美国学者(Samllel J. Meisel et al.)研发的作品取样系统是典型的档案袋评价，是真实性评价的一种。作品评价系统强调在日常教室情境内、在多个时间场合，持续地观察记录和评价幼儿在多个领域的成就和进步。这种评价的实施也是以收集和分析作品为基础，但是作品的收集是有一定结构的。作品取样系统由三个方面组成：发展指引与发展检核表、作品集、综合报告表。

发展指引是对不同年龄幼儿能够做什么的描述，它呈现的是对不同年龄幼儿发展的适宜期望，提供了一个观察的结构和一套观察的指标。作品取样系统将幼儿发展划分为七个领域(个性与社会发展、语言与读写、数学思维、科学思维、社会学习、艺术、身体发展)，并从数个构成要素来说明不同领域的发展，在每个构成要素上提出了数个表现指标。发展领域、构成要素、表现指标构成了评价幼儿发展的三级指标体系。例如，在个性与社会发展领域，由自我概念、自我控制、学习方式、冲突解决、与他人的互动等构成要素。在自我概念这一要素上提出了自信心、独立性、主动性方面的发展指标。

发展检核表是依据发展指引设计的观察评定表格，分为尚未发展、发展中、熟练三个等级，对幼儿的变现进行评价，判断幼儿在该表现指标上的发展程度。

作品集是作品取样系统的主要组成部分，作品包括核心项目和个人项目，在学年初、学年中、学年末三次收集。核心项目是反映幼儿在规定领域内进步的作品。该系统规定的领域包括语言与读写、数学思维、科学思维、社会学习、艺术。教师事先决定每个领域的学习指标，学习指标至少两个，确定后的领域与指标在一学年内不得随意更改，并且适用于所有幼儿，并要收集所有幼儿在这些领域和指标上的表现作品。在每个收集期收集两个核心项目。一学年下来，一个幼儿共有 30 个核心项目。

与核心项目不同的是，个人项目不需要教师事先规划，也不限于特定领域，只要是能展现幼儿独特的特性、学习风格、优点，以及对各领域知识技能的整合程度的作品即可。个人项目不一定是限于单一领域的，可以是反映幼儿在多个领域的表现。在每个收集期，至少要收集五个个人项目。一学年下来，一个幼儿共有 15 个个人项目。

综合报告表是教师根据发展检核表、幼儿作品集，运用幼儿发展知识，对幼儿表现的分析和判断。综合报告表由幼儿基本信息、领域和构成要素、表现等级、时间、备注等部分构成。综合报告一年填写三次，每次三份，分别由家庭、学校、教师保存。填写综合报告的主要目的就是要反映幼儿的发展进步，为课程实施与教学设计提供有益信息，同时也让家长以及其他相关人员了解幼儿的表现与进步。

### (五)标准化测试

标准化测试的目的是评估能力、成绩、天资、兴趣、态度、价值观及个性特征等，其结果可以用来设计教学计划，研究个体和群体的区别，或是用来咨询和指导。标准化测试通常运用常模参照测试和标准参照测试，常模参照测试的分数被用来测量一个特定小组内的个人成绩。常模不是要达到的标准，而是对一组学生测试表现的数值描述。常模参照测试通常用来测量学校学生的成绩、智力能力和个人特征等情况。基于学前儿童层面的正式测试可以鉴定哪些幼儿需要特别指导、哪些幼儿受益于特别指导，并且决定了某个幼教项目是否成功。标准参照测试的分数往往被用来描述幼儿在特定目标下的个体表现情况，它着重强调个体能否完成测试目标，而不强调个体间的差异。

在进行标准化测试时，可以参考表 9-19 所列出的信息：

**表 9-19　评价工作的信息①**

| 关于评价工作的信息 |
|---|
| 1. 测试的名称是什么？ |
| 2. 测试的作者是谁？ |
| 3. 测试是由谁出版的？ |
| 4. 测试是什么时候出版的？ |
| 5. 是否可以获得该测试的修订版？ |
| 6. 该测试的花费是多少(包括测评指导答题卡和计分服务等方面的花费)？ |
| 7. 实施该测试需要花多长时间？ |
| 8. 该测试是否有使用手册？ |
| 9. 该测试最近一次修订是在什么时候？ |
| 10. 该测试的用途是什么？ |
| 11. 实施和解释该测试是否需要一定的资格？ |
| 12. 标准化群体是什么？ |
| 13. 标准化群体的代表性怎么样？ |
| 14. 该测试的信度如何？ |
| 15. 该测试提供的是什么样的信度指标？ |
| 16. 该测试在测量的问题上效度如何？ |
| 17. 该测量提供的是什么样的效度指标？ |
| 18. 如何对该测试做一个因素分析，结果怎样？ |
| 19. 该测试的实施和计分清楚吗？ |
| 20. 计分方法是否清楚？ |
| 21. 报告分数的等级是否清晰明确？ |
| 22. 常模的报告形式是否恰当(通常用标准分和百分等级)？ |
| 23. 代表常模的人群是否有清晰的定义和准确的描述？ |
| 24. 如果该测试有多种形式，那么在不同的形式中表格是否代表等同的分数？ |
| 25. 是否能利用计算机计分？ |

① [美]萨特勒：《儿童评价》，58 页，陈会昌译，北京，中国轻工业出版社，2008。

续表

| |
|---|
| 与被评价者有关的问题 |
| 26. 被评价者完成测验需要必备的技能是什么？ |
| 27. 实施该测验需要什么样的语言和交流模式？ |
| 28. 该测验的词汇水平是否适合被评价者？ |
| 29. 测试题目是如何呈现的？ |
| 30. 被评价者如何回答测验中的题目？ |
| 31. 在测验的呈现和回答模式中，说明和没说明的修改是什么？ |
| 32. 性别和种族歧视对该测验的影响有多大？ |
| 33. 被评价者是否对测验的材料感兴趣？ |
| 34. 该测验是否适合个体或群体实施？ |

### 拓展阅读

“光谱方案”建立于1984年，是哈佛大学“零点方案”的一个组成部分，是为学前和初小教育的评价和课程的改革所作的研究。“光谱方案”被耶鲁大学著名的心理学家斯腾伯格(Sternberg，R. J.)誉为“全世界教育中等待已久的杰出研究”。

“光谱方案”的理论依据是哈佛大学心理学家加德纳的多元智力理论和塔夫茨大学心理学家费尔德曼(Feldman，D.)的认知发展的非普遍性理论。光谱方案的研究基于这样的信念——每个儿童都有其能力(或称作为智能光谱)的长处，而智能并非固定不变的，富有材料和活动的环境和教育机会能促进其发展。一旦某一儿童的智能长处被得以鉴定，教师即可为其设计个别化的教育计划。光谱评价方案由运动、社会、语言、视觉艺术、数学、音乐、科学7个智能领域15个评价活动及活动风格构成，研究者以七色光谱代表七大领域，教师通过对幼儿不同领域档案袋信息的评价，发现并注重对幼儿优势领域的培养。在这种方案中，评价贯穿整个学年，与教学、课程相融合。教师通过观察记录、检核表、分数等级、磁带等收集幼儿在各个领域的活动表现，然后将所有数据通过光谱方案简单呈现，在此基础上以叙述性报告的形式，对幼儿全年的表现进行总结，尤其对其优势领域进行着重说明。

显而易见，这种方案的优点在于不局限于以一个领域的表现来评价幼儿的优秀与否，更易发现幼儿的优势领域和“闪光点”；不足之处在于，过早地关注和开发幼儿的优势领域，容易忽视其他领域的发展。

## 本章小结

1. 幼儿园保教质量评价就是对幼儿园的保育和教育实践活动是否满足幼儿身心健康发展的需要及其满足的程度所进行的价值判断。幼儿发展评价是依据幼儿教育目标及与此相适应的幼儿发展目标，运用教育评价的理论和方法，对幼儿身体、社会性、认知、语言、情绪等方面的发展进行价值判断的过程。

2. 幼儿园保教质量评价和幼儿发展评价是相互联系，相互促进的。

3. 幼儿园保教质量评价的主要内容包括：幼儿园环境的评价；保教工作评价；幼儿园课程评价

4. 幼儿园保教质量评价的方式方法根据评价主体的不同来分，主要包括自我评价法和他人评价法。自我评价指被评价对象作为评价主体根据一定的评价标准对自身的表现进行评价，即自己对自己的评价。他人评价又称外部评价，指由被评对象以外的他人或组织作为评价主体对被评价对象进行评价。他人评价也是幼儿园中运用较多，较为重要的一种评价方法，主要包括两大类：一是教育行政部门或团体对幼儿园进行的评价；二是幼儿园管理人员、同事、家长对保教人员的评价。评价工具主要有评价标准、评价量表及其他评价工具。

5. 幼儿发展评价的内容主要包括：幼儿健康与动作发展评价；幼儿认知与语言发展评价；幼儿社会性发展评价。

6. 幼儿发展评价的方法主要包括：观察法；访谈法；问卷调查法；作品取样法；标准化测试。

## 本章检测

1. 思考题

(1)幼儿园保教质量评价对于幼儿和幼儿园有什么样的作用？

(2)幼儿园保教质量的评价方法有哪些？如何进行评价？

(3)教师如何对幼儿的发展进行评价？分别评价幼儿的哪些方面？

2. 实践应用题

(1)选取一所幼儿园进行调查，编制幼儿园环境评价量表对幼儿园进行评价，并详细说明量表编制过程、评价过程以及评价效果。

(2)请选择幼儿园的一个班级，编制一份量表，评估本班幼儿社会性发展水平。

# 参考文献

著作类：

[1] 侯莉敏．幼儿园课程与教学理论[M]．北京：高等教育出版社，2016.

[2] 侯莉敏．幼儿教育基本理念与教师行为规范[M]．北京：教育科学出版社，2013.

[3] 侯莉敏．儿童的生活与教育[M]．北京：教育科学出版社，2009.

[4] 王道俊，郭文安．教育学[M]．北京：人民教育出版社，2009.

[5] 李季湄．幼儿教育学基础[M]．北京：北京师范大学出版社，1999.

[6] 黄人颂．学前教育学[M]．北京：人民教育出版社，2015.

[7] 梁志燊．学前教育学[M]．北京：北京师范大学出版社，2014.

[8] 虞永平．学前教育学[M]．苏州：苏州大学出版社，2001

[9] 李生兰．学前教育学[M]．上海：华东师范大学出版社，2006.

[10] 蔡迎旗．学前教育概论[M]．武汉：华中师范大学出版社，2006.

[11] 冯晓霞．幼儿园课程[M]．北京：北京师范大学出版社，2001.

[12] 杨莉君．学前教育政策法规概论[M]．长沙：湖南师范大学出版社，2008.

[13] 单传英．幼儿教育学[M]．长沙：湖南教育出版社，1983.

[14] 王萍．学前儿童保育学[M]．北京：清华大学出版社，2015.

[15] 朱家雄．幼儿园环境与幼儿行为和发展的研究[M]．北京：世界图书出版公司，1996.

[16] 叶澜．教师角色与教师专业发展新探[M]．北京：教育科学出版社，2001.

[17] 刘晓东，卢乐珍，等．学前教育学[M]．南京：江苏教育出版社，2004.

[18] 田景正，杨佳．中外学前教育史[M]．北京：北京师范大学出版社，2014.

[19] 李红霞，朱萍，周玲玲．幼儿教育政策法规[M]．北京：高等教育出版社，2015.

[20] 桂景宣. 学前教育概论[M]. 北京：高等教育出版，2007.

[21] 洪谦德. 社会科学与现代社会[M]. 台北：牧童出版社，1977.

[22] 李季湄，冯晓霞.《3～6岁儿童学习与发展指南》解读[M]. 北京：人民教育出版社，2012.

[23] 李季湄.《3～6岁儿童学习与发展指南》实施问答[M]. 北京：北京师范大学出版社，2014.

[24] 刘焱. 儿童游戏通论[M]. 北京：北京师范大学出版社，2004.

[25] 邓祖丽颖. 学前儿童保育学[M]. 郑州：郑州大学出版社，2015.

[26] 教育部教师工作司. 幼儿园教师专业标准(试行)解读[M]. 北京：北京师范大学出版社，2013.

[27] 教育部基础教育司. 幼儿园教育指导纲要(试行)解读[M]. 南京：江苏凤凰教育出版社，2002.

[28] 中华人民共和国人力资源和社会保障部. 国家职业技能标准(保育员)[M]. 北京：中国劳动社会保障出版社，2009.

[29] 尹坚勤，管旅华.《幼儿园教师专业标准(试行)》案例式解读[M]. 上海：华东师范大学出版社，2013.

[30] 肖全民，刘揖建. 学前教育原理案例教程[M]. 杭州：浙江大学出版社，2014.

[31] 王秀萍，吕耀坚. 学前儿童艺术教育[M]. 北京：高等教育出版社，2015.

[32] [瑞士]皮亚杰. 儿童心理的发展[M]. 傅统先，译. 济南：山东教育出版社，1982.

[33] 李生兰. 幼儿园与家庭、社区合作共育的研究[M]. 上海：华东师范大学出版社，2013.

[34] 中央教育科学研究所学前教育研究室. 幼儿园教育质量评价手册[M]. 北京：教育科学出版社，2009.

[35] 胡惠闵. 幼儿园教育评价[M]. 上海：华东师范大学出版社，2009.

[36] 霍力岩. 学前教育评价[M]. 北京：北京师范大学出版社，2002.

[37] 刘占兰. 中国幼儿园教育质量评价[M]. 北京：教育科学出版社，2011.

[38] 高峡. 聚焦幼儿园教育教学：反思与评价[M]. 北京：北京师范大学出版社，2007.

[39] 潘月娟，董莎莎. 幼儿园教育评价[M]. 北京：高等教育出版社，2014.

[40] 王坚红. 幼儿园教育质量评价导论[M]. 北京：北京大学出版社，2010.

[41] [美]霍华德·加德纳，大维·亨利. 多元智能理论与学前儿童能力评价

[M]. 北京：北京师范大学出版社，2015.

[42] 彭聃龄. 普通心理学[M]. 北京：北京师范大学出版社，2003.

[43] 王少非. 新课程背景下的教师专业发展[M]. 上海：华东师范大学出版社，2005.

[44] 杨晓萍. 教育科学研究方法[M]. 重庆：西南师范大学出版社，2006.

[45] 裴娣娜. 教育研究方法导论[M]. 合肥：安徽教育出版社，2010.

[46] [美]William & Damon，等. 儿童心理学手册(第六版)[M]. 林崇德、李其维、董奇，译. 上海：华东师范大学出版社，2015.

[47] 张文新. 儿童社会性发展[M]. 北京：北京师范大学出版社，1999.

[48] 邹晓燕. 学前儿童社会性发展与教育[M]. 北京：北京师范大学出版社，2015.

[49] Robet C. Pianta，Karen M. La Paro and Bridget K. Hamre. Classroom Assessment Scoring System（CLASS）Manual，K-3 [M]. Brookes Publishing Company，2008.

[50] [美]戴安娜·帕帕兰，萨利·奥尔兹. 孩子的世界——从婴儿期到青春期[M]. 北京：人民邮电出版社，2016.

[51] [美]蒙·科克伦. 儿童早期教育体系的政策研究[M]. 王海英，等，译. 南京：江苏教育出版社，2011.

[52] [美]卡罗尔·格斯特维奇. 发展适宜性实践——早期教育课程与发展[M]. 霍力岩，等，译. 北京：教育科学出版社，2011.

[53] [日]河边贵子. 以游戏为中心的保育[M]. 朱英福，译. 上海：华东师范大学出版社，2009.

[54] [美]珍妮特·冈萨雷斯-米纳，黛安娜·温德尔·埃尔. 婴幼儿及其照料者：尊重及回应式的保育和教育课程(第8版)[M]. 张和颐，张萌，译. 北京：商务印书馆，2016.

[55] [美]爱泼斯坦. 有准备的教师[M]. 李敏谊，译. 北京：教育科学出版社，2012.

[56] [美]帕特丽夏·韦斯曼. 幼儿全人教育[M]. 南京：南京师范大学出版社，2016.

[57] [日]大宫勇雄. 提高幼儿教育质量[M]. 李季湄，译. 上海：华东师范大学出版社，2014.

[58] [美]劳拉·E. 贝克. 儿童发展[M]. 吴颖，等，译. 南京：南京师范大学出版社，2002.

**期刊和报纸：**

[1] 戴莉. 幼儿眼中好老师标准的调查研究[J]. 学前教育研究，2005(11).

［2］易凌云．美国优秀幼儿教师专业标准及其启示[J]．学前教育研究，2008(10)．

［3］皮军功．幼儿园保育员岗位含义探析[J]．早期教育(教科研)，2012(12)．

［4］任慧娟．由“保育员就是教师”想到的——幼儿园保育员角色探析[J]．教育导刊，2002(1)．

［5］王小平．保育员：为幼儿健康成长保驾护航[J]．中国教育报，2016．

［6］梁玉华．师幼关系中幼儿教师的角色意识探析[J]．学前教育研究，2006(3)．

［7］仲伟秀．我国幼儿园保育教师队伍现状及其建设[J]．学前教育研究，2013(8)．

［8］张艳萍．建构有效师幼互动的举措[J]．学前教育研究，2005(3)．

［9］冯夏婷，胡金娇，吴冬梅，等．建立新型师幼互动关系，促进幼儿社会性发展[J]．华南师范大学学报(社会科学版)，2006(2)．

［10］陈绍瑄，林鹭．浅谈适宜幼儿发展环境的建构[J]．学前教育研究，2005(10)．

［11］刘焱．我国幼儿教育领域中的游戏理论与实践[J]．北京师范大学学报(社会科学版)，1997(2)．

［12］原晋霞．幼儿园集体教学活动研究——幼儿参与的视角[D]．南京：南京师范大学，2008．

**网络：**

［1］心窗远远地望的博客：http://blog.sina.com.cn/s/blog_6f47d3c30100s7ez.html.

［2］康训云．大班体育游戏：花样玩梯子[EB/OL]．道客巴巴，http://www.doc88.com/p-270833759718.html，2012．

［3］吉的堡教育集团．游戏时五岁儿童与小朋友相撞致残[EB/OL]．道客巴巴，http://www.doc88.com/p-9186608400438.html，2015．

**国家文件类：**

［1］中华人民共和国教育部．幼儿园教育指导纲要(试行)，2012．

［2］中华人民共和国教育部．3～6岁儿童学习与发展指南，2012．

［3］中华人民共和国教育部．幼儿园工作规程，2016．